seu Horóscopo Chinês
para 2016

Neil Somerville

seu Horóscopo Chinês para 2016

Tradução
FÁTIMA SANTOS

1ª edição

Rio de Janeiro | 2016

CIP-BRASIL. CATALOGAÇÃO-NA-FONTE
SINDICATO NACIONAL DOS EDITORES DE LIVROS, RJ

S679s
Somerville, Neil
Seu horóscopo chinês para 2016: o que o ano do macaco reserva para você / Neil Somerville; tradução: Fátima Santos. – 1ª ed. – Rio de Janeiro: Best*Seller*, 2016.
il.

Tradução de: Your Chinese Horoscope 2016
Apêndice
ISBN 978-85-7684-934-6

1. Astrologia chinesa. 2. Horóscopo. I. Título.

15-23567

CDD: 133.50951
CDU: 133.52(510)

Título original:
Your Chinese Horoscope 2016

Copyright © 2015 by Neil Somerville
Copyright da tradução © 2015 by EDITORA BEST SELLER LTDA

Este livro foi revisado segundo o novo Acordo Ortográfico da Língua Portuguesa.

Todos os direitos reservados. Proibida a reprodução,
no todo ou em parte, sem autorização prévia por escrito da editora,
sejam quais forem os meios empregados, com exceção das resenhas literárias, que
podem reproduzir algumas passagens do livro, desde que citada a fonte.

Direitos exclusivos de publicação em língua portuguesa para o Brasil
adquiridos pela EDITORA BEST SELLER LTDA.
Rua Argentina, 171, São Cristóvão – Rio de Janeiro, RJ – 20921-380 – Tel.: 2585-2000
que se reserva a propriedade literária desta tradução.

Impresso no Brasil

ISBN 978-85-7684-934-6

Seja um leitor preferencial Record.
Cadastre-se e receba informações sobre nossos lançamentos e nossas promoções.

Atendimento e venda direta ao leitor:
mdireto@record.com.br ou (21) 2585-2002

Para Ros, Richard
e Emily

SUMÁRIO

Agradecimentos 9

Introdução 11

Os Anos Chineses 13

Bem-vindo ao ano do Macaco 17

O Rato 21
O Búfalo 41
O Tigre 61
O Coelho 81
O Dragão 103
A Serpente 125
O Cavalo 147
A Cabra 169
O Macaco 189
O Galo 211
O Cão 233
O Javali 253

Apêndices:
    Relacionamentos entre os signos 276
    O seu ascendente 278
    Como aproveitar o ano ao máximo 281

Um toque final 301

AGRADECIMENTOS

Ao escrever *Seu horóscopo chinês para 2016* gostaria de agradecer a assistência e o apoio que algumas pessoas me concederam.

Agradeço a Theodora Lau, por seu livro *The Handbook of Chinese Horoscopes* (Harper & Row, 1979; Arrow, 1981), que foi particularmente importante em minha pesquisa.

Além do trabalho da sra. Lau, recomendo os seguintes livros para aqueles que desejam saber mais sobre horóscopo chinês: Kristyna Arcarti, *Chinese Horoscopes for Beginners* (Headway, 1995); Catherine Aubier, *Chinese Zodiac Signs* (Arrow, 1984), série de 12 livros; Paula Delsol, *Chinese Horoscopes* (Pan, 1973); E. A. Crawford e Teresa Kennedy, *Chinese Elemental Astrology* (Piatkus Books, 1992); Barry Fantoni, *Barry Fantoni's Chinese Horoscopes* (Warner, 1994); Bridget Giles e o Diagram Group, *Chinese Astrology* (HarperCollins, 1996); Kwok Man-Ho, *Complete Chinese Horoscopes* (Sunburst Books, 1995); Lori Reid, *The Complete Book of Chinese Horoscopes* (Element Books, 1997); Paul Rigby e Harvey Bean, *Chinese Astrologics* (Publications Division, South China Morning Post Ltd., 1981); Ruth Q. Sun, *The Asian Animal Zodiac* (Charles E. Tuttle Company, Inc., 1996); Derek Walters, *Ming Shu* (Pagoda Books, 1987) e *The Chinese Astrology Workbook* (The Aquarian Press, 1988); Suzanne White, *The New Astrology* (Pan, 1987), *The New Chinese Astrology* (Pan, 1994) e *Chinese Astrology Plain and Simple* (Eden Grove Editions, 1998).

Enquanto marchamos ao longo da vida,
Carregamos nossas esperanças, sonhos e ambições.

Às vezes, o destino e as circunstâncias estão a nosso favor,
Mas às vezes temos que lutar e encarar o desespero.
Mesmo assim, é preciso marchar.

Porque são aqueles que continuam na luta
E que mantêm vivas as esperanças
Que têm maior chance de conquistar o que desejam.

Marche com determinação,
Porque, de alguma maneira, seu esforço será recompensado.

Neil Somerville

INTRODUÇÃO

As origens dos horóscopos chineses perderam-se nas brumas do tempo. Sabe-se que os astrólogos orientais praticavam sua ciência milhares de anos atrás e que ainda hoje a astrologia chinesa continua a fascinar e a intrigar.

Na astrologia chinesa existem 12 signos identificados pelos nomes de 12 animais. Quase ninguém sabe como os signos adquiriram seus nomes, mas há uma lenda que sugere uma explicação. Segundo essa lenda, em um ano-novo chinês Buda convidou todos os animais de seu reino para irem ao seu encontro. Infelizmente — por motivos que apenas os animais conhecem —, apenas 12 se apresentaram. O primeiro a chegar foi o Rato, seguido do Búfalo, do Tigre, do Coelho, do Dragão, da Serpente, do Cavalo, da Cabra, do Macaco, do Galo, do Cão e, finalmente, do Javali. Como prova de gratidão, Buda decidiu atribuir o nome de cada animal aos anos e determinou que as pessoas que nascessem durante um determinado ano herdariam algo da personalidade do animal correspondente. Dessa forma, aquelas que nascessem no ano do Búfalo seriam laboriosas, resolutas e obstinadas — exatamente como o Búfalo —, enquanto aquelas que nascessem no ano do Cão seriam leais e sinceras — exatamente como o Cão. Embora seja impossível que todas as pessoas tenham todas as características de um signo, são incríveis as semelhanças encontradas. E isso contribui para o fascínio que os horóscopos chineses exercem sobre nós.

Além dos 12 signos do zodíaco chinês há, ainda, cinco elementos que exercem influência sobre os signos, acentuando ou atenuando suas características. Os detalhes sobre os efeitos dos elementos são fornecidos em cada um dos capítulos referentes aos 12 signos.

Para descobrir o signo sob o qual você nasceu consulte as tabelas apresentadas nas páginas 13, 14 e 15. Como o ano chinês se baseia no ano lunar e começa somente no final de janeiro ou no início de fevereiro, é muito importante que as pessoas nascidas nesses dois meses verifiquem com cuidado as datas do ano chinês correspondente.

No Apêndice deste livro são apresentadas duas tabelas que mostram a compatibilidade entre os signos, tanto em relacionamentos pessoais como profissionais, e são fornecidos detalhes sobre os signos que regem as horas do dia. Com essas informações você pode descobrir seu ascendente, que, como na astrologia ocidental, exerce forte influência sobre sua personalidade.

Ao escrever este livro adotei o método pouco comum de combinar a natureza intrigante dos horóscopos chineses com o desejo ocidental de saber o que o futuro reserva, e fundamentei minhas interpretações em diversos fatores relacionados a cada um dos signos. Este é o 26º ano em que *Seu horóscopo chinês* é publicado (nos EUA; no Brasil, é o 22º ano), e sinto-me satisfeito pelo fato de inúmeras pessoas terem considerado proveitosas as previsões para o ano seguinte e os conselhos terem sido construtivos e úteis para elas. Lembre-se, porém, de que em toda e qualquer situação é você quem conduz seu destino. Espero sinceramente que *Seu horóscopo chinês para 2016* seja interessante e útil para o ano todo.

OS ANOS CHINESES

Búfalo	6	de fevereiro	de 1913	a	25	de janeiro	de 1914
Tigre	26	de janeiro	de 1914	a	13	de fevereiro	de 1915
Coelho	14	de fevereiro	de 1915	a	2	de fevereiro	de 1916
Dragão	3	de fevereiro	de 1916	a	22	de janeiro	de 1917
Serpente	23	de janeiro	de 1917	a	10	de fevereiro	de 1918
Cavalo	11	de fevereiro	de 1918	a	31	de janeiro	de 1919
Cabra	1º	de fevereiro	de 1919	a	19	de fevereiro	de 1920
Macaco	20	de fevereiro	de 1920	a	7	de fevereiro	de 1921
Galo	8	de fevereiro	de 1921	a	27	de janeiro	de 1922
Cão	28	de janeiro	de 1922	a	15	de fevereiro	de 1923
Javali	16	de fevereiro	de 1923	a	4	de fevereiro	de 1924
Rato	5	de fevereiro	de 1924	a	23	de janeiro	de 1925
Búfalo	24	de janeiro	de 1925	a	12	de fevereiro	de 1926
Tigre	13	de fevereiro	de 1926	a	1º	de fevereiro	de 1927
Coelho	2	de fevereiro	de 1927	a	22	de janeiro	de 1928
Dragão	23	de janeiro	de 1928	a	9	de fevereiro	de 1929
Serpente	10	de fevereiro	de 1929	a	29	de janeiro	de 1930
Cavalo	30	de janeiro	de 1930	a	16	de fevereiro	de 1931
Cabra	17	de fevereiro	de 1931	a	5	de fevereiro	de 1932
Macaco	6	de fevereiro	de 1932	a	25	de janeiro	de 1933
Galo	26	de janeiro	de 1933	a	13	de fevereiro	de 1934
Cão	14	de fevereiro	de 1934	a	3	de fevereiro	de 1935
Javali	4	de fevereiro	de 1935	a	23	de janeiro	de 1936
Rato	24	de janeiro	de 1936	a	10	de fevereiro	de 1937
Búfalo	11	de fevereiro	de 1937	a	30	de janeiro	de 1938
Tigre	31	de janeiro	de 1938	a	18	de fevereiro	de 1939
Coelho	19	de fevereiro	de 1939	a	7	de fevereiro	de 1940
Dragão	8	de fevereiro	de 1940	a	26	de janeiro	de 1941
Serpente	27	de janeiro	de 1941	a	14	de fevereiro	de 1942
Cavalo	15	de fevereiro	de 1942	a	4	de fevereiro	de 1943
Cabra	5	de fevereiro	de 1943	a	24	de janeiro	de 1944
Macaco	25	de janeiro	de 1944	a	12	de fevereiro	de 1945
Galo	13	de fevereiro	de 1945	a	1º	de fevereiro	de 1946
Cão	2	de fevereiro	de 1946	a	21	de janeiro	de 1947

Javali	22 de janeiro	de 1947	a 9 de fevereiro	de 1948
Rato	10 de fevereiro	de 1948	a 28 de janeiro	de 1949
Búfalo	29 de janeiro	de 1949	a 16 de fevereiro	de 1950
Tigre	17 de fevereiro	de 1950	a 5 de fevereiro	de 1951
Coelho	6 de fevereiro	de 1951	a 26 de janeiro	de 1952
Dragão	27 de janeiro	de 1952	a 13 de fevereiro	de 1953
Serpente	14 de fevereiro	de 1953	a 2 de fevereiro	de 1954
Cavalo	3 de fevereiro	de 1954	a 23 de janeiro	de 1955
Cabra	24 de janeiro	de 1955	a 11 de fevereiro	de 1956
Macaco	12 de fevereiro	de 1956	a 30 de janeiro	de 1957
Galo	31 de janeiro	de 1957	a 17 de fevereiro	de 1958
Cão	18 de fevereiro	de 1958	a 7 de fevereiro	de 1959
Javali	8 de fevereiro	de 1959	a 27 de janeiro	de 1960
Rato	28 de janeiro	de 1960	a 14 de fevereiro	de 1961
Búfalo	15 de fevereiro	de 1961	a 4 de fevereiro	de 1962
Tigre	5 de fevereiro	de 1962	a 24 de janeiro	de 1963
Coelho	25 de janeiro	de 1963	a 12 de fevereiro	de 1964
Dragão	13 de fevereiro	de 1964	a 1º de fevereiro	de 1965
Serpente	2 de fevereiro	de 1965	a 20 de janeiro	de 1966
Cavalo	21 de janeiro	de 1966	a 8 de fevereiro	de 1967
Cabra	9 de fevereiro	de 1967	a 29 de janeiro	de 1968
Macaco	30 de janeiro	de 1968	a 16 de fevereiro	de 1969
Galo	17 de fevereiro	de 1969	a 5 de fevereiro	de 1970
Cão	6 de fevereiro	de 1970	a 26 de janeiro	de 1971
Javali	27 de janeiro	de 1971	a 14 de fevereiro	de 1972
Rato	15 de fevereiro	de 1972	a 2 de fevereiro	de 1973
Búfalo	3 de fevereiro	de 1973	a 22 de janeiro	de 1974
Tigre	23 de janeiro	de 1974	a 10 de fevereiro	de 1975
Coelho	11 de fevereiro	de 1975	a 30 de janeiro	de 1976
Dragão	31 de janeiro	de 1976	a 17 de fevereiro	de 1977
Serpente	18 de fevereiro	de 1977	a 6 de fevereiro	de 1978
Cavalo	7 de fevereiro	de 1978	a 27 de janeiro	de 1979
Cabra	28 de janeiro	de 1979	a 15 de fevereiro	de 1980
Macaco	16 de fevereiro	de 1980	a 4 de fevereiro	de 1981
Galo	5 de fevereiro	de 1981	a 24 de janeiro	de 1982
Cão	25 de janeiro	de 1982	a 12 de fevereiro	de 1983
Javali	13 de fevereiro	de 1983	a 1º de fevereiro	de 1984
Rato	2 de fevereiro	de 1984	a 19 de fevereiro	de 1985
Búfalo	20 de fevereiro	de 1985	a 8 de fevereiro	de 1986
Tigre	9 de fevereiro	de 1986	a 28 de janeiro	de 1987

Coelho	29 de janeiro	de 1987	a 16 de fevereiro	de 1988
Dragão	17 de fevereiro	de 1988	a 5 de fevereiro	de 1989
Serpente	6 de fevereiro	de 1989	a 26 de janeiro	de 1990
Cavalo	27 de janeiro	de 1990	a 14 de fevereiro	de 1991
Cabra	15 de fevereiro	de 1991	a 3 de fevereiro	de 1992
Macaco	4 de fevereiro	de 1992	a 22 de janeiro	de 1993
Galo	23 de janeiro	de 1993	a 9 de fevereiro	de 1994
Cão	10 de fevereiro	de 1994	a 30 de janeiro	de 1995
Javali	31 de janeiro	de 1995	a 18 de fevereiro	de 1996
Rato	19 de fevereiro	de 1996	a 6 de fevereiro	de 1997
Búfalo	7 de fevereiro	de 1997	a 27 de janeiro	de 1998
Tigre	28 de janeiro	de 1998	a 15 de fevereiro	de 1999
Coelho	16 de fevereiro	de 1999	a 4 de fevereiro	de 2000
Dragão	5 de fevereiro	de 2000	a 23 de janeiro	de 2001
Serpente	24 de janeiro	de 2001	a 11 de fevereiro	de 2002
Cavalo	12 de fevereiro	de 2002	a 31 de janeiro	de 2003
Cabra	1º de fevereiro	de 2003	a 21 de janeiro	de 2004
Macaco	22 de janeiro	de 2004	a 8 de fevereiro	de 2005
Galo	9 de fevereiro	de 2005	a 28 de janeiro	de 2006
Cão	29 de janeiro	de 2006	a 17 de fevereiro	de 2007
Javali	18 de fevereiro	de 2007	a 6 de fevereiro	de 2008
Rato	7 de fevereiro	de 2008	a 25 de janeiro	de 2009
Búfalo	26 de janeiro	de 2009	a 13 de fevereiro	de 2010
Tigre	14 de fevereiro	de 2010	a 2 de fevereiro	de 2011
Coelho	3 de fevereiro	de 2011	a 22 de janeiro	de 2012
Dragão	23 de janeiro	de 2012	a 9 de fevereiro	de 2013
Serpente	10 de fevereiro	de 2013	a 30 de janeiro	de 2014
Cavalo	31 de janeiro	de 2014	a 18 de fevereiro	de 2015

Nota: Os nomes dos signos no zodíaco chinês diferem, em parte, nos vários livros sobre astrologia chinesa, embora as características de cada signo sejam as mesmas. Em alguns livros, o Búfalo é tratado como Touro ou Boi, o Coelho como Lebre ou Gato, a Cabra como Carneiro e o Javali como Porco.

Por questões práticas, o gênero masculino é adotado em todo o livro.* A menos que o gênero seja explicitamente indicado, as características dos signos aplicam-se a ambos os sexos.

---

*Na edição em português o gênero masculino foi adotado para todos os signos, com exceção da Serpente e da Cabra. (*N. do E.*)

BEM-VINDO AO
ANO DO MACACO

Seja pulando de galho em galho, brincando de pique-pega com outros macacos ou observando à sua volta, o macaco tem bom caráter e vivacidade. E essa energia poderá ser percebida em seu próprio ano.

Assim que começar o ano do Macaco, sua natureza instigante e inovadora se tornará aparente. No cenário mundial, eventos irromperão e surpreenderão certas autoridades. Partidos políticos e minorias se esforçarão para ser ouvidos e suas ações causarão mudanças. Sobretudo em lugares mais autoritários, as novidades deste ano poderão ser significativas, até mesmo alterando as fronteiras geográficas de determinadas regiões.

Em virtude da volatilidade que vivemos, líderes mundiais farão reuniões frequentes durante todo o ano e, em alguns casos, deixarão de lado animosidades e forjarão novas alianças. Os anos do Macaco poderão ser dramáticos em termos políticos e culturais. Em anos do Macaco anteriores, vimos o nascimento do movimento polonês Solidariedade, que gerou tanta mudança na Europa, os estudantes tomando as ruas em Paris, tumultos em Los Angeles e revolução na Hungria. O atual ano do Macaco continuará a moldar a história e a deixar um legado de longo alcance.

Os Estados Unidos comemoraram o nascimento de sua nação em 1776, um ano do Macaco do Fogo e, nesta atual edição, muita atenção será dirigida às eleições presidenciais. Haverá muito debate acerca da direção das políticas internas e externas, bem como grande foco sobre a identidade americana, e a campanha será apaixonadamente disputada, com alguns temas se mostrando desagregadores e, às vezes, até mesmo causando rachaduras entre os apoiadores de um mesmo partido. A campanha — sua significância, seu drama, mas também sua esperança — será uma marca permanente de 2016, e o presidente recém-eleito prometerá reformas ambiciosas.

As reviravoltas políticas do ano também terão efeito sobre os mercados acionários no mundo inteiro. Haverá grandes oscilações e algumas variações monetárias dramáticas. Foi em um ano do Macaco que aconteceu a Quarta-Feira Negra — um evento marcante nos anais da história fiscal britânica. Este ano exigirá dos investidores nervos de aço, mas, apesar das flutuações, haverá grandes histórias de sucesso e enormes fortunas para serem feitas.

O lançamento de produtos inovadores e de invenções ajudará a impulsionar o crescimento. Os anos do Macaco favorecem o progresso e, neste ano, algumas indústrias estarão alvoroçadas com novas ideias. É notório que, nos anos do Macaco, tudo pode acontecer e, certamente, no mundo dos negócios os eventos transcorrerão em uma velocidade fabulosa.

As áreas de ciências, tecnologia e comunicação merecerão especial destaque. Curiosamente, foi em um ano do Macaco que Marconi lançou o primeiro serviço público de radiodifusão, o qual ajudou a abrir caminho para boa parte das telecomunicações que temos hoje. Os anos do Macaco são pioneiros e, talvez surpreendentemente, faz apenas 12 anos que o Facebook foi lançado, um evento que ajudou a dar origem ao fenômeno das redes sociais.

No espaço, novidades pioneiras também terão lugar. Mais informações serão descobertas sobre o universo, à medida que as sondas forem alcançando novas áreas e revelarem mais sobre planetas e galáxias distantes. Novamente, a sede que a humanidade tem por conhecimento aumentará ainda mais neste ano.

Os anos do Macaco determinam novas tendências. Na moda, novos estilos vistosos poderão atrair a imaginação de muitos, enquanto no entretenimento, na música e no cinema haverá novidades emocionantes. Foi em um ano do Macaco que Elvis Presley ganhou destaque com "Heartbreak Hotel" e, na sequência, criou um novo gênero musical. Este ano será novamente marcado por momentos culturais importantes.

Infelizmente, porém, nenhum ano pode permanecer livre de tragédias, e este não será exceção. Os caprichos dos sistemas meteorológicos continuarão a causar estragos, e o ano será marcado por algumas catástrofes terríveis. Parte desses eventos fará com que se volte mais atenção à mudança climática e novas ações serão acordadas. Mas nem todas as desgraças resultarão de catástrofes naturais. Lamentavelmente, os anos do Macaco têm sido marcados pela violência e pelo assassinato de algumas pessoas importantes, incluindo o do presidente Doumer, da França, do senador Robert Kennedy, de Martin Luther King, do arcebispo

Romero e de John Lennon. Embora se espere que 2016 esteja livre de atos dessa natureza, os presságios não são promissores.

Um grande evento do ano será os Jogos Olímpicos, a serem realizados no Brasil. Os jogos serão coloridos, uma verdadeira festa visual. Por algumas semanas, pelo menos, bilhões de pessoas em todo o mundo se divertirão seguindo o destino dos atletas e também ficarão maravilhadas com algumas apresentações hipnotizantes. Muitos recordes de longa data serão quebrados.

Para o indivíduo, os anos do Macaco podem ser considerados tempos de grandes oportunidades, favorecendo a iniciativa e o progresso. Esses anos também contêm as sementes do crescimento pessoal e da maximização do potencial que reside em nós. Cada um de nós tem a capacidade de utilizar muito mais de seus talentos. No ano do Macaco, tente tornar 2016 um ano especial — seja estimulando seus talentos, trabalhando em uma ideia ou contribuindo de alguma forma com algo mais. Os anos do Macaco têm energia e oportunidade para todos nós. Aproveite o que este ano traz.

Boa sorte!

O RATO

5 de fevereiro de 1924	a	23 de janeiro de 1925	*Rato da Madeira*
24 de janeiro de 1936	a	10 de fevereiro de 1937	*Rato do Fogo*
10 de fevereiro de 1948	a	28 de janeiro de 1949	*Rato da Terra*
28 de janeiro de 1960	a	14 de fevereiro de 1961	*Rato do Metal*
15 de fevereiro de 1972	a	2 de fevereiro de 1973	*Rato da Água*
2 de fevereiro de 1984	a	19 de fevereiro de 1985	*Rato da Madeira*
19 de fevereiro de 1996	a	6 de fevereiro de 1997	*Rato do Fogo*
7 de fevereiro de 2008	a	25 de janeiro de 2009	*Rato da Terra*

A PERSONALIDADE DO RATO

> Ver,
> e ver o que os outros não veem.
> Esta é a verdadeira visão.

O Rato nasce sob o signo do charme. Ele é inteligente, popular e adora ir a festas e grandes reuniões sociais. É capaz de estabelecer amizades com facilidade impressionante, e as pessoas geralmente se sentem relaxadas em sua companhia. É uma criatura muito sociável e possui interesse sincero pelo bem-estar e pelas atividades dos outros. Tem uma boa compreensão da natureza humana e seus conselhos e opiniões são requisitados com frequência.

Os Ratos são trabalhadores firmes e dedicados. Também são muito imaginativos e nunca lhes faltam ideias. Porém, às vezes lhes falta confiança para promovê-las, o que pode impedi-los de alcançar o reconhecimento que merecem.

Os Ratos são muito observadores, e muitos deles se tornam excelentes escritores e jornalistas. Destacam-se também no trabalho em equipe e nas relações públicas, e em qualquer emprego que lhes ponha em contato com pessoas e a mídia. Suas habilidades são particularmente apreciadas em momentos de crise, porque os Ratos têm um senso de autopreservação incrivelmente forte. Quando se trata de encontrar uma saída para uma situação desagradável, com certeza são aqueles que aparecem com uma solução.

O Rato adora estar onde há muita ação, mas se estiver num ambiente muito burocrático ou restritivo pode se tornar um rigoroso defensor da disciplina e da rotina. É também um pouco oportunista e está constantemente de olho em maneiras de aumentar sua riqueza e melhorar seu estilo de vida. Raramente deixa uma oportunidade passar, e pode estar envolvido em tantos planos e projetos que à vezes desperdiça suas energias e, como resultado, consegue muito pouco. É também um tanto ingênuo e pode ser enganado por pessoas menos escrupulosas do que ele.

Outra característica do Rato é a atitude com o dinheiro. Ele é muito econômico e para alguns pode parecer mesquinho. O motivo para isso é o fato de gostar de manter seu dinheiro dentro da família. Ele pode ser muito generoso com o cônjuge, os filhos e os amigos e parentes próximos. Pode também ser generoso consigo mesmo, porque com frequência acha impossível privar-se de algum luxo ou objeto que deseja. Gosta muito de adquirir e pode ser um grande acumulador. Também odeia desperdiçar e raramente está disposto a jogar coisas fora. Pode ser bastante ganancioso e raramente recusa um convite para uma refeição de graça ou um ingresso gratuito para uma cerimônia luxuosa.

O Rato tem um bom papo, embora de vez em quando possa ser um pouco indiscreto. Pode ser bastante crítico com os outros — para uma opinião honesta e imparcial, é um crítico maravilhoso — e às vezes usa informações confidenciais em seu benefício. Porém, como tem uma natureza muito viva e irresistível, a maioria das pessoas se dispõe a perdoar suas leves indiscrições.

Durante sua vida longa e movimentada, o Rato fará muitos amigos e descobrirá que se dá especialmente bem com pessoas nascidas sob seu próprio signo e com as de Búfalo, Dragão e Macaco. Ele também pode se dar bem com aqueles nascidos sob os signos de Tigre, Serpente, Galo, Cão e Javali, mas os sensíveis Coelho e Cabra o acharão um pouco crítico e brusco demais para o seu gosto. O Cavalo e o Rato também acharão difícil se dar bem um com o outro — o Rato anseia por segurança e achará o humor variável e a natureza um tanto independente do Cavalo um pouco incômodos.

O Rato é muito ligado à família e fará qualquer coisa para agradar as pessoas mais próximas e mais queridas. É excepcionalmente leal aos pais e pode ele próprio ser um pai ou mãe muito atencioso e carinhoso. Ele se interessará por todas as atividades dos filhos e cuidará para que não lhes falte nada. Geralmente tem uma família grande.

A mulher de Rato tem uma natureza gentil, extrovertida, e se envolve em muitas atividades diferentes. Tem um amplo círculo de amigos, gosta de entretenimento e é uma anfitriã atenta. É também cuidadosa com a manutenção de sua casa e tem bom gosto para mobiliá-la. Apoia muito os outros membros da família e, por sua natureza versátil, amistosa e perseverante, pode se sair bem em praticamente qualquer carreira que escolher.

Embora seja essencialmente extrovertido, o Rato é também um indivíduo muito privado. Tende a guardar os sentimentos para si mesmo e, embora não se oponha a saber o que outras pessoas estão fazendo, ressente-se de qualquer pessoa que esteja acompanhando muito de perto seus negócios. Ele também não gosta de solidão, e se estiver sozinho por um tempo qualquer, pode facilmente ficar deprimido.

O Rato é sem dúvida muito talentoso, mas às vezes deixa de capitalizar sobre suas muitas capacidades. Tem uma tendência a se envolver em projetos demais e a procurar oportunidades demais de uma só vez. Se puder diminuir o ritmo e se concentrar em uma coisa de cada vez, pode se tornar muito bem-sucedido. Do contrário, o sucesso e a riqueza poderão iludi-lo. Mas, com sua tremenda capacidade de encantar, raramente, se é que alguma vez, estará sem amigos.

OS CINCO TIPOS DE RATO

Além dos 12 signos do zodíaco chinês, existem cinco elementos que influenciam o signo, acentuando ou atenuando suas características. Os efeitos dos cinco elementos sobre o Rato estão descritos a seguir, juntamente com os anos em que cada elemento exerce sua influência. Dessa forma, todos os Ratos nascidos em 1960 são Ratos do Metal, todos os nascidos em 1912 e 1972 são Ratos da Água e assim por diante.

RATO DO METAL: 1960

O Rato do Metal tem muito bom gosto, e certamente sabe apreciar as coisas mais finas da vida. Sua casa é confortável e bem-decorada, e ele gosta de entreter e se misturar em círculos da moda. Tem uma perspicácia financeira considerável e investe bem o dinheiro. Superficialmente, parece alegre e confiante, mas no fundo pode ser incomodado por preocupações que com muita frequência ele próprio fabrica. É excepcionalmente leal à família e aos amigos.

RATO DA ÁGUA: 1912, 1972

O Rato da Água é inteligente e muito astuto. É um autêntico pensador e pode expressar seus pensamentos de forma clara e persuasiva. Está sempre ávido por aprender e tem talento para diversas áreas. O Rato da Água é, em geral, muito benquisto, mas seu medo da solidão pode, às vezes, levá-lo a companhias inadequadas. Ele é um escritor bastante talentoso, mas pode facilmente se desviar de seus objetivos. Por isso, deve procurar se concentrar em uma atividade de cada vez.

RATO DA MADEIRA: 1924, 1984

O Rato da Madeira tem um comportamento cordial e expansivo e é muito querido pelos companheiros e amigos. Tem raciocínio rápido e gosta de se dedicar a tudo que considera útil. Seu único medo é a insegurança, mas, devido à sua inteligência e capacidade, esse medo é em geral infundado. Ele tem ótimo senso de humor, adora viajar e, por sua natureza altamente criativa, pode ser um talentoso escritor ou artista.

RATO DO FOGO: 1936, 1996

O Rato do Fogo é bastante inquieto e parece ter uma inesgotável reserva de energia e entusiasmo. Adora se envolver com a ação — seja por meio de viagens, da adoção de novas ideias ou da luta por uma causa em que acredita veementemente. Ele é um autêntico pensador e detesta ser limitado por restrições mesquinhas ou por imposição de outras pessoas. Costuma ser franco e direto em seus comentários, mas pode, às vezes, se empolgar pela emoção do momento e se comprometer com vários empreendimentos sem verificar todas as possíveis implicações. Tem uma natureza versátil e, com o devido apoio, consegue progredir bastante na vida.

RATO DA TERRA: 1948, 2008

Esse Rato é astuto e muito sensato. Raramente corre riscos desnecessários, e embora procure constantemente aprimorar sua situação financeira, tende sempre a agir com ponderação e não troca o certo pelo duvidoso. O Rato da Terra é, provavelmente, menos aventureiro que os outros tipos de Rato e prefere se manter em territórios conhecidos a se lançar impetuosamente em algo sobre o qual pouco conhece. É talentoso, responsável e zela por aqueles a quem ama. Mas, ao mesmo tempo, pode ser inibido e se preocupar demais com a imagem que está tentando projetar.

PREVISÕES PARA O RATO EM 2016

Seja introduzindo mudanças em seu estilo de vida, fazendo alterações em seu trabalho ou se envolvendo com seus interesses, o Rato terá feito do ano da Cabra (19 de fevereiro de 2015 a 7 de fevereiro de 2016) um ano ativo. Nos últimos dias do ano, o Rato continuará envolvido em um grande número de atividades e precisará manter-se bem-organizado e decidir sobre prioridades; caso contrário, algumas semanas poderão parecer confusas e ele nem sempre usará o tempo da maneira mais eficaz.

Este é o caso no seu trabalho, especialmente. Novas demandas, agendas lotadas e interrupções poderão ocorrer com frequência, e o Rato precisará concentrar-se e ter cuidado para ficar alerta, a fim de não ser distraído ou perder tempo com assuntos sem importância. No entanto, em meio a toda essa atividade, ainda haverá oportunidade para contribuir e causar impacto. Para os Ratos à procura de emprego ou na esperança de uma promoção, agosto e outubro poderão ser meses importantes.

O Rato também terá muitas despesas no final do ano da Cabra e deverá vigiar os gastos e planejar as compras mais caras.

Nos meios familiar e social, ele será muito solicitado, com diversas oportunidades para se divertir em festas e em outras ocasiões, e para passar um tempo com a família e os amigos. Em sua vida doméstica, se existirem determinadas tarefas que gostaria de fazer, ele descobrirá que, ao trocar ideias sobre essas tarefas com aqueles que o rodeiam, poderá não só ser capaz de iniciá-las, mas também de concluí-las até o fim do ano.

Os anos da Cabra favorecem as novas amizades e o romance. Durante este ano, os Ratos disponíveis talvez encontrem alguém que poderá tornar-se importante nos próximos 12 meses. Agosto, setembro e o início de 2016 poderão ser meses importantes e animados.

No geral, o ano da Cabra terá sido bastante atribulado para o Rato; mas, embora tenha trazido pressões, também foi um ano portador de muitas realizações que agora o Rato poderá usar como base para progredir. Suas perspectivas estão em ascensão!

Um dos pontos fortes do Rato é sua astúcia. Quando vislumbra uma oportunidade (o que acontece com frequência), ele, invariavelmente, aproveita-a ao máximo. E o ano do Macaco trará oportunidades em abundância. Este é um ano favorável para o Rato e lhe oferecerá a chance de aproveitar melhor seu potencial e de desfrutar de um sucesso merecido.

O ano do Macaco começa no dia 8 de fevereiro e, quase imediatamente, o Rato poderá ser abençoado com uma boa sorte surpreendente. Seja adquirindo algo que desejava há algum tempo, seja recebendo uma resposta animadora a uma consulta ou a uma proposta, ou ainda se entusiasmando com uma ideia, ele poderá acabar descobrindo que o ano do Macaco está se iniciando de maneira promissora. E, no melhor estilo Rato, deve procurar aproveitar essa boa sorte ao máximo. Os eventos poderão desenrolar-se com grande rapidez no ano do Macaco e as oportunidades precisam ser aproveitadas antes de serem perdidas.

Isso será especialmente verdadeiro no que diz respeito ao trabalho do Rato. Muitas organizações estarão pondo mudanças em prática, bem como se adaptando a novos mercados e condições e, ao se mostrar envolvido e consciente, o Rato, muitas vezes, estará em boas condições para se beneficiar. Quando as oportunidades ocorrerem em seu local de trabalho, ou no ramo de sua especialização, sua experiência lhe servirá bem. Haverá excelentes oportunidades para assumir responsabilidades maiores e mais lucrativas ao longo do ano. Sobretudo para os Ratos que ocupam o mesmo cargo há algum tempo, este é um ano para avançar e, assim que o Rato souber de uma oportunidade, deverá aproveitá-la imediatamente. Velocidade e iniciativa contam muito neste ano.

O final de fevereiro, março, junho, outubro e novembro poderão ser marcados por novidades encorajadoras, e a natureza do ano é tal que as novas responsabilidades assumidas nos meses iniciais (ainda que inicialmente oferecidas em caráter temporário) poderão abrir caminho para algo mais substancial no futuro.

Para os Ratos insatisfeitos em sua posição atual e para aqueles à procura de emprego, as perspectivas também são animadoras. No entanto, para se beneficiarem, esses Ratos não deverão ter grandes restrições quanto ao tipo de emprego que cogitam. Ao ampliarem as opções, poderão descobrir cargos que não apenas os satisfaçam, mas que também lhes ofereçam potencial para o futuro.

Além disso, poderá haver maiores oportunidades para o Rato viajar a trabalho este ano, ou até mesmo ser transferido. E, uma vez que este é um ano que favorece o autodesenvolvimento, se houver oportunidades para ele fazer treinamentos ou dedicar tempo aos estudos, seus esforços poderão recompensá-lo de maneira generosa. Para os Ratos que ainda estão estudando, este é um momento em que o empenho e o trabalho árduo poderão gerar bons resultados, os quais poderão constituir uma base para ganhos futuros.

Ainda que o Rato esteja envolvido em um grande número de atividades este ano, também é importante que tenha tempo para desfrutar de atividades recreativas. Se houver interesses que objetive desenvolver, ele deverá permitir-se a oportunidade de fazê-lo. Separar um "tempo para si próprio" poderá melhorar seu estilo de vida.

Existe uma expectativa favorável com relação a viagens e, caso seja possível, o Rato deverá planejar tirar férias este ano. Para aproveitar ainda mais o tempo em que se encontra afastado das obrigações, será útil ler sobre o destino antes de partir. As viagens, incluindo as curtas e as de fim de semana, podem proporcionar alguns prazeres extraordinários, sobretudo no verão.

O progresso do Rato no trabalho poderá gerar retorno financeiro, e muitos Ratos agora terão a oportunidade de colocar em prática alguns planos e de fazer aquisições para o lar. No entanto, o Rato deverá avaliar suas compras com cuidado e não agir apressadamente. Além disso, poderá acabar agradecendo em uma data posterior qualquer reserva que possa fazer para o futuro. Em geral, este ano recompensará favoravelmente a boa gestão e o bom controle.

No aspecto pessoal, o Rato ficará muito ocupado. Para o Rato disponível, o ano do Macaco trará muitas oportunidades sociais, com boas chances de conhecer outras pessoas, fazer amigos e, para muitos, encontrar um par romântico. Os Ratos que já estão envolvidos em um romance poderão descobrir que esse relacionamento está se tornando mais significativo, e alguns se casarão ou morarão junto com seu par. Os anos do Macaco favorecerão os relacionamentos, e o Rato sociável desfrutará dos bons momentos que este ano oferece. Março, maio, agosto e novembro poderão ser meses ativos para encontrar novas pessoas.

A vida doméstica do Rato também será ativa. Sua casa é importante para ele, que está sempre em busca de maneiras de melhorá-la. Porém, embora ele possa ser a força motriz das mudanças, o Rato precisará discutir suas ideias e estar atento às sugestões de outras pessoas, sobretudo quando escolhas e projetos potencialmente perturbadores estiverem em questão.

Da mesma forma, com as mudanças nos padrões de trabalho que o Rato e outros membros de sua família poderão enfrentar este ano, será preciso grande flexibilidade por parte de todos os interessados. O ano do Macaco é um momento para o diálogo, bem como para desfrutar de tempo de boa qualidade com outras pessoas. Mas, este ano, a atenção do Rato fará grande diferença em muitas casas.

Em geral, o ano do Macaco guarda perspectivas animadoras para o Rato. No trabalho, este é um ano que favorecerá o crescimento, enquanto a vida social poderá dar-lhe muito prazer e a vida doméstica poderá ser gratificante, sobretudo quando ele se juntar a outras pessoas para realizar seus projetos e desfrutar de sucessos pessoais e familiares. Para fazer as coisas acontecerem, contudo, ele precisará colocar em prática suas ideias. Deixar-se levar pela corrente ou não se envolver são comportamentos que poderão levá-lo a perder algumas boas oportunidades. Ao permanecer ativo e envolvido, no entanto, o Rato poderá colher algumas boas recompensas deste ano.

O RATO DO METAL

O Rato do Metal é uma figura impressionante. Não só é determinado e consciente, mas também engenhoso. Quando sente uma oportunidade, ele está preparado para aproveitá-la e ver no que vai dar. Seus pontos fortes e qualidades poderão lhe ser muito úteis este ano.

Em praticamente todas as áreas de sua vida, ele poderá esperar uma evolução positiva e, se existirem planos específicos que gostaria de realizar, essa é a hora certa para colocá-los em prática. Ao longo do ano, ele descobrirá que as pessoas ao seu redor são prestativas e, com apoio e, em certos casos, esforço conjunto, muita coisa boa poderá acontecer para ele.

No trabalho, os aspectos são especialmente encorajadores. Embora muitos Ratos do Metal tenham progredido nos últimos anos, no ano do Macaco eles terão a oportunidade de aproveitar ainda mais a base que construíram. Alguns poderão receber a oferta de um cargo ou um projeto mais especializado, enquanto outros se encontrarão em condições favoráveis para uma promoção. Este é um ano que favorece o progresso e haverá oportunidades para o Rato do Metal tirar proveito de sua capacidade.

A maioria dos Ratos do Metal permanecerá em seu atual emprego ao longo do ano, mas alguns poderão ser atraídos para outros lugares, talvez até mesmo seduzidos por um novo desafio ou por melhor remuneração. Ao permanecerem atentos às oportunidades e conversarem com os contatos em seu ramo de atividade, muitos farão a mudança que desejam. Em alguns casos, isso poderá envolver uma mudança substancial de responsabilidades, e até mesmo mudar de cidade. No entanto, esses Ratos do Metal se sentirão mais motivados do que estiveram nos últimos tempos.

Os aspectos também são animadores para os Ratos do Metal à procura de um emprego. Enquanto estiverem em busca de possíveis vagas, eles poderão achar útil conversar com um orientador vocacional, amigos e contatos. Dessa forma, poderão vir a saber de uma posição adequada ou de uma ideia que valerá a pena ser explorada.

Os eventos poderão ocorrer rapidamente no ano do Macaco e, em alguns casos, é possível que uma oportunidade de emprego precise ser rapidamente perseguida, ou uma vaga encontrada e uma oferta feita em questão de dias. Oportunidades poderão surgir praticamente em qualquer momento, mas os finais dos meses de fevereiro, março, junho, outubro e novembro poderão ser importantes.

O progresso no trabalho também poderá ajudar as finanças. Muitos Ratos do Metal aumentarão seus rendimentos ao longo do ano e alguns também receberão recursos de outras fontes ou lucrarão com uma ideia empreendedora. Por isso, o Rato do Metal poderá decidir que é hora de reformar a casa, atualizar um equipamento ou fazer viagens e participar de eventos especiais sozinho ou com entes queridos. No entanto, deve tomar cuidado para não se precipitar. Se estudar suas opções com cuidado, não só tomará decisões melhores, como também é mais provável que identifique oportunidades de compra favoráveis.

O Rato do Metal tem uma mente curiosa e voltará a ter prazer em aumentar seus interesses. Às vezes, novos equipamentos e conhecimentos, assim como interesses compartilhados, tornarão suas atividades ainda mais gratificantes. Com perspectivas favoráveis de viagens, ele também verá que seus interesses o levarão a sair mais, talvez para participar de eventos especiais.

O Rato do Metal também poderá esperar uma vida social gratificante, e seu círculo de conhecidos e contatos tem tudo para crescer. Para os Ratos do Metal que estão disponíveis e gostariam de fazer novas amizades, afiliar-se a grupos e seguir seus interesses poderá ser uma excelente maneira de conhecer pessoas novas. Para alguns, um romance arrebatador poderá surgir. Março, maio, agosto e meados de outubro até novembro poderão ser as melhores oportunidades do ponto de vista social.

A natureza movimentada do ano também se estenderá à vida familiar do Rato do Metal, e é importante que haja um bom relacionamento entre todos em sua casa. Dessa forma, muita coisa poderá ser feita, e alguns projetos ambiciosos realizados.

Ao longo do ano, também poderá haver um grande acontecimento familiar, provavelmente relacionado a um membro mais jovem da família. O Rato do Metal gostará de ser envolvido e, mais uma vez, dará uma contribuição útil. O verão poderá ser um momento especialmente movimentado e satisfatório e mais boas notícias poderão chegar perto do fim do ano.

O ano do Macaco é uma época de oportunidades para o Rato do Metal e, com sua determinação e qualidades pessoais envolventes, ele poderá se sair bem. Este é um momento propício para procurar avançar. Para aqueles que são determinados e empreendedores, muito poderá ser realizado e apreciado.

DICA PARA O ANO

Aja com determinação. Você tem muito a seu favor este ano, mas a iniciativa cabe a você. Acredite em si mesmo e siga em frente.

O RATO DA ÁGUA

Uma das características da personalidade do Rato da Água é sua natureza determinada e empreendedora. Este ano algumas oportunidades importantes surgirão para ele e, caso existam ambições pessoais que ele esteja determinado a concretizar ou planos que queira pôr em prática, este é o momento oportuno para agir. Ao começar a colocar seus planos em prática — de preferência, logo no início do ano —, ele não só poderá ver certas atividades e esperanças ganharem força, como também elas poderão abrir a porta para outras oportunidades, às vezes inesperadas. A sorte favorece os audazes e empreendedores.

No ambiente de trabalho do Rato da Água, este será um ano de progressos importantes. Tendo em vista a experiência por ele adquirida, seu empregador atual poderá selecioná-lo para assumir novas responsabilidades. Sobretudo, se ele estiver em um ambiente criativo e/ou de vendas, o Rato da Água poderá ver suas ideias encorajadas e suas contribuições consideradas potencialmente significativas. Outro fator a seu favor serão as boas relações de trabalho que ele mantém com muitos que o cercam. O respeito que conquistou e a capacidade de se comunicar de forma eficaz poderão levá-lo a assumir um papel mais importante. Este é um ano em que ele poderá fazer seus pontos fortes valerem e, ao mesmo tempo, alavancar a carreira.

Enquanto muitos Ratos da Água progredirão (muitas vezes, de forma substancial) com o atual empregador, alguns serão tentados por perspectivas melhores em outros locais. Mais uma vez, após as investigações e as candidaturas terem sido feitas, novidades interessantes poderão acontecer neste ano encorajador.

Esses aspectos favoráveis também se aplicam aos Ratos da Água que atualmente estão à procura de emprego. Eles devem estar dispostos a considerar diferentes tipos de trabalho e a aquisição de novas habilidades. Muita coisa poderá ser alcançada este ano e muitos terão a chance de ser testados em funções novas e, diversas vezes, mais importantes.

Desde o início do ano do Macaco até abril e os primeiros dias de junho, outubro e novembro poderão ser os momentos-chave para assuntos profissionais.

Este ano, os progressos alcançados no trabalho melhorarão a renda de muitos Ratos da Água, e um número substancial se beneficiará de um pagamento ou bônus adicional. Financeiramente, os aspectos são animadores, embora questões de dinheiro venham a exigir disciplina; caso contrário, qualquer renda adicional poderá rapidamente ser consumida, e nem sempre da melhor forma. Em condições ideais, se houver grandes compras que o Rato da Água gostaria de fazer, deverá preparar-se antecipadamente para tais gastos, bem como dedicar tempo para comparar as opções a seu dispor. Com conselhos e boa gestão, ele poderá ficar especialmente satisfeito com algumas de suas aquisições, sobretudo com as de novos equipamentos.

Sendo este um ano para a ação, alguns Ratos da Água decidirão mudar de casa. Mais uma vez, assim que começarem a estudar o assunto, poderão rapidamente colocar o processo em andamento. Em todos os momentos, o Rato da Água precisará estar consciente dos custos e de outras implicações, e procurar assessoria sempre que necessário, mas este é um ano em que muita coisa poderá ser realizada.

Viagens também poderão constar na agenda de muitos Ratos da Água. Além das férias desfrutadas com os entes queridos, poderá haver oportunidades de viagem envolvendo trabalho ou outros interesses importantes. Durante o ano, muitos Ratos da Água viajarão mais do que o habitual e aproveitarão para visitar alguns lugares bonitos.

Outro aspecto encorajador do ano diz respeito aos próprios interesses do Rato da Água. Algo que ele ouça ou veja poderá aguçar sua curiosidade e despertar um interesse antigo, ou até mesmo incitá-lo a tentar algo novo. Um aspecto importante do ano do Macaco é a oportunidade, e, por estar ciente e disposto, o Rato da Água poderá obter muito prazer nas atividades que realiza. Além disso, aqueles que gostam de escrever e de outras atividades criativas deverão considerar fazer melhor uso de seus talentos e promover qualquer coisa que possam produzir. Outras surpresas poderão ocorrer neste ano encorajador.

Com seu interesse pelos outros e suas boas habilidades de conversação, o Rato da Água goza de bons relacionamentos com muitas pessoas e poderá esperar uma grande variedade de ocasiões sociais agradáveis ao longo do ano. Seja indo a festas, seja reunindo amigos ou participando de outras reuniões, ele descobrirá sua capacidade de fazer novos contatos e formar novas amizades. Para os disponíveis, um encontro casual poderá rapidamente tornar-se um romance. Em muitos aspectos, o ano do

Macaco surpreenderá e encantará o Rato da Água. Além disso, se a qualquer momento ele se encontrar em um dilema ou apenas quiser dividir seus pensamentos com outra pessoa, muitos estarão prontos e dispostos a ajudar. Março, maio, agosto e novembro poderão ser os meses das melhores oportunidades no campo social.

A natureza progressiva do ano do Macaco também se manifestará na vida familiar do Rato da Água. Além de ajudar os membros da família, ele terá vários planos que gostaria de pôr em prática. Novamente, uma vez que sejam iniciados esses planos, muita coisa acontecerá rapidamente e obrigações inicialmente modestas poderão tornar-se mais pesadas. Quanto mais puder ser realizado em conjunto, mais gratificante será o resultado. No círculo familiar, este poderá ser um ano movimentado e gratificante. Mudanças também poderão estar por acontecer para vários familiares, sobretudo as que envolvem educação ou emprego. Os meses de junho, julho e agosto e o final do ano poderão ser especialmente ativos.

Quando o ano do Macaco se aproximar do fim, muitos Ratos da Água se surpreenderão com tudo que transcorreu. Grandes mudanças terão acontecido e algumas ambições importantes terão sido realizadas. Certos planos terão tomado rumos diferentes daqueles esperados, mas, por ser um típico Rato da Água, ele terá feito o melhor possível das oportunidades oferecidas. Este será um ano de muito trabalho, mas também um ano de construção, de seguir adiante e aproveitar ao máximo as ideias e os pontos fortes. E, além de surpresas, poderá trazer um sucesso merecido para o Rato da Água.

DICA PARA O ANO

Esteja pronto: os eventos poderão acontecer rapidamente neste ano. Para se beneficiar, você precisará aproveitar as oportunidades. Procure avançar. Você tem muito a oferecer.

O RATO DA MADEIRA

Este será um ano agitado para o Rato da Madeira, com muita coisa acontecendo a seu favor. No entanto, embora possa ter ambições específicas que gostaria de realizar, ele precisará ser flexível. As circunstâncias poderão mudar e será necessário modificar seu pensamento e suas ações. Além disso, ele deverá recorrer à ajuda de outras pessoas. Com o amparo, os conselhos e o apoio delas, ele poderá tornar este ano completo e potencialmente gratificante.

Para os Ratos da Madeira comprometidos, este é um ano para tomar decisões e seguir em frente. Alguns poderão receber um novo membro em sua família; outros poderão mudar-se e alguns terão planos ambiciosos para a residência atual. O que quer que escolham fazer, este é um ano em que muitos verão as esperanças concretizadas e compartilharão momentos maravilhosos.

Como muitos Ratos da Madeira perceberão, uma vez que os planos tenham sido colocados em prática, poderão resultar rapidamente em desdobramentos animadores. Este é um ano em que o acaso, muitas vezes, poderá entrar em jogo. Com relação aos planos mais práticos, no entanto, o Rato da Madeira (e outros) deverá ficar atento a outras possibilidades e obter assessoria especializada, quando necessário. Seja para a compra de equipamentos, para a realização de reformas ou para a mudança de casa, o Rato da Madeira poderá beneficiar-se de orientações. Familiares mais idosos estarão dispostos a ajudar e alguns poderão ter bastante experiência. Se o Rato da Madeira estiver disposto a conversar sobre seus planos e ideias, poderá receber ajuda de maneiras inesperadas. Março, julho, agosto e dezembro poderão ser meses ativos no aspecto familiar, representando, muitas vezes, meses especiais.

O amplo círculo social do Rato da Madeira, juntamente com suas atuais atividades, também proporcionará algumas boas oportunidades sociais este ano. Além de fazer reuniões regulares com os amigos, ele poderá ser convidado para várias festas e comemorações, bem como para eventos relacionados a seus interesses. O ano do Macaco promete alguns momentos divertidos e animados, e, sobretudo, aqueles que estão solteiros ou que apresentaram dificuldades pessoais no passado recente poderão vislumbrar uma grande transformação. Às vezes, novos interesses poderão levar esses Ratos da Madeira a construírem uma nova e importante rede de amigos e, para muitos, os assuntos do coração tornarão o ano ainda mais especial. Alguns Ratos da Madeira conhecerão seu futuro par, muitas vezes de maneira curiosa. O acaso desempenhará papel importante neste ano. É provável que assistamos a uma atividade social mais intensa em março, maio, agosto e de meados de outubro até o final de novembro.

Ainda que existam muitas demandas para os recursos do Rato da Madeira, sobretudo com possíveis compras caras e depósitos a serem feitos, se possível, ele deverá tentar tirar férias este ano. Uma mudança de ambiente poderá fazer muito bem, assim como dar a oportunidade de explorar novas áreas. As ofertas de último instante poderão ser tentadoras e a imprevisibilidade contribuirá para a diversão.

O ano do Macaco também poderá trazer desenvolvimentos importantes com relação ao trabalho. Nos últimos anos, muitos Ratos da Madeira acumularam experiência em um ramo de trabalho específico, e este ano lhes dará a chance de aprimorar seus conhecimentos. Muitos dos que trabalham em grandes organizações se beneficiarão de vagas internas, conseguindo uma promoção e a oportunidade de se mostrar em uma nova habilidade. Caso as oportunidades sejam limitadas em seu atual emprego, o Rato da Madeira deverá explorar as possibilidades em outro lugar. Este é um ano para o progresso. Os últimos dias de fevereiro e os meses de março, junho, outubro e novembro poderão ser significativos, embora sempre que o Rato da Madeira se deparar com um cargo de possível interesse, deverá agir com rapidez. A velocidade é essencial este ano.

Da mesma forma, para os Ratos da Madeira à procura de emprego, o ano do Macaco poderá trazer novidades importantes. Embora o processo de procurar emprego possa ser cansativo, esses Ratos da Madeira deverão ter fé em si e explorar ativamente as possibilidades. Se pesquisarem mais sobre vagas específicas e as empresas que oferecem tais vagas, seu esforço poderá impressionar e, muitas vezes, levar ao sucesso.

O Rato da Madeira será muito exigido este ano, e é importante que ele não permita que suas atividades recreativas sofram. Este poderá ser um ano bem-sucedido, mas seu estilo de vida necessitará de equilíbrio e da preservação de algum "tempo para si". Além disso, como os aspectos favorecem o autoaperfeiçoamento, se houver uma habilidade na qual ele gostaria de se tornar mais proficiente ou determinado assunto que lhe agrade, deverá separar tempo para a pesquisa, a prática e, se for o caso, a realização de um curso. Isso poderá trazer satisfação e gerar outros tipos de benefícios.

Muitos Ratos da Madeira desfrutarão de grande aumento nos rendimentos ao longo do ano. No entanto, para se beneficiar ao máximo, o Rato da Madeira precisará ficar atento e manter o controle sobre os gastos. Com planos pessoais, compras caras, compromissos e eventuais depósitos a considerar, as necessidades atuais e futuras precisarão ser levadas em conta. Além disso, ao avaliar grandes compromissos, o Rato da Madeira deverá pedir conselhos e não tomar decisões apressadas. Este poderá ser um ano financeiramente melhor, porém é um ano para vigilância e boa gestão.

Por natureza, o Rato da Madeira é perspicaz e ambicioso e, por mostrar presença e aproveitar ao máximo suas possibilidades, poderá desfrutar de muito sucesso este ano. Boa parte do que ele alcançar agora moldará os próximos anos, especialmente no que diz respeito ao trabalho. Seus interesses pessoais também poderão ser significativos e, seja com um cônjuge ou na companhia de amigos, ele apreciará dividir seu tempo com os outros. Este poderá ser um ano bom e, muitas vezes, afortunado para ele.

DICA PARA O ANO

Siga suas ambições. Você tem muito a seu favor este ano e, com determinação, confiança e apoio de outras pessoas, poderá ter ótimas realizações. Este é um ano para a ação — faça as coisas acontecerem!

O RATO DO FOGO

O elemento fogo aumenta a iniciativa e a determinação de um signo, e isso, somado aos aspectos favoráveis do ano do Macaco, fará deste ano um momento importante e bem-sucedido para o Rato do Fogo. Com determinação e iniciativa, ele poderá se sair bem e se divertir ao mesmo tempo.

Um aspecto importante do ano do Macaco é a maneira como encoraja o Rato do Fogo a ampliar habilidades e interesses. Não importa qual seja sua situação atual; durante o ano, ele será apresentado a algo novo. Por estar disposto a explorar e a aprender, ao invés de fechar a mente, ele descobrirá que o resultado, muitas vezes, poderá redundar em seu benefício a longo prazo.

Para os muitos Ratos do Fogo envolvidos no ramo da educação, haverá muito a aprender. Contudo, ao permanecerem focados e trabalharem de forma consistente, muitos desses Ratos do Fogo farão importantes avanços e adquirirão habilidades e qualificações que poderão ser ampliadas no futuro. Ao longo do ano, seus estudos poderão desenvolver-se de uma forma interessante e talvez abrir áreas temáticas em que eles estarão dispostos a explorar com mais profundidade ou os alertarão para outras possibilidades, inclusive vocações específicas. O ano do Macaco é um momento de aprendizagem e descoberta.

Isso também se aplica aos interesses mais pessoais e, se houver uma habilidade ou um passatempo específico que o Rato do Fogo esteja ansioso por aproveitar mais, deverá procurar desenvolver. Caso se mostre pertinente, as orientações recebidas de outras pessoas poderão ajudá-lo a levar suas habilidades para novos níveis. Se preferir as atividades práticas, criativas ou desportivas, o lazer poderá ser gratificante e inspirador este ano.

Diversas atividades do Rato do Fogo também conterão um elemento social importante e, muitas vezes, ele se sentirá melhor ao compartilhar seus pensamentos e falar sobre suas ideias. Novas amizades poderão ser feitas ao longo do ano e poderão tornar-se valiosas durante este ano e nos seguintes.

Os aspectos também favorecem o romance e, para os Ratos do Fogo já apaixonados, ou que encontraram o amor, o ano será emocionante. A personalidade vibrante e entusiasmada de muitos Ratos do Fogo fará deles uma companhia atraente.

É certo que, em meio a toda essa atividade, poderá haver alguns momentos preocupantes — talvez um desentendimento possa surgir ou uma esperança não se concretizar —, mas isso faz parte das experiências de aprendizagem da vida. Sempre que os problemas aparecerem, é importante que o Rato do Fogo não se sinta sozinho, mas discuta seus problemas com amigos próximos e familiares. Ao compartilhar uma preocupação, ela poderá, muitas vezes, ser consideravelmente aliviada.

Na maior parte do ano, o Rato do Fogo terá chances de encontros sociais, mas março, maio, agosto e meados de outubro até o final de novembro poderão ser meses especialmente agradáveis e agitados nesse aspecto. Além disso, com este sendo seu vigésimo ano, muitos Ratos do Fogo comemorarão o início de uma nova década em grande estilo, com os familiares e amigos mais próximos demonstrando carinho e apoio. Alguns poderão receber presentes generosos, inclusive equipamentos para aprimorar um interesse.

O ano do Macaco também poderá ser significativo em relação ao trabalho. Para os Ratos do Fogo que já têm um emprego, novas oportunidades poderão apresentar-se. Se trabalhar em uma organização de grande porte, o Rato do Fogo poderá receber um convite para fazer um treinamento ou ser tentado por uma vaga em outro ramo de atividade. Se as oportunidades forem limitadas onde está, ele deverá procurar vaga em outros lugares. Ao se manterem atentos, muitos Ratos do Fogo não só assumirão um papel de maior destaque ao longo do ano, como também adquirirão novas competências e fortalecerão suas perspectivas para o futuro.

Os aspectos também são encorajadores para aqueles à procura de emprego. Ao considerarem uma variedade de possibilidades, muitos poderão conquistar um cargo que desenvolverá seus pontos fortes. Com determinação, esse poderá ser um momento importante, com o final de fevereiro, março, junho, outubro e novembro mostrando-se particularmente favoráveis a avanços animadores.

Com seus interesses diversificados e a vida social animada, o Rato do Fogo precisará ser disciplinado nos gastos. Se tomar cuidado, ele poderá fazer muito, mas, se seguir de forma limitada, alguns planos talvez precisem ser reavaliados. Viajar poderá ser particularmente atraente, mas aqui, mais uma vez, o Rato do Fogo deverá preparar um orçamento com antecedência. O ano exigirá boa gestão financeira.

Este ano do Macaco marca o início de uma nova década na vida do Rato do Fogo e ele estará determinado a aproveitá-lo ao máximo. Poderá ser, ao mesmo tempo, emocionante e significativo. Este é um momento para descobrir mais sobre si mesmo e suas capacidades. Ele saberá que tem muito a oferecer e, ao aproveitar todos os recursos e oportunidades, descobrirá que seus esforços o recompensarão com uma base firme na qual ele poderá apoiar-se no futuro.

DICA PARA O ANO

Concentre-se no que você quer. Os progressos realizados agora prepararão o caminho para as oportunidades futuras. Além disso, aproveite seus talentos especiais e procure desenvolvê-los. Você tem muito a seu favor este ano. Faça bom uso, pois seu legado poderá ser de grande alcance.

O RATO DA TERRA

O ano do Macaco oferece oportunidades consideráveis para o Rato da Terra, embora, para aproveitar ao máximo os aspectos favoráveis, ele tenha de avaliar as oportunidades e agir de acordo com suas ideias. Com determinação, no entanto, ele poderá realizar muito.

A vida familiar do Rato da Terra poderá ser especialmente significativa. Celebrações familiares e momentos felizes farão parte da vida de muitos. Seja vendo sua família crescer em número, seja fazendo um casamento, vivenciando uma formatura ou o sucesso de alguém próximo, esses Ratos da Terra terão várias oportunidades para se sentir orgulhosos. Ao longo do ano, o Rato da Terra também ficará feliz em ajudar outros em diversas atividades e planos. Sua atenção e sua capacidade para perceber o melhor caminho a ser seguido serão especialmente valorizadas, recebendo a especial gratidão de parentes mais jovens. Julho, agosto e dezembro poderão ser meses bem movimentados na vida familiar de muitos Ratos da Terra.

Além de ajudar os outros, o Rato da Terra colocará em prática alguns dos próprios planos. Muitas vezes, esses planos serão referentes ao lar. Alguns Ratos da Terra ficarão constrangidos com o acúmulo excessivo de bens e decidirão arrumar melhor certos ambientes. Uma possibilidade logo levará a outra, e as atividades práticas crescerão rapidamente. No entanto, embora algumas tarefas possam tornar-se mais extensas do que inicialmente previsto, muitas vezes o Rato da Terra (e outros) se encantará com os resultados.

O Rato da Terra também poderá ter sorte em algumas compras feitas ao longo do ano. Se estiver pensando em equipamentos novos ou querendo algo específico para casa, descobrirá que dedicar tempo para avaliar suas opções poderá resultar em algumas aquisições inteligentes. Seu esmero e cuidado poderão servir-lhe bem este ano.

Além disso, as viagens apresentam aspectos favoráveis e, se possível, o Rato da Terra deverá tentar tirar férias durante o ano. As atrações locais também poderão atraí-lo, mas o ano do Macaco incentiva a aventura e a descoberta de novos lugares.

Os interesses pessoais dos Ratos da Terra poderão desenvolver-se bem. Alguns Ratos da Terra estabelecerão uma meta que lhes forçará a usar seus conhecimentos de uma forma nova e determinada. Para aqueles que não se sentem realizados ou se consideram, talvez, entediados, poderá ser vantajoso ver o que está disponível em seu ramo de especialização e pensar em se matricular em um curso ou se juntar a um grupo. Com esses aspectos, uma ação positiva poderá se mostrar surpreendentemente gratificante.

O Rato da Terra também apreciará reunir-se com os amigos. Por estar interessado em muitos assuntos e ser um comunicador talentoso, ele se deleitará com alguns dos momentos (e debates) animados do ano. Surgirão oportunidades para conhecer pessoas novas também e, no caso dos solteiros, o romance poderá acenar. No aspecto pessoal, este poderá ser um ano interessante, e o Rato da Terra deverá aproveitar ao máximo as oportunidades sociais. Março, maio, agosto e meados de outubro até o final de novembro poderão ser meses especialmente estimulantes.

Com projetos domésticos e compras, despesas com a família, viagens e interesses pessoais, os gastos do Rato da Terra serão consideráveis. No entanto, com cuidado, ele será capaz de dar prosseguimento à maior parte dos planos. Alguns Ratos da Terra também poderão desfrutar de um pouco de sorte nas finanças, possivelmente com a venda de itens dos quais não necessitam mais a um preço superior ao inicialmente esperado. Determinadas habilidades ou uma vitória em uma competição também poderão lhes dar algo extra. Os anos do Macaco têm um elemento de boa sorte para eles.

Em diversos aspectos, este será um ano útil e satisfatório para o Rato da Terra. É um período para agir de acordo com suas ideias. Uma vez que ele comece, muita coisa poderá se seguir, com a sorte ajudando em vários momentos ao longo do caminho. Para muitos Ratos da Terra, haverá sucessos familiares a serem festejados, e o Rato da Terra também aproveitará bastante sua vida social e desfrutará os interesses que for capaz de compartilhar. No geral, será um ano ativo e pessoalmente gratificante.

DICA PARA O ANO

Assim que os planos estiverem em andamento, outras possibilidades poderão surgir neste ano encorajador. Esteja alerta para isso, pois elas poderão ser melhores do que aquilo que você tinha em mente inicialmente. Além disso, aprecie os bons relacionamentos com as pessoas ao seu redor.

RATOS FAMOSOS

Ben Affleck, Ursula Andress, Louis Armstrong, Lauren Bacall, Dame Shirley Bassey, Kathy Bates, Irving Berlin, Kenneth Branagh, Marlon Brando, Charlotte Brontë, Jackson Browne, George Bush (pai), Glen Campbell, Jimmy Carter, Jeremy Clarkson, Aaron Copland, Cameron Diaz, David Duchovny, Duffy, T. S. Eliot, Eminem, Colin Firth, Papa Francisco, Clark Gable, Liam Gallagher, Al Gore, Hugh Grant, Lewis Hamilton, Thomas Hardy, príncipe Harry, Charlton Heston, Buddy Holly, Mick Hucknall, Henrik Ibsen, Jeremy Irons, Samuel L. Jackson, LeBron James, Jean-Michel Jarre, Scarlett Johansson, Gene Kelly, Avril Lavigne, Jude Law, Gary Lineker, Lord Andrew Lloyd Weber, Ian McEwan, Katie Melua, Claude Monet, Olly Murs, Richard Nixon, Ozzy Osbourne, Brad Paisley, Sean Penn, Katy Perry, Sir Terry Pratchett, Ian Rankin, Phelippe, rei dos belgas, Lou Rawls, Burt Reynolds, Rossini, William Shakespeare, James Taylor, Leon Tolstói, Henri Toulouse-Lautrec, Spencer Tracy, o Príncipe de Gales (Príncipe Charles), George Washington, o Duque de York (Príncipe Andrew), Émile Zola.

O BÚFALO

6 de fevereiro	de 1913 a 25 de janeiro	de 1914	*Búfalo da Água*
24 de janeiro	de 1925 a 12 de fevereiro	de 1926	*Búfalo da Madeira*
11 de fevereiro	de 1937 a 30 de janeiro	de 1938	*Búfalo do Fogo*
29 de janeiro	de 1949 a 16 de fevereiro	de 1950	*Búfalo da Terra*
15 de fevereiro	de 1961 a 4 de fevereiro	de 1962	*Búfalo do Metal*
3 de fevereiro	de 1973 a 22 de janeiro	de 1974	*Búfalo da Água*
20 de fevereiro	de 1985 a 8 de fevereiro	de 1986	*Búfalo da Madeira*
7 de fevereiro	de 1997 a 27 de janeiro	de 1998	*Búfalo do Fogo*
26 de janeiro	de 2009 a 13 de fevereiro	de 2010	*Búfalo da Terra*

A PERSONALIDADE DO BÚFALO

*Quanto mais se estuda o caminho,
mais admirável é a jornada.*

O Búfalo nasce sob o signo do equilíbrio e da tenacidade. Ele é um trabalhador dedicado e responsável e empenha-se em suas atividades de forma resoluta, metódica e determinada. Tem excelentes qualidades de liderança e é, em geral, admirado por sua natureza firme e inflexível. Ele sabe o que quer alcançar na vida e, sempre que possível, não se desviará de seu objetivo final.

O Búfalo assume seus compromissos e suas responsabilidades com muita seriedade. Ele é decidido e rápido no aproveitamento de qualquer oportunidade que surja no caminho. Também é muito sincero e deposita muita confiança nos amigos e companheiros. É, porém, um tanto solitário. O Búfalo é um indivíduo discreto e reservado e, em geral, guarda os pensamentos para si. Preza a independência e prefere agir sozinho a limitar-se pelas imposições dos outros ou a ser influenciado por pressões externas.

O Búfalo costuma ter uma natureza calma e tranquila. Mas se algo o aborrece ou alguém o contraria, ele pode ter uma reação furiosa. Também pode ser teimoso e obstinado, e isso pode levá-lo a entrar em conflito com os outros. O Búfalo com frequência terá êxito ao seguir o próprio caminho, mas, quando as coisas dão errado, é um péssimo perdedor e fica arrasado com qualquer frustração ou contrariedade.

Ele é, em geral, um indivíduo estudioso e um grande pensador. Não tem um senso de humor dos melhores e não simpatiza com modismos ou algo muito inovador. O Búfalo é muito conservador e prefere se manter fiel a normas mais convencionais.

O Búfalo dá muita importância à sua casa e, de certa forma, a trata como um santuário particular. Sua família tende a ser muito unida, e o nativo irá se certificar de que cada membro da família esteja desempenhando o papel que lhe cabe. Ele tende a ser um monopolizador, mas é sempre muito organizado e caprichoso. Também dá muita importância à pontualidade, e não há nada que o enfureça mais que ficar esperando — especialmente se o atraso for causado por incompetência de alguém. O Búfalo pode ser um chefe muito rígido!

Uma vez estabelecido em um emprego ou uma residência, o Búfalo, provavelmente, permanecerá nesse local por muitos anos. Ele não gosta de mudanças e também não tem muito entusiasmo por viagens. No entanto, adora cuidar do jardim ou da horta e executar outras atividades ao ar livre, e passará boa parte de seu tempo fora de casa. O Búfalo é, em geral, excelente jardineiro ou horticultor, e, sempre que possível, terá um grande jardim ou uma horta em casa. Ele normalmente prefere viver no campo a morar na cidade.

Devido à natureza dedicada e digna de confiança, o Búfalo terá muito sucesso na carreira que escolher, desde que tenha liberdade para agir segundo a própria iniciativa. Frequentemente obtém êxito na política, na agricultura e em profissões que exigem treinamento especializado. Também tem muitos dons artísticos, e vários nativos alcançaram grande sucesso como músicos ou compositores.

O Búfalo é um tanto tímido e, em geral, leva muito tempo para fazer amizades e se sentir à vontade na presença de outra pessoa. Ele costuma se manter solteiro por muito tempo, mas, quando se casa, permanece fiel à companheira. O Búfalo se relaciona especialmente bem com os nascidos sob os signos do Rato, do Coelho, da Serpente e do Galo. Também pode estabelecer um bom relacionamento com o Macaco, o Cão, o Javali e com outro Búfalo, mas perceberá que tem pouco em comum com a excentricidade e a sensibilidade da Cabra. E também encontrará dificuldade para se relacionar com o Cavalo, o Dragão e o Tigre — o Búfalo prefere levar uma vida calma e tranquila, e os nascidos sob esses três signos tendem a ser ativos e impulsivos demais.

A mulher Búfalo tem uma natureza dócil e zelosa. Ela dá muita importância à casa e à família. Procura se dedicar ao máximo a seu companheiro e, em geral, é uma mãe muito atenciosa. A mulher Búfalo é muito organizada e determinada, e costuma alcançar o que deseja na vida. Normalmente, ela tem um profundo interesse pelas artes e muitas vezes é uma atriz, artista plástica ou musicista talentosa.

O Búfalo tem uma personalidade muito prática. Ele é sincero, leal e despretensioso. No entanto, pode ser um pouco introspectivo e parecer um tanto distante e indiferente. Ele tem uma natureza calma, mas no fundo tem muita força de vontade e ambição. Tem a coragem de se manter firme em suas convicções e está sempre pronto a defender aquilo que acredita ser o certo, sem se preocupar com as consequências. Inspira segurança e confiança, e durante toda a vida estará cercado de pessoas dispostas a apoiá-lo ou que admiram sua personalidade forte e resoluta.

OS CINCO TIPOS DE BÚFALO

Além dos 12 signos do zodíaco chinês existem cinco elementos que influenciam cada signo, acentuando ou atenuando suas características. Os efeitos dos cinco elementos sobre o Búfalo estão descritos a seguir, juntamente com os anos em que cada elemento exerce sua influência. Dessa forma todos os Búfalos nascidos em 1961 são Búfalos do Metal, todos os nascidos em 1913 e 1973 são Búfalos da Água e assim por diante.

BÚFALO DO METAL: 1961

Esse Búfalo é ousado e muito obstinado. Ele pode ser franco e direto em seus pontos de vista e não tem medo de falar o que pensa. Dedica-se a seus objetivos com muita determinação, mas pode se deixar absorver de tal forma por suas várias atividades a ponto de não atentar para as ideias e opiniões daqueles que o cercam, e isso pode, às vezes, prejudicá--lo. Ele é honesto e digno de confiança, e promete apenas o que pode cumprir. Tem grande admiração pelas artes e normalmente tem um círculo pequeno de amigos muito bondosos e leais.

BÚFALO DA ÁGUA: 1973

Esse Búfalo é muito perspicaz e inteligente. Sabe ser organizado e realiza seu trabalho de forma metódica. Não é intolerante como alguns dos outros tipos de Búfalo e se dispõe mais a envolver outras pessoas em seus planos e aspirações. Normalmente, tem padrões morais muito elevados e, em geral, se interessa por profissões dedicadas ao bem-estar da comunidade. É um bom conhecedor do caráter humano e tem um comportamento tão amistoso e persuasivo que costuma encontrar pouca dificuldade para alcançar seus objetivos. Ele é benquisto e sabe lidar muito bem com crianças.

BÚFALO DA MADEIRA: 1925, 1985

O Búfalo da Madeira transmite, por meio do comportamento, certo ar de dignidade e autoridade e, em geral, desempenha função de liderança em todo empreendimento em que se envolve. Ele tem muita autoconfiança e se relaciona com as pessoas de forma franca e direta. No entanto, é genioso e não hesita em falar o que pensa. Tem muita energia e força de vontade, além de excelente memória. O Búfalo da Madeira é especialmente leal e dedicado aos membros da família e tem uma natureza extremamente zelosa.

BÚFALO DO FOGO: 1937, 1997

O Búfalo do Fogo tem uma personalidade forte e agressiva e é um trabalhador dedicado e responsável. Tem pontos de vista radicais e fica impaciente quando as coisas não correm como deseja. Também pode se empolgar com a emoção do momento e nem sempre leva em conta o ponto de vista daqueles que o cercam. Tem, entretanto, muitas qualidades de liderança e, em geral, ocupará posições de poder, fama e riqueza. Ele normalmente tem um pequeno grupo de bons e leais amigos, e é muito dedicado à família.

BÚFALO DA TERRA: 1949, 2009

Esse Búfalo é sensato e criterioso em tudo o que faz. Ele é ambicioso, mas também encara com realismo seus objetivos e está sempre disposto a trabalhar exaustivamente para alcançá-los. É astuto nos negócios e em assuntos financeiros, além de ser profundo conhecedor do caráter humano. Tem uma natureza calma e é muito admirado pela sinceridade e integridade moral. É também muito fiel aos familiares e amigos, e seus pontos de vista e suas opiniões são muito solicitados pelos outros.

PREVISÕES PARA O BÚFALO EM 2016

O ano da Cabra (de 19 de fevereiro de 2015 a 7 de fevereiro de 2016) terá sido delicado para o Búfalo e, no que resta desse ano, ele precisará manter a calma. O Búfalo gosta de certezas, e a inconstância de algumas situações o aborrecerá nos últimos meses do ano.

No trabalho, poderá sentir-se inseguro, uma vez que será exigido mais dele. Além disso, nem sempre estará de pleno acordo com alguns colegas. No entanto, será o caso de focar no trabalho, de se concentrar em tarefas específicas e de permanecer longe das distrações e mesquinharias que consomem tempo. Embora seja necessário um esforço grande, resultados impressionantes ainda poderão ser obtidos. Para o Búfalo ansioso por progredir na carreira ou por procurar emprego, o período de setembro até o início de novembro poderá apresentar oportunidades interessantes.

Por estar sendo tão exigido, o Búfalo deverá prestar atenção e não fazer gastos nesse momento, além de rever os termos de qualquer transação mais significativa.

Mais positivamente, sua vida pessoal poderá lhe trazer prazer considerável e haverá oportunidades para ir a festas e outros encontros, além de conversar com parentes e amigos que não vê há algum tempo. Ao compartilhar notícias e buscar a opinião de outros (em vez de manter os pensamentos para si), poderá beneficiar-se dos conselhos e da generosidade das pessoas. Para alguns Búfalos, o romance também poderá acrescentar emoção ao momento. Agosto e dezembro poderão ser palco de intensa atividade social e familiar.

No geral, o ano da Cabra terá sido marcado por alguns momentos difíceis, mas o Búfalo é realista, se adapta e faz o melhor que pode. Mesmo assim, terá aprendido e realizado muito durante esse ano.

O ano do Macaco começa no dia 8 de fevereiro e será interessante para o Búfalo. Embora ele apresente reservas com relação à velocidade de certos acontecimentos, muitos de seus planos funcionarão bem e algumas boas oportunidades aparecerão.

O Búfalo está sempre disposto a desenvolver seus conhecimentos e habilidades, e o ano do Macaco incentivará isso. Seja no trabalho, seja nos interesses pessoais, se ele tiver a oportunidade de fazer um treinamento ou de estudar ou pesquisar, descobrirá que seu tempo foi bem empregado. O desenvolvimento profissional e pessoal poderá ser gratificante este ano, e essa é uma área que todo Búfalo deverá levar em conta.

No trabalho, os aspectos também são animadores, embora o Búfalo ainda deva esperar alguma instabilidade. Muita coisa poderá acontecer rapidamente, às vezes rápido demais para o gosto do Búfalo. Porém, ao aproveitar ao máximo as oportunidades que surgirão, poderá fortalecer sua posição e tirar vantagem de seus pontos fortes.

Isso também vale para os Búfalos que não estão satisfeitos com o cargo atual e para aqueles à procura de emprego. Ao se manterem atentos às oportunidades, eles poderão encontrar um cargo novo e, às vezes, bastante diferente, que ofereça o desafio que eles desejam. No entanto, precisarão ser rápidos para se candidatarem e poderão melhorar suas chances se fizerem pesquisas adicionais sobre as tarefas e, assim, se prepararem melhor para a entrevista. No ano do Macaco, a iniciativa, a determinação e aquele algo mais poderão fazer toda a diferença. Abril, maio, setembro e novembro poderão trazer desdobramentos importantes.

Além disso, se em algum momento o Búfalo for convidado para fazer um curso de treinamento, tiver a possibilidade de substituir alguém ou se envolver em uma nova iniciativa, não deverá deixar passar a oportunidade. Este é um ano que recompensará o comprometimento.

Os progressos alcançados no trabalho farão com que muitos Búfalos aumentem seus rendimentos e, como resultado, muitos colocarão em prática planos que sempre tiveram em mente, incluindo a compra de novos equipamentos e reformas em casa. A atenção aos detalhes do Búfalo poderá levar a algumas aquisições úteis. Além disso, se ele estiver em condições de poupar para o futuro, isso também poderá ser útil.

Por ser cuidadoso, o Búfalo exige muito de si mesmo e, durante todo o ano, é importante que se permita descansar e reserve algum tempo para as atividades de que gosta. O ano do Macaco o incentivará a tentar o novo e, sempre que o Búfalo ouvir algo intrigante ou tiver alguma ideia, deverá segui-la. Se puder envolver as pessoas próximas a ele, muitas vezes isso poderá acrescentar significado à atividade. No ano do Macaco, o Búfalo precisará ser receptivo ao que está disponível e reservar tempo para desfrutar de algum lazer bem merecido.

O Búfalo é seletivo na socialização e poderá ser reservado até conhecer bem a pessoa. No entanto, no ano do Macaco, algumas oportunidades sociais interessantes poderão surgir e seria bom que ele aproveitasse aquelas que o atraem. O ano do Macaco favorece a participação. Abril, junho, agosto e dezembro marcarão o auge das atividades sociais.

Para os Búfalos que vivem um romance, ou para aqueles que conhecerem alguém novo durante o ano, é provável que a relação se torne paulatinamente mais forte. Nas questões amorosas e afetivas, o Búfalo gosta de ter tempo para tomar decisões.

No entanto, o ano do Macaco terá um ritmo acelerado, e alguns assuntos poderão demandar atenção imediata na vida familiar do Búfalo. Estes poderão incluir decisões que ou ele ou outro membro da família precisará tomar. Uma discussão franca será útil para determinar o melhor caminho a seguir. Além disso, alguns planos para sua casa poderão ir adiante quando a oportunidade certa surgir de uma hora para outra. Muita coisa poderá acontecer rapidamente este ano e, embora isso possa não combinar com a personalidade do Búfalo, poderá resultar em muitas melhorias.

Ao longo do ano, poderão suceder grandes prazeres ao compartilhar interesses e passar tempo com os entes queridos. Aqui, o carinho de muitos Búfalos poderá acrescentar um ingrediente especial à vida familiar. Agosto e dezembro poderão ser meses agitados e serão marcados por algumas ocasiões surpreendentes ou oportunidades de viagem.

Embora o Búfalo nem sempre se sinta à vontade com o ritmo acelerado do ano do Macaco, terá muito a lucrar com isso. No trabalho, este é um excelente momento para aumentar sua capacitação, e isso poderá ter um valor considerável mais adiante. Desenvolver interesses pessoais também poderá ser gratificante. Ao longo do ano, o Búfalo valorizará o apoio daqueles que estão ao seu redor, e seu jeito de ser ponderado será apreciado. Este será um ano de muito trabalho, mas, pessoal e profissionalmente, gratificante. É a hora de viver (e desfrutar) o momento.

O BÚFALO DO METAL

O Búfalo do Metal tem grande determinação e está preparado para trabalhar intensa e arduamente para obter o que deseja. No entanto, apesar de seus melhores esforços, seu progresso nos últimos tempos pode ter sido pequeno. Embora o ano do Macaco traga alguns desafios, será mais positivo para ele, que desfrutará de alguns sucessos merecidos.

Para qualquer Búfalo do Metal, que talvez comece o ano se sentindo descontente, agora é a hora de se concentrar no presente, em vez de se sentir constrangido pelo que aconteceu no passado. Para ajudar, esses Búfalos do Metal deverão estabelecer algumas metas. Com persistência e com uma determinação considerável, é possível que o Búfalo do Metal descubra que muita coisa poderá acontecer neste ano, mas que a iniciativa não estará em suas mãos.

A situação profissional do Búfalo do Metal poderá dar origem a algumas oportunidades interessantes, sobretudo, no caso daqueles Búfalos do Metal que acham que não têm utilizado seu potencial ao máximo ultimamente. Com a experiência que o Búfalo do Metal acumulou, não só ele poderá ser influente no local de trabalho, como também, quando surgirem situações específicas ou cargos vagarem, muitas vezes terá a capacidade necessária para avançar na carreira e colher os frutos de sua lealdade e de seu comprometimento. De abril a início de junho e nos meses de setembro e novembro, poderá haver uma evolução significativa, embora, sempre que o Búfalo do Metal vislumbre uma oportunidade, deverá rapidamente demonstrar seu interesse.

Para os Búfalos do Metal que percebem falta de oportunidades adequadas no lugar em que se encontram, bem como para aqueles à procura de emprego, mais uma vez o ano do Macaco poderá trazer novidades motivadoras e surpreendentes. Ao se manterem atentos a oportunidades de emprego e conversas com amigos e contatos, esses Búfalos do Metal poderão ser informados sobre empresas que estejam recrutando ou que tenham uma vaga que valha a pena ser considerada. A determinação e a persistência poderão render resultados significativos neste ano.

Os anos do Macaco também favorecem o empreendedorismo, e alguns dos Búfalos do Metal poderão decidir trabalhar por conta própria ou encontrar meios de aproveitar, de forma útil, algo que interesse a eles ou uma habilidade que tenham. O ano do Macaco é rico em possibilidades.

O progresso no trabalho poderá ajudar financeiramente, e muitos Búfalos do Metal desfrutarão de aumento na renda ao longo do ano. Alguns também serão beneficiados com o recebimento de uma quantia adicional. No entanto, o Búfalo do Metal precisará fazer uma boa previsão de despesas; o ideal será reservar recursos para necessidades específicas. Com um bom planejamento, não só ficará satisfeito com suas decisões, mas também poderá beneficiar-se de algumas oportunidades favoráveis de compras. Em várias ocasiões durante o ano, ele se deliciará com uma pitada de sorte.

O ano do Macaco também trará novidades encorajadoras em seus interesses pessoais. Alguns Búfalos do Metal terão ideias ou projetos que os deixarão entusiasmados e, ao reservar tempo para eles, não só desfrutarão do que fazem, como também da forma como suas atividades se desenvolvem. Por ser um ano de oportunidades, alguns poderão sentir-se tentados a desenvolver um novo interesse, decidir participar de um grupo de atividades ou apoiar uma causa. Este é o momento propício para ser receptivo ao que está disponível e desenvolver ideias e habilidades.

Algumas das atividades do Búfalo do Metal poderão contar com um elemento social importante e, ao longo do ano, ele terá a chance de passar o tempo com aqueles com quem compartilha opiniões. No entanto, também existe um bom número de Búfalos do Metal que gostam de manter sua reserva. Eles deverão tomar cuidado para não se isolarem demais. Sair e participar do que está acontecendo ao seu redor poderá fazer-lhes muito bem, e o ano do Macaco oferecerá uma variedade de atrações. Os Búfalos do Metal reservados deverão tomar nota e buscar abraçar o espírito deste ano interessante. Para a vida social, abril, junho, agosto e dezembro poderão ser meses ativos.

Muitos Búfalos do Metal apreciam a amizade íntima e duradoura das pessoas que conhecem há muito tempo e, ao longo do ano, alguns desses amigos próximos poderão procurar aconselhamento sobre algum assunto delicado. Não só eles receberão o apoio e as sugestões que o Búfalo do Metal poderá oferecer, como também suas palavras poderão valer mais do que ele acha. Mais uma vez este ano, muitos valorizarão o jeito de ser equilibrado do Búfalo do Metal.

A vida familiar do Búfalo do Metal será muito movimentada. Não só ele próprio terá planos que estará disposto a levar a cabo, como também tanto ele quanto seus entes queridos talvez precisem fazer escolhas que terão impacto nas rotinas de trabalho já estabelecidas. Nesses momentos, é importante que o Búfalo do Metal seja franco e discuta seus pontos de vista. Com bom diálogo, as melhores decisões poderão ser tomadas e alguns planos (inclusive aqueles de natureza prática) poderão avançar com mais facilidade. Este é um ano que favorece os esforços conjuntos.

Uma vez que é provável que o Búfalo do Metal e outros familiares tenham um estilo de vida agitado, também é importante reservar algum tempo aos interesses comuns e para aproveitar o que estará localmente disponível. Além disso, muitos lares dos Búfalos do Metal terão uma ocasião especial para celebrar, e isso, com frequência, ocorrerá entre meados de agosto e começo de setembro. O Búfalo do Metal também se deliciará com as oportunidades de viagem que o ano trará.

Em geral, o ano do Macaco é uma grande promessa para o Búfalo do Metal, mas é um tempo para ficar focado e se envolver. Tanto no trabalho quanto nos interesses pessoais, haverá a oportunidade de aprimorar ideias e habilidades. O Búfalo do Metal será ajudado por pessoas próximas a ele e, a fim de se beneficiar em sua plenitude, precisará estar aberto e tomar cuidado com suas tendências de fazer tudo sozinho. No entanto, ele tem muito a seu favor este ano, e sua determinação, experiência e iniciativa poderão trazer bons resultados.

DICA PARA O ANO

Decida quais são seus objetivos e trabalhe com afinco para atingi-los. Com determinação, habilidade e experiência, muita coisa poderá ser realizada. Além disso, reserve tempo para os familiares e para seus interesses pessoais. Se manter seu estilo de vida em equilíbrio, será possível tornar este ano gratificante.

O BÚFALO DA ÁGUA

O Búfalo da Água terá visto muita coisa acontecer nos últimos anos e, no presente, talvez deseje colher algumas recompensas, até mesmo atrasadas. Este poderá ser um ano de progresso. No entanto, para obter os melhores resultados, o Búfalo da Água precisará colocar seus planos em prática e acreditar em si mesmo. Com determinação, poderá tornar esse período significativo.

Uma área que verá uma atividade considerável será a situação profissional do Búfalo da Água. Aqueles que estiverem perseguindo determinada carreira terão, muitas vezes, a oportunidade de conhecer novos aspectos de seu trabalho. Tirando proveito do que é oferecido, inclusive dos cursos de treinamento, descobrirão que seus novos conhecimentos são úteis não apenas para o cargo atual, mas, muitas vezes, para preparar-se para uma promoção. Este é um ano que favorecerá o autodesenvolvimento e qualquer Búfalo da Água que sinta que a carreira estagnou recentemente será capaz de revitalizá-la, talvez em um cargo novo e mais gratificante.

Para o Búfalo da Água que espera por uma mudança de carreira mais substancial ou está à procura de emprego, novamente o ano do Macaco poderá trazer possibilidades importantes. Ao ampliar o campo de possibilidades que estão dispostos a considerar, muitos desses Búfalos da Água poderão conquistar um cargo que oferecerá o desafio de que necessitavam. O período de abril a início de junho e os meses de setembro e novembro poderão trazer avanços animadores, mas, seguindo a natureza do ano, alguns eventos poderão ocorrer com uma rapidez surpreendente, a qualquer momento.

Os interesses pessoais do Búfalo da Água também estão favorecidos e ele desejará aumentar seus conhecimentos e aperfeiçoar suas habilidades. Se os interesses forem criativos, práticos ou desportivos, ele tirará muito prazer daquilo que conseguir alcançar ao procurar ampliar o que faz. Se puder juntar-se a outras pessoas, isso poderá ser ainda mais divertido. Este poderá ser um ano inspirador, e qualquer Búfalo da Água que inicie o ano insatisfeito poderá encontrar em um novo interesse o tônico de que necessita.

Muitos Búfalos da Água poderão esperar melhora financeira este ano, muitas vezes a partir de um aumento nos rendimentos, mas, talvez, também na forma de um presente ou por outra fonte. No entanto, tendo em vista seus compromissos e planos, o Búfalo da Água precisará gerenciar as finanças com cuidado, de preferência guardando algum dinheiro para necessidades específicas. Com disciplina, porém, ele ficará bastante feliz com aquilo que é capaz de fazer.

O ano do Macaco poderá incitar muitos Búfalos da Água a viajar, e eles se deliciarão com alguns dos lugares que visitarem, sobretudo, se estiverem relacionados aos seus próprios interesses ou àquilo que os empolgam. Além disso, poderá haver eventos locais dos quais ele poderá participar. Ao aproveitar as oportunidades que surgirão no caminho, o Búfalo da Água desfrutará de suas viagens ao longo do ano.

Muitas de suas atividades também terão um elemento social importante e, embora, às vezes, o Búfalo da Água possa necessitar de algum tempo antes para se sentir à vontade com outras pessoas, desfrutará de um bom relacionamento com algumas daquelas que conhecer ao longo do ano. Para qualquer Búfalo da Água que esteja sozinho e, talvez, se recuperando de feridas recentes, novos amigos e, possivelmente, um novo romance poderão restaurar o brilho que está faltando em sua vida. Abril, junho, agosto e dezembro poderão trazer as principais oportunidades sociais.

A vida familiar dos Búfalos da Água poderá ser marcada por muita atividade ao longo do ano, e as residências de alguns passarão por grandes transformações. Alguns Búfalos da Água poderão tirar proveito de uma oportunidade para mudar para uma casa mais adequada. Com tanta coisa acontecendo, uma boa comunicação será importante. Com flexibilidade e cooperação, este poderá ser um ano movimentado e agradável no plano familiar.

No geral, o ano do Macaco é repleto de possibilidades. No entanto, para realizar as ambições, o Búfalo da Água precisará ser a força motriz. Desse modo, com iniciativa e determinação, suas realizações poderão ser consideráveis. No trabalho, novas competências e atribuições ajudarão seu progresso, enquanto o tempo gasto em interesses pessoais poderá ser gratificante, com novos conhecimentos e ideias se desenvolvendo de maneira muitas vezes encorajadora. Este é o ano para o Búfalo da Água dar um passo adiante em diversas áreas da vida. Em um nível pessoal, ele será apoiado por aqueles ao seu redor e, se ele disser o que pensa francamente, descobrirá que mudanças importantes muitas vezes poderão ser colocadas em prática. Neste ano, os talentos e as qualidades pessoais do Búfalo da Água poderão recompensá-lo bem.

DICA PARA O ANO

Aproveite todas as oportunidades para ampliar habilidades, conhecimentos e experiências. Isso poderá ajudar sua situação atual, bem como aumentar suas opções no futuro. Além disso, aproveite o tempo gasto com seus familiares. Atividades conjuntas poderão trazer grande prazer e mais apoio.

O BÚFALO DA MADEIRA

Com a madeira como seu elemento, esse Búfalo é eminentemente prático e também consciente de que é preciso tempo para alcançar alguns de seus objetivos. No ano do Macaco, os eventos poderão ajudá-lo em alguns aspectos surpreendentes. Este será um ano de sorte para ele e, em quase todas as áreas da vida, ele verá uma evolução animadora.

O mais importante desses aspectos será seu trabalho. Por estar atento e vir mostrando comprometimento há bastante tempo, o Búfalo da Madeira poderá se dar conta de que está se preparando para deveres maiores. Isso poderá ocorrer por meio de cursos de treinamento ou da oportunidade de assumir grandes responsabilidades. Aproveitando ao máximo o que surgir, o Búfalo da Madeira estará posicionado de forma espetacular para obter benefícios quando outras oportunidades surgirem. Este é um ano para mostrar quem ele é para si mesmo e procurar progredir.

Muitos Búfalos da Madeira assumirão um papel mais importante com o empregador atual, mas, se o Búfalo da Madeira sentir que a carreira poderá beneficiar-se de uma mudança para outro lugar, deverá manter-se alerta a vagas abertas, conversar com contatos em seu ambiente de trabalho. Como resultado, ele será procurado por empresas de recrutamento de executivos, será recomendado para assumir uma posição ou estará idealmente qualificado para ocupar uma vaga de trabalho específica.

Os aspectos também são promissores para o Búfalo da Madeira que esteja à procura de emprego. Quando esses Búfalos da Madeira encontrarem uma vaga disponível, descobrirão que é útil obter informações sobre as funções específicas envolvidas e, assim, poderão destacar sua aptidão para o papel. Neste ano do Macaco, esses esforços adicionais contam muito. Além disso, como muitos Búfalos da Madeira perceberão, uma vez conseguido o cargo, eles poderão rapidamente usá-lo para se projetarem. O período de abril até início de junho e os meses de setembro e novembro poderão trazer desdobramentos importantes, mas as oportunidades precisarão ser aproveitadas rapidamente ao longo do ano. Estes poderão ser tempos significativos para a vida profissional do Búfalo da Madeira.

Com seu senso de compromisso, o Búfalo da Madeira se empenha muito em suas atividades e é importante que mantenha um bom equilíbrio no estilo de vida durante o ano, inclusive que encontre tempo para os interesses pessoais. Aquelas atividades que lhe dão a chance de fazer exercício físico adicional e/ou são realizadas ao ar livre poderão trazer muitos benefícios. A natureza prática de muitos Búfalos da Madeira virá à tona este ano à medida que ficarem intrigados por novos temas, focarem em determinado projeto ou aprofundarem os conhecimentos e, de alguma forma, eles poderão descobrir que seus interesses têm grande valor.

Os progressos obtidos no local de trabalho aumentarão a renda de muitos Búfalos da Madeira, e alguns poderão descobrir que trabalhos extras ou ideias empreendedoras também ajudarão sua situação. No entanto, o Búfalo da Madeira terá de honrar muitos compromissos, bem como reservar dinheiro suficiente para pôr em prática seus planos e efetuar possíveis depósitos. Quanto mais minuciosamente ele conseguir lidar com a situação, melhor se sairá. Além disso, se realizar algum acordo novo, precisará verificar as implicações e utilizar os conhecimentos alheios. O Búfalo da Madeira poderá gostar de agir de forma independente, mas os conselhos de familiares ou profissionais experientes muitas vezes poderão ajudá-lo e tranquilizá-lo.

Embora as despesas do Búfalo da Madeira sejam consideráveis, ele deverá sair de férias em algum momento durante o ano. Alguns Búfalos da Madeira poderão decidir organizar isso de última hora e, assim, tirar proveito de algumas ofertas muito boas. Seja o que ele fizer, o Búfalo da Madeira escrupuloso poderá beneficiar-se de uma pausa. Junho e agosto poderão trazer boas oportunidades para viajar, inclusive algumas que surjam por acaso ou de última hora.

O Búfalo da Madeira também será muito requisitado para eventos sociais. Ao longo dos anos, ele terá construído um círculo social harmonioso, e várias ocasiões especiais poderão surgir no ano do Macaco. Os amigos do Búfalo da Madeira frequentemente ficarão satisfeitos com seu apoio e com sua natureza confiável. Abril, junho, agosto e dezembro poderão trazer muitas atividades sociais. O trabalho e os interesses do Búfalo da Madeira também poderão levá-lo a conhecer novas pessoas, e qualquer Búfalo da Madeira que esteja só ou que esteja passando por um período de mudanças ao longo do ano descobrirá que algumas das pessoas que conhecer agora poderão ser úteis em um futuro próximo. Os disponíveis poderão ter muitas surpresas neste ano do Macaco e se deliciarão com elas.

A vida familiar será movimentada e, sobretudo para os Búfalos da Madeira comprometidos, também agitada. Haverá reformas de casa e outros planos para pôr em prática, bem como alguns problemas e reparos para serem resolvidos. Uma vez iniciados, os projetos poderão desenvolver-se de forma emocionante, com a inventividade e a natureza prática do Búfalo da Madeira se destacando. Interesses compartilhados também poderão aumentar a diversão neste ano do Macaco ativo e animado.

Alguns Búfalos da Madeira também poderão começar uma família, enquanto aqueles que já são pais se deliciarão (e, ocasionalmente, se desesperarão) com as atividades de seu bebê ou filho pequeno. No plano familiar, como em tantos outros aspectos, o ano do Macaco trará alguns momentos especiais.

Em geral, os aspectos são favoráveis para o Búfalo da Madeira este ano. O desenvolvimento pessoal será encorajado e, no trabalho, o Búfalo da Madeira poderá colher benefícios substanciais das oportunidades que se abrirão para ele. Ele precisará ser ativo e estar pronto para reagir rapidamente, mas aquilo que realizar agora poderá prepará-lo para o sucesso no futuro. O valor potencial do tempo presente não deverá ser subestimado.

DICA PARA O ANO

Desenvolva suas habilidades. O que você empreender agora poderá ajudá-lo tanto no presente quanto no futuro. Além disso, assegure-se de que seu estilo de vida seja equilibrado: reserve tempo para se divertir com os entes queridos, bem como para perseguir os próprios interesses.

O BÚFALO DO FOGO

O ano do Macaco apresenta certa vibração. Também incentiva a atividade, o envolvimento e o esforço, e, embora o Búfalo do Fogo possa, às vezes, ser surpreendido pelo que acontecerá ao longo deste ano, muita coisa poderá funcionar a seu favor. No entanto, para se beneficiar ao máximo, ele precisará adaptar-se. Ele pode ter pensado muito a longo prazo e sobre o que gostaria de ver acontecer, mas, como o ditado nos lembra, "Existem muitos caminhos que levam ao céu". Novas rotas se abrirão para muitos Búfalos do Fogo este ano.

Ao longo do ano, o Búfalo do Fogo contará com o apoio e a amizade de muitos daqueles que o cercam. Ao se mostrar aberto em seus pensamentos e sentimentos, ele descobrirá que estes, muitas vezes, poderão ajudar e tranquilizar a ele próprio e também a outros, além de criar bons vínculos. Além disso, ele terá a oportunidade de ajudar um amigo próximo com o que poderá ser uma questão pessoal delicada. Nesse caso, sua consideração e cuidado serão muito apreciados. Além disso, haverá muita diversão no ano do Macaco. Seja em festas, praticando esportes, realizando atividades ao ar livre ou de outra natureza, o Búfalo do Fogo terá muitas oportunidades para se divertir. E, como boa parte do que lhe acontecerá este ano, quanto maior for seu envolvimento, mais ele poderá obter do presente.

Isso também se aplica aos muitos Búfalos do Fogo que viverão mudanças este ano, seja mudar para um novo lugar de estudo ou de trabalho, seja mudar de cidade. Ao aproveitar as oportunidades que estão disponíveis para eles, em vez de continuarem introspectivos demais, estes Búfalos do Fogo poderão desenvolver seus interesses, descobrir novas atividades e fazer amizades. No aspecto pessoal, o ano do Macaco tem grande potencial. O final de abril, junho, agosto a meados de setembro e dezembro poderão ser épocas especialmente animadas, e o segundo semestre do ano será mais movimentado, em geral, do que o primeiro.

Para alguns Búfalos do Fogo, o ano também trará possibilidades de romance, muitas vezes com um encontro casual tornando-se mais significativo à medida que o ano for passando.

Embora o Búfalo do Fogo goste de manter certa independência e nem sempre consiga estar plenamente de acordo com certos membros de sua família, valorizará o apoio dela durante o ano. Ao considerar escolhas ou experimentar mudanças, ele deverá debater seus pontos de vista e sentimentos, bem como aceitar os conselhos oferecidos. Dessa forma, qualquer ansiedade que possa ter também poderá ser consideravelmente amenizada.

O ano do Macaco também poderá trazer surpresas, inclusive oportunidades para viajar. Para alguns Búfalos do Fogo, poderá haver uma oportunidade de sair de férias com outras pessoas ou visitar um lugar de interesse ou uma atração especial. A espontaneidade e a agitação do ano do Macaco levarão muitos Búfalos do Fogo a desfrutar de ocasiões que parecerão surgir ao acaso, sobretudo no final do verão.

O Búfalo do Fogo deverá fazer bom uso dos recursos locais, uma vez que estes também poderão ajudá-lo a tirar mais proveito do presente.

A maioria dos Búfalos do Fogo chegará a um ponto importante de sua educação este ano. Haverá exames para os quais eles deverão se preparar, cursos e projetos a ser completados e novos temas a ser aprendidos. As demandas serão consideráveis, e estes Búfalos do Fogo precisarão continuar sendo organizados. Ao trabalhar de forma consistente e se concentrar no que precisará ser feito, muitos poderão conseguir bons avanços e ganhar qualificações que poderão aprimorar no futuro. Novas possibilidades de estudo também poderão aparecer, e algumas das novidades mais inesperadas do ano poderão ser benéficas ao Búfalo do Fogo em aspectos importantes.

Para o Búfalo do Fogo, também haverá progressos encorajadores no trabalho. Para aqueles que já estão estabelecidos em um cargo, poderá haver uma oportunidade para assumir funções diferentes ou transferência para outra função. Embora estes Búfalos do Fogo possam sentir-se intimidados pelo que se espera deles, se eles se candidatarem, poderão ganhar experiência em outra área e ampliar as perspectivas para o futuro. É preciso aproveitar as oportunidades esse ano.

O Búfalo do Fogo à procura de emprego descobrirá que, por meio da busca por vagas e da demonstração de iniciativa, poderá conquistar aquele cargo tão desejado. Embora algumas posições que lhes serão oferecidas possam não ser as mais inspiradoras, após esses Búfalos do Fogo provarem sua confiabilidade, maiores responsabilidades poderão (muitas vezes rapidamente) surgir. O período de abril até início de junho e os meses de setembro e novembro poderão ser tempos de oportunidade.

Os interesses pessoais também poderão desenvolver-se de forma encorajadora e, em muitos casos, dar origem a outras possibilidades. Novos interesses também poderão ter valor no futuro. Em muitos aspectos, os acontecimentos deste ano trarão benefícios a longo prazo para o Búfalo do Fogo.

Com uma vida social animada e muitos interesses, ele precisará, no entanto, gerir as finanças com cuidado. Mas sua natureza disciplinada ajudará e, se ele for capaz de controlar seus gastos, também será capaz de realizar façanhas surpreendentes. Qualquer Búfalo do Fogo que celebrar acordos importantes este ano também deverá conferir os detalhes cuidadosamente e consultar um profissional, caso necessário. Quanto mais minucioso for, melhor.

No geral, o ano do Macaco poderá ser favorável e interessante para o Búfalo do Fogo. Exigirá esforço, mas aquilo que aprender agora poderá ser significativo quanto ao seu desenvolvimento mais adiante. E, embora o Búfalo do Fogo valorize a independência, relacionar-se com os outros poderá ajudá-lo a obter mais do ano, bem como a enriquecer sua vida. Este poderá ser um bom ano para ele, mas exigirá comprometimento e envolvimento.

DICA PARA O ANO

Aproveite ao máximo as oportunidades que surgirem este ano, seja nos estudos, seja trabalho ou nos interesses pessoais. Mesmo que sejam diferentes dos que você desejava, benefícios inesperados poderão, muitas vezes, surgir. O ano é rico em possibilidades.

O BÚFALO DA TERRA

O Búfalo da Terra tem uma natureza cuidadosa e diligente e, quando começa alguma coisa, gosta de terminá-la. Durante o ano do Macaco, ele poderá esperar realizar bastante.

Para obter o máximo deste ano, no início ele deverá considerar o que gostaria de fazer ao longo dos 12 meses seguintes. O diálogo com os outros poderá ser especialmente útil e, em alguns casos, os planos poderão concretizar-se com rapidez.

Uma área que será particularmente gratificante é a de seus interesses. Além de continuar com as atividades de que gosta, ele poderá estabelecer novos desafios, possivelmente aprender ou aprimorar uma habilidade, usando um interesse seu para um fim específico ou começando algo completamente diferente. Alguns Búfalos da Terra poderão sentir-se tentados a escrever sobre seus interesses, seja on-line, seja para uma possível publicação. Ao longo do ano, muitos se deliciarão com a forma como poderão usar seus talentos. Além disso, se houver exposições especiais ou eventos relacionados a seus interesses dos quais o Búfalo da Terra queira participar, deverá pensar em ir. O ano do Macaco poderá abrir um mundo de oportunidades.

Para o Búfalo da Terra que está sozinho e deseja ter mais contato com outros, incluindo aqueles que experimentaram alguma decepção pessoal nos últimos tempos, valeria a pena investigar quais atividades locais estão disponíveis. Seja integrando um grupo local, ou matriculando-se em um curso, ou ainda participando mais das atividades da comunidade, eles poderão descobrir que esse envolvimento fará grande diferença em sua vida.

O Búfalo da Terra será grato pelo apoio de outras pessoas em muitas das atividades que pretende realizar, e sua vida social apresentará um aspecto favorável. As atividades compartilhadas poderão ser especialmente agradáveis, e também haverá a oportunidade de conhecer novas pessoas. Embora alguns Búfalos da Terra possam ser indivíduos reservados, poderão ganhar muito este ano ao se abrirem e se envolverem com outros. Abril, junho, o período do final de julho até o início de setembro e dezembro poderão ter mais atividades sociais.

O ano do Macaco também poderá trazer boas oportunidades de viagem. Não apenas o Búfalo da Terra procurará ofertas atraentes, como também, se houver um lugar específico que gostaria de visitar, deverá informar-se e ver o que é possível. Tal como acontece com tantas outras coisas neste ano, uma vez que ele passe a dar seguimento a suas ideias, o acaso poderá desempenhar papel positivo. O ano do Macaco também poderá trazer surpresas na forma de algumas visitas organizadas de maneira extemporânea, convites inesperados para se hospedar com outras pessoas ou fins de semana surpreendentes no campo. Os anos do Macaco são ricos em possibilidades.

Por causa da natureza ativa do ano, os gastos do Búfalo da Terra serão consideráveis, mas ele deverá manter constante vigilância sobre suas contas e se preparar financeiramente, com antecedência, para planos e exigências. Nesse quesito, sua disciplina será um grande trunfo. Ele também terá de ser minucioso ao lidar com a papelada e conferir tudo o que não está claro ou se mostra insatisfatório; caso contrário, poderá ver-se atrapalhado com a burocracia. É aconselhável muita atenção ao lidar com todo tipo de financiamento e papelada este ano.

A vida familiar do Búfalo da Terra, no entanto, poderá ser uma fonte de prazer considerável. Mais uma vez, ele terá grande alegria em sua capacidade de transformar pensamentos em realidade e, ao longo do ano, haverá melhorias notáveis e novas aquisições aumentarão o conforto e a eficiência enérgica de muitas casas dos Búfalos da Terra.

Também haverá ocasiões familiares para o Búfalo da Terra apreciar. Ele poderá ter apreço especial por passar o tempo com as pessoas que vivem longe. Além disso, acompanhará as atividades dos membros da família com interesse intenso. Familiares mais jovens poderão frequentemente agradecer por seus conselhos e apoio, e retribuir oferecendo apoio técnico ou outra especialização. Neste ano interessante, o apoio, a boa vontade e o carinho dos familiares significarão muito para o Búfalo da Terra, permitindo que muitos de seus planos avancem sem problemas.

O ano do Macaco é um tempo de oportunidades para o Búfalo da Terra e, ao dar seguimento a suas ideias (e compartilhá-las com outras pessoas), ele poderá realizar muita coisa. O ano também será marcado pela sorte. Problemas, no entanto, ainda poderão surgir. Se o Búfalo da Terra for afetado, é importante que ele converse com outras pessoas, sobretudo com aquelas qualificadas para dar conselhos. Não é o momento de internalizar suas preocupações. Mas, no geral, este poderá ser um ano construtivo para ele. Sua visão pessoal e familiar, bem como seus interesses de vida, tudo isso poderá ser bem gratificante. As viagens também poderão ser deliciosas — e, em alguns casos, também haverá surpresas agradáveis.

DICA PARA O ANO

Passe algum tempo desfrutando e desenvolvendo seus interesses. O que você faz agora não apenas poderá ser gratificante, como também, frequentemente, fará com que aflorem outras possibilidades. Além disso, valorize suas relações com as pessoas e não se esqueça de compartilhar seus pensamentos e suas ideias. Com o apoio dos outros, você poderá realizar muita coisa.

BÚFALOS FAMOSOS

Lily Allen, Hans Christian Andersen, Gemma Arterton, Johann Sebastian Bach, David Blaine, Warren Beatty, Napoleão Bonaparte, Albert Camus, Jim Carrey, Charlie Chaplin, George Clooney, Natalie Cole, Bill Cosby, princesa Diana, Marlene Dietrich, Walt Disney, Patrick Duffy, Jessica Ennis-Hill, Jane Fonda, Edward Fox, Michael J. Fox, Peter Gabriel, Elizabeth George, Richard Gere, Ricky Gervais, William Hague, Handel, rei Haroldo V da Noruega, Adolf Hitler, Dustin Hoffman, Hal Holbrook, Anthony Hopkins, Billy Joel, rei Juan Carlos da Espanha, Tony Keith, John Key, B. B. King, Keira Knightley, Mark Knopfler, Burt Lancaster, Bruno Mars, rainha Mathilde da Bélgica, Chloë Moretz, Kate Moss, Eddie Murphy, Jack Nicholson, Leslie Nielsen, Bill Nighy, Barack Obama, Gwyneth Paltrow, Oscar Peterson, Lionel Richie, Wayne Rooney, Tim Roth, Rubens, Meg Ryan, Amanda Seyfried, Jean Sibelius, Bruce Springsteen, Meryl Streep, lady Margaret Thatcher, Alan Titchmarsh, Scott F. Turow, Vicent van Gogh, Zoë Wanamaker, Sigourney Weaver, o duque de Wellington, Arsène Wenger, W. B. Yeats.

O TIGRE

26 de janeiro	de 1914 a	13 de fevereiro	de 1915	*Tigre da Madeira*
13 de fevereiro	de 1926 a	1º de fevereiro	de 1927	*Tigre do Fogo*
31 de janeiro	de 1938 a	18 de fevereiro	de 1939	*Tigre da Terra*
17 de fevereiro	de 1950 a	5 de fevereiro	de 1951	*Tigre do Metal*
5 de fevereiro	de 1962 a	24 de janeiro	de 1963	*Tigre da Água*
23 de janeiro	de 1974 a	10 de fevereiro	de 1975	*Tigre da Madeira*
9 de fevereiro	de 1986 a	28 de janeiro	de 1987	*Tigre do Fogo*
28 de janeiro	de 1998 a	15 de fevereiro	de 1999	*Tigre da Terra*
14 de fevereiro	de 2010 a	2 de fevereiro	de 2011	*Tigre do Metal*

A PERSONALIDADE DO TIGRE

A exaltação,
o entusiasmo,
o ir um pouco mais além
é o que faz a diferença.
E abre muitas oportunidades.

O Tigre nasce sob o signo da coragem. Ele é uma figura carismática e, em geral, tem pontos de vista e concepções bastante firmes. Tem muita força de vontade e determinação, conduzindo tudo o que faz com extremo entusiasmo e energia. É muito atento e perspicaz e tem uma mente em constante atividade. É um autêntico pensador e quase sempre tem muitas novas ideias e entusiasmo por algum novo projeto.

Ele adora desafios e costuma se envolver em tudo o que imagina ter um futuro emocionante ou que estimule sua imaginação. Está sempre disposto a correr riscos e não gosta de se deixar limitar por convenções ou pela imposição de outras pessoas. O Tigre gosta de se sentir livre para agir como desejar e pelo menos uma vez em sua vida deixará tudo de lado para fazer o que quer.

O Tigre tem uma natureza de certa forma incansável. Embora esteja quase sempre preparado para se lançar com entusiasmo em algum projeto, sua empolgação inicial pode diminuir de repente se encontrar algo mais atraente. Ele também pode ser um tanto impulsivo, e é muito provável que já tenha passado por situações na vida em que agiu de maneira da qual se arrependeu mais tarde. Se o Tigre refletisse melhor sobre todas as coisas ou tivesse mais perseverança em suas diversas atividades, certamente teria mais êxito.

Felizmente, o Tigre tem muita sorte na maioria de seus empreendimentos. Mas quando as coisas não correm como ele espera, é capaz de sofrer fortes crises de depressão, e em geral leva muito tempo para se recuperar. A vida do Tigre é normalmente repleta de altos e baixos.

O Tigre, entretanto, é muito versátil. Ele tem espírito aventureiro e dificilmente permanece no mesmo lugar por muito tempo. Quando jovem, costuma se dedicar a várias atividades, e também tende a mudar de residência com muita frequência.

Ele é muito honesto e aberto em seus relacionamentos. E detesta hipocrisia e falsidade. O Tigre também é reconhecido pelo comportamento franco e, às vezes, indelicado, por não hesitar em falar o que pensa. Também pode ser muito rebelde, especialmente contra qualquer forma de autoridade mesquinha. E embora isso possa colocá-lo em conflito com outras pessoas, ele nunca foge de uma discussão ou evita defender aquilo que acredita ser o certo.

O Tigre é um líder nato e invariavelmente pode ocupar posições de destaque na profissão que escolher. No entanto, não dá muita importância a assuntos burocráticos ou minúcias e também não gosta de obedecer. Ele pode ser teimoso e obstinado. E durante toda a vida gosta de manter certo grau de independência em suas ações e ser responsável apenas por si próprio e mais ninguém. Tende a atribuir suas realizações exclusivamente aos próprios esforços e, a menos que seja inevitável, raramente solicitará ajuda.

Ironicamente, apesar da autoconfiança e das qualidades de liderança, o Tigre pode ser um indivíduo inseguro e irá, com frequência, adiar uma decisão importante até o último momento. E, em geral, também não gosta de receber críticas.

Embora o Tigre seja capaz de conseguir grandes somas em dinheiro, é um tanto esbanjador e nem sempre faz bons investimentos. Ao mesmo tempo, pode ser bastante generoso e costuma presentear muito os amigos e os parentes.

O Tigre zela muito por sua reputação e pela imagem que procura projetar. Ele tem certo ar de dignidade e autoridade e adora ser o centro das atenções. Sabe atrair popularidade tanto para si como para as causas que defende.

Em geral, se casa jovem. E irá perceber que se relaciona melhor com os nascidos sob os signos do Javali, do Cão, do Cavalo e da Cabra. Também poderá ter um bom relacionamento com o Rato, o Coelho e o Galo, mas irá considerar o Búfalo e a Serpente demasiadamente calmos e sérios e ficará muito irritado com a malícia e a curiosidade do Macaco. O Tigre também terá dificuldade para se relacionar com outro Tigre ou com o Dragão — os dois vão querer ocupar uma posição dominadora no relacionamento e raramente chegarão a um acordo até mesmo nas questões mais insignificantes.

A mulher Tigre é ativa, espirituosa e excelente anfitriã. Ela é, em geral, bastante atraente e cuida muito bem da aparência. Também pode ser uma mãe muito dedicada e, embora procure dar liberdade a seus filhos, desempenha com excelência o papel de orientadora, o que garante a eles ótima educação, sem que lhes falte nada. Assim como o homem de seu signo, a mulher Tigre tem muitos interesses pessoais e gosta de se sentir livre e independente o suficiente para deixar tudo de lado e fazer o que realmente deseja. Ela também tem uma natureza muito zelosa e generosa.

O Tigre tem muitas qualidades louváveis. Ele é honesto, corajoso e representa, muitas vezes, uma fonte de inspiração para os outros. Se puder controlar o lado tempestuoso de sua natureza incansável, é muito provável que tenha uma vida de grandes alegrias e realizações.

OS CINCO TIPOS DE TIGRE

Além dos 12 signos do zodíaco chinês existem cinco elementos que influenciam cada signo, acentuando ou atenuando suas características. Os efeitos dos cinco elementos sobre o Tigre estão descritos a seguir, juntamente com os anos em que os elementos exercem sua influência. Dessa forma, todos os Tigres nascidos em 1950 são Tigres do Metal, todos os nascidos em 1962 são Tigres da Água e assim por diante.

TIGRE DO METAL: 1950, 2010

O Tigre do Metal tem uma personalidade expansiva e determinada. Ele é muito ambicioso, e embora seus objetivos possam mudar de vez em quando, trabalhará incansavelmente até alcançar o que deseja. Pode, entretanto, mostrar-se impaciente com relação aos resultados e também ficar muito nervoso se as coisas não correrem como espera. Tem uma aparência excêntrica e é muito admirado e respeitado.

TIGRE DA ÁGUA: 1962

Esse Tigre se interessa por várias áreas de atividade, está sempre ávido por novas ideias e é capaz de deixar tudo de lado para se aventurar em regiões distantes. Ele é versátil, astuto e tem um temperamento amável. O Tigre da Água tende a manter a calma em períodos de crise, embora possa, às vezes, se sentir extremamente inseguro. Ele se comunica bem, e por meio de suas várias qualidades e de sua natureza persuasiva normalmente consegue alcançar o que deseja na vida. Também tem muita imaginação e costuma ser talentoso orador ou escritor.

TIGRE DA MADEIRA: 1914, 1974

O Tigre da Madeira tem uma personalidade muito amistosa e simpática. Ele é menos independente do que alguns dos outros tipos de Tigre e se dispõe mais a trabalhar com outras pessoas para alcançar determinado objetivo. No entanto, tende a pular de um assunto a outro e facilmente se distrai. É, em geral, muito benquisto, tem um grande círculo de amizades e invariavelmente leva uma vida social agitada e prazerosa. Também tem ótimo senso de humor.

TIGRE DO FOGO: 1926, 1986

O Tigre do Fogo conduz suas atividades com muito entusiasmo e disposição. Ele adora a ação e está sempre disposto a se lançar intensamente em qualquer atividade que estimule sua imaginação. Tem muitas qualidades de liderança e é capaz de comunicar suas ideias e entusiasmar os outros. É um autêntico otimista e costuma ser muito generoso. Tem um temperamento simpático e pode ser um orador espirituoso e persuasivo.

TIGRE DA TERRA: 1938, 1998

Esse Tigre é responsável e sensato. Ele analisa tudo com objetividade e procura ser escrupulosamente justo em todos os seus relacionamentos e em suas negociações. Ao contrário de outros Tigres, tende a se especializar em determinadas áreas, em vez de se deixar dispersar por outros assuntos. Mas pode se envolver demais em sua atividade a ponto de nem sempre levar em conta o ponto de vista e a opinião daqueles que o cercam. É bastante sensato nos negócios e normalmente consegue ser bem-sucedido na vida. Tem um grande círculo de amizades e preza muito sua aparência e reputação.

PREVISÕES PARA O TIGRE EM 2016

O ano da Cabra (de 19 de fevereiro de 2015 a 7 de fevereiro de 2016) oferece perspectivas interessantes para o Tigre, e seus últimos meses serão marcados por muitos acontecimentos.

Um dos pontos fortes do Tigre é a capacidade de gerar ideias. Ele é engenhoso, empreendedor e gosta de se envolver ativamente. Seja no trabalho, seja em seus interesses, ele terá uma vontade imensa de explorar as ideias que gera. No entanto, à medida que o ano da Cabra for se aproximando do fim, ele precisará tomar cuidado para não se distrair ou assumir responsabilidades em demasia. Ficar distraído ou participar de muitas atividades ao mesmo tempo são comportamentos que poderão prejudicá-lo. Sobretudo no trabalho, o empenho é que trará os melhores resultados. Outubro poderá ser um mês especialmente movimentado e interessante no campo profissional.

Os últimos meses do ano também trarão muitas tentações para gastar dinheiro. Embora o Tigre possa ficar satisfeito com alguns dos artigos e presentes úteis que irá adquirir nessa época do ano, precisará ter cuidado para não fazer muitas compras por impulso.

A vida familiar e social será marcada por muita atividade, e o Tigre precisará controlar bem o tempo, permanecer organizado e discutir seus planos com outras pessoas. A falta de comunicação adequada ou de planejamento poderá levar a alguns momentos constrangedores e aumentar a pressão. Com cuidado, no entanto, os últimos meses do ano poderão ser uma época movimentada e interessante para o Tigre, e algumas novidades poderão surgir durante a época festiva.

O ano do Macaco, que começa em 8 de fevereiro, tem energia e vivacidade e, embora compatível com a natureza empreendedora do Tigre, é também um tempo em que ele precisará exercitar a cautela em vez de seguir em frente sem medir as consequências. Em 2016, será muito mais o caso de aproveitar ao máximo as situações como são. Tigres, tomem nota disso e fiquem atentos! Dessa forma, você poderá tornar este ano mais fácil e, em última análise, mais gratificante.

No trabalho, é um tempo de consolidação e progresso constante. Os Tigres que acabaram de ocupar cargos novos acharão essa época excelente para se consolidar e aprender sobre aspectos diferentes de sua área profissional. Ao se envolverem e aproveitarem quaisquer oportunidades para aumentar a rede de relacionamentos profissionais, esses Tigres beneficiarão a si mesmos e melhorarão suas perspectivas.

Para os Tigres que já ocupam um cargo há algum tempo e desejam progredir na carreira, o ano do Macaco também poderá trazer novidades importantes. Embora o progresso possa ser difícil, ou pouco substancial, ao aproveitarem a experiência que possuem, esses Tigres terão a chance de assumir um papel mais importante ou mudar para outro. No entanto, o foco deverá ser nas tarefas atuais e na construção de uma plataforma para crescimento futuro em vez de esperar por um progresso rápido.

Para os Tigres à procura de emprego, o processo pode ser cansativo e decepções os aguardam. Os resultados exigirão esforço, mas serão ainda mais merecidos quando vierem. Ao assumir um cargo, mais uma vez o Tigre deverá mostrar comprometimento, aproveitar qualquer treinamento e construir as bases do futuro. Abril, julho, setembro e novembro poderão trazer novidades interessantes, embora durante todo o ano oportunidades precisem ser aproveitadas rapidamente antes que passem.

Uma área que merecerá atenção especial são as relações do Tigre com os outros, sobretudo com os colegas, em cuja interação ele precisará estabelecer bons relacionamentos e levar os pontos de vista alheios em consideração. Agir de forma independente demais ou ficar à margem dos acontecimentos poderá impedir que ele receba apoio e goze de boas oportunidades. No caso de surgir um desentendimento com um colega, ele deverá tentar não deixar que isso o distraia e fazer o melhor possível para neutralizar o problema. É preciso tomar cuidado com as situações difíceis neste ano. Felizmente, devido à sua natureza diligente, na maioria dos casos ele agirá assim.

O Tigre gosta de se manter ocupado e haverá muita coisa para despertar seu interesse neste ano. Ele apreciará mergulhar no que está acontecendo ao seu redor, bem como seguir as próprias ideias. Se tiver pensado em iniciar uma nova atividade, este será um bom ano para fazê-lo.

O ano também é favorável às viagens. Algumas poderão ser organizadas às pressas, talvez em resposta a uma oferta de última hora ou a um convite inesperado (porém bem-vindo).

As perspectivas financeiras do Tigre estão sob um aspecto favorável e, se tomar cuidado com o orçamento, ficará satisfeito com os muitos planos e compras que poderá concretizar. No que se refere aos utensílios domésticos, seu olho para o estilo e a praticidade estará em excelente forma, e algumas compras serão um pouco incomuns, mas atraentes.

A papelada financeira, no entanto, precisará ser tratada com cuidado e dentro do prazo. Embora isso possa ser tedioso, atrasos ou erros poderão ser desvantajosos para o Tigre. Se algo o preocupar, ele deverá procurar orientação profissional. Sem a devida atenção, questões burocráticas poderão prolongar-se este ano. Tigres, tomem nota disso!

No aspecto familiar, a vida, com frequência, será conduzida em um ritmo acelerado. No meio de tanta atividade, contudo, haverá algumas conquistas pessoais a celebrar e planos a colocar em prática. As viagens e outros eventos familiares também serão muito valorizados. As sugestões do Tigre poderão levar a algumas ocasiões agradáveis. Neste ano movimentado, o tempo de qualidade e a boa comunicação são importantes; caso contrário, tensões e mal-entendidos poderão surgir. O Tigre precisa estar ciente disso e dar tempo para que todos possam relaxar e conseguir acompanhá-lo. Para as atividades familiares, maio, agosto e dezembro poderão ser meses movimentados e bem variados.

O Tigre conta com um círculo social extenso, mas, ao longo do ano, o contato com determinados amigos poderá diminuir à medida que as circunstâncias forem mudando. Além disso, poderão surgir alguns desentendimentos. Nem sempre as amizades funcionarão sem problemas. No entanto, muitas vezes o Tigre brilhará entre os amigos e também terá oportunidades para conhecer pessoas novas. Apesar de alguns contratempos, o ano do Macaco tem seu lado mais positivo, e abril, agosto, setembro e dezembro serão marcados por atividades sociais mais intensas.

Alguns anos parecem transcorrer bem, enquanto outros são problemáticos. Para o Tigre, o ano do Macaco ficará entre esses dois extremos. Haverá problemas e pressões, mas também algumas boas oportunidades, sobretudo, quando se trata de desenvolver seus interesses, habilidades e ideias. Felizmente, há muito que o Tigre pode fazer para atenuar os aspectos mais difíceis e, ao permanecer atento e cuidadoso com os pontos de vista alheios e ao aproveitar ao máximo as situações como elas são (e não como ele gostaria que fossem), ele poderá sair-se razoavelmente bem, ampliar sua experiência e desfrutar das muitas atividades que este ano animado poderá trazer.

O TIGRE DO METAL

Este será um ano interessante para o Tigre do Metal e, embora possa enfrentar algumas situações que exigirão muito dele, também haverá muito a desfrutar. Ao longo do ano, porém, ele terá de levar em conta as situações em evolução e as opiniões alheias. Ser grosseiro, não ouvir ninguém ou não consultar a fundo aqueles que estão ao seu redor, tudo isso poderá causar problemas. Este é um momento para ter cautela e demonstrar flexibilidade.

Durante o ano, muitos Tigres do Metal estarão envolvidos na tomada de decisões importantes. Isso poderá envolver aposentadoria, mudança de emprego ou colocar em prática algumas aspirações de longa data. Em todos os casos, o Tigre do Metal deverá reservar tempo para falar com as pessoas próximas a ele, bem como com profissionais, sobre suas opções. As ações precisarão ser pensadas em vez de serem tomadas apressadamente. Para os precipitados e impetuosos, problemas poderão surgir. Tigres do Metal, tomem nota disso! Como em boa parte deste ano, a atenção e o diálogo poderão fazer uma diferença importante.

No trabalho, este será um ano de mudança. Alguns Tigres do Metal decidirão se aposentar definitivamente e apreciarão ter tempo para os interesses e projetos que desejavam ter começado há bastante tempo. Mais uma vez, com apoio e aconselhamento, essa transição poderá ser facilitada. Outros Tigres do Metal, no entanto, estarão dispostos a permanecer trabalhando, embora talvez pensem em reduzir suas horas, trabalhar meio expediente ou fazer trabalhos por conta própria. Para muitos, este ano do Macaco poderá ser significativo. Abril, julho, setembro e novembro poderão ser meses decisivos.

Embora os Tigres do Metal que virão a se aposentar possam ter uma redução de renda, do ponto de vista financeiro, os aspectos são, em geral, positivos. Alguns Tigres do Metal poderão beneficiar-se de um pagamento extra ou do vencimento de uma apólice de seguro e, ao gerenciarem habilidosamente seus recursos, poderão seguir adiante com compras e com a implementação de planos. Aqui, o olho clínico do Tigre do Metal para uma boa compra poderá ser bastante útil, e seu senso de estilo também poderá resultar na aquisição de alguns itens esplêndidos que serão fonte de prazer para ele e para outros.

As viagens também deverão estar com aspecto favorável e, caso possível, o Tigre do Metal deverá procurar tirar férias em algum momento durante o ano. Alguns eventos especiais também poderão agradar. Para os que preferem atividades ao ar livre, inclusive aqueles que acompanham os esportes, o ano do Macaco poderá reservar momentos especialmente emocionantes.

Com seu amplo leque de interesses, o Tigre do Metal também desfrutará das possibilidades de lazer que surgirão ao longo do ano. Não só ele continuará a insistir em seus interesses já existentes, como também sua curiosidade poderá ser aguçada por novas atividades. Os Tigres do Metal que acabam de se aposentar apreciarão particularmente a chance de levar adiante seus interesses.

O ano do Macaco poderá acabar sendo variado e esclarecedor, mas, em praticamente tudo que o Tigre do Metal se propuser a fazer, precisará relacionar-se com os outros e buscar conselhos quando necessário. Sua extensa rede de amigos e contatos poderá ser útil. Alguns poderão estar em uma situação semelhante à sua, e algumas decisões poderão ser facilitadas por um apoio mútuo.

O Tigre do Metal também poderá esperar ansiosamente por algumas ocasiões sociais interessantes ao longo do ano. Estas poderão incluir comemorações pessoais com amigos, bem como eventos e atrações. Abril, agosto, setembro e dezembro poderão ser meses movimentados e animados.

Para os Tigres do Metal que estão sozinhos e que talvez apreciem ter mais contato com outras pessoas, o ano do Macaco poderá abrir possibilidades importantes. Ao aproveitar o que está disponível e, talvez, se envolver com grupos de atividades locais ou se matricular em um curso, esses Tigres do Metal poderão acrescentar algum propósito ao estilo de vida.

No aspecto familiar, tanto o Tigre do Metal quanto seus entes queridos terão de tomar decisões importantes este ano. Estas poderão dizer respeito à aposentadoria, a mudanças de emprego ou, para alguns, à dispensa e à relocação de cidade. Dada a importância de tais decisões, é preciso reservar tempo para discuti-las a fundo e avaliar com cuidado suas implicações. Tigres do Metal, sejam minuciosos e cautelosos!

A ligação com as outras pessoas também poderá ser importante caso surja alguma questão que provoque certa ansiedade. Isso talvez diga respeito a um parente ou amigo próximo. Em vez de procurar não mostrar suas preocupações, o Tigre do Metal deverá aproveitar a experiência daqueles (inclusive profissionais) que possam sugerir soluções ou corrigir problemas. Tal como acontece todos os anos, este trará certas dificuldades. Também poderá haver pequenos aborrecimentos (sobretudo os burocráticos) que exasperarão o Tigre. No entanto, com apoio e senso de perspectiva, esses aborrecimentos, muitas vezes, poderão ser tratados com eficácia. Em questões desafiadoras ou complexas, o Tigre do Metal não deverá sentir-se sozinho.

No geral, o ano do Macaco exigirá muito do Tigre do Metal. Decisões precisarão ser tomadas e novas situações demandarão reajustes. Os aspectos poderão ser variáveis, mas, ao ser franco e contar com o apoio daqueles que o cercam, o Tigre do Metal poderá tirar proveito. Seja dando continuidade a seus interesses, ou redescobrindo talentos, ou ainda tendo sorte nas compras, ele também poderá divertir-se neste ano. Ele poderá, às vezes, ser complicado, mas também será um ano de possibilidades.

DICA PARA O ANO

Explore suas ideias e aproveite as oportunidades. Além disso, envolva outras pessoas e valorize o apoio daqueles que estão ao seu redor. Com sugestões e bons conselhos, seu ano poderá tornar-se mais fácil.

O TIGRE DA ÁGUA

O Tigre da Água terá visto muita coisa acontecer nos últimos anos. Este será um bom momento para fazer um balanço, refletir um pouco sobre as atividades atuais e avançar de forma consistente. Embora os anos do Macaco apresentem alguns aspectos complicados, trazem benefícios ocultos e poderão ter consequências significativas. Este poderá não ser o mais fácil dos anos para o Tigre da Água, mas será valioso.

Na vida profissional, muitos Tigres da Água observaram novidades importantes nos últimos tempos, tanto em seu próprio cargo quanto no ambiente de trabalho. Como resultado, em vez de procurar fazer uma mudança, muitos escolherão concentrar-se em suas funções atuais. Profissionalmente, este poderá ser um ano gratificante, com muitos Tigres da Água desempenhando um papel valorizado onde estão, inclusive treinando e servindo de mentores para outras pessoas.

Existirão, no entanto, alguns Tigres da Água ansiosos por desenvolver novas maneiras de viver e por decidir procurar um lugar novo. Para esses Tigres da Água, bem como para aqueles que estão à procura de emprego, o ano do Macaco poderá representar um desafio. As vagas poderão ser limitadas, e a concorrência, feroz. No entanto, o Tigre da Água nasceu sob o signo da coragem e é astucioso e determinado. Embora possa sofrer decepções ao longo do trajeto, a persistência trará recompensas e muitos Tigres da Água conseguirão um novo emprego. Este poderá incluir uma curva de aprendizagem acentuada, mas esses Tigres da Água apreciarão a oportunidade. Abril, julho, setembro e novembro poderão trazer desenvolvimentos encorajadores.

Um aspecto importante do ano serão as chances que o Tigre da Água terá de interagir e conhecer outras pessoas. Sua personalidade e sua competência impressionarão muita gente. Além disso, se ele está pensando em ideias específicas relacionadas ao trabalho, faria bem em procurar ouvir a opinião de pessoas com os conhecimentos necessários. Com os aspectos como estão, este não é um tempo para agir de forma demasiadamente independente.

Nas questões financeiras, o Tigre da Água poderá sair-se razoavelmente bem e conseguir complementar a renda por meio de algum interesse ou habilidade. Alguns Tigres da Água poderão beneficiar-se com o recebimento de recursos extras, bem como ter sorte ao fazer compras. No entanto, com uma variedade de compromissos e, provavelmente, algumas ideias com custos altos, o Tigre da Água precisará fazer um bom planejamento financeiro, inclusive quanto aos planos de viagem. Se tiver um bom controle, porém, ele ficará satisfeito com o que é capaz de fazer.

Os interesses pessoais do Tigre da Água também poderão desenvolver-se de forma encorajadora. Ele, muitas vezes, estará disposto a fazer melhor uso de seus conhecimentos e habilidades, e atividades criativas poderão ser especialmente gratificantes. Alguns Tigres da Água poderão ser atraídos por novos passatempos. Se assim for, deverão procurar mais informações sobre eles. O ano do Macaco oferecerá uma gama de possibilidades.

Por causa de seu estilo de vida ativo, o Tigre da Água conhecerá muitas pessoas e seu círculo social deverá aumentar. Ao longo do ano, ele deverá aproveitar qualquer chance que tenha para expor suas ideias diante dos amigos e procurar a opinião deles com relação a quaisquer receios. Alguns estarão bem posicionados para dar apoio e conselhos.

No entanto, por mais que as relações do Tigre da Água com muitas pessoas sejam boas, diferenças de opinião poderão surgir ou algum problema menor tornar-se motivo de preocupação. Nessas horas, o Tigre da Água poderá encontrar-se em uma situação potencialmente complicada e precisará ser cauteloso e continuar demonstrando tato.

Feito esse alerta, de resto haverá muito para ele desfrutar. Algumas das ocasiões sociais mais espontâneas do ano serão particularmente memoráveis. Abril, o período entre o final de julho e o final de setembro e dezembro poderão ser tempos interessantes.

No aspecto familiar, muita coisa deverá acontecer. Entes queridos poderão passar por algumas mudanças substanciais, muitas vezes relacionadas ao trabalho, o que poderá afetar rotinas existentes e planos. Uma boa conversa poderá ajudar. Parte do que ocorre poderá não ter sido prevista, mas terá consequências importantes para todos. No entanto, apesar do jeito agitado e da possível mudança no estilo de vida, o ano do Macaco também terá momentos especiais, que muitas vezes envolverão a comemoração do sucesso de um membro mais jovem da família. O Tigre da Água ficará orgulhoso e solidário com essa situação.

Viajar apresenta um aspecto favorável e, quando possível, o Tigre da Água deverá tirar férias com seus familiares durante o ano. A mudança de ambiente poderá fazer bem a todos.

No geral, o ano do Macaco terá algumas áreas problemáticas e o Tigre da Água precisará estar atento. Quaisquer diferenças de opinião deverão, idealmente, ser amenizadas antes que possam crescer ou minar a posição do Tigre da Água, que deverá ter como objetivo agir *com os outros* e *com apoio*, em vez de fazê-lo de forma independente. É necessário ter cautela, mas o ano do Macaco trará oportunidades. Em particular, os interesses pessoais poderão desenvolver-se de forma encorajadora e, no local de trabalho, muitas vezes este poderá ser um ano mais gratificante, uma vez que o Tigre da Água terá boas oportunidades para desenvolver seus pontos fortes. A evolução *requererá* esforço, mas o Tigre da Água poderá, mesmo assim, preparar o caminho para oportunidades mais substanciais no futuro.

Por causa de seu estilo de vida ativo, o Tigre da Água conhecerá muitas pessoas e seu círculo social deverá aumentar. Ao longo do ano, ele deverá aproveitar qualquer chance que tenha para expor suas ideias diante dos amigos e procurar a opinião deles com relação a quaisquer receios. Alguns estarão bem posicionados para dar apoio e conselhos.

No entanto, por mais que as relações do Tigre da Água com muitas pessoas sejam boas, diferenças de opinião poderão surgir ou algum problema menor tornar-se motivo de preocupação. Nessas horas, o Tigre da Água poderá encontrar-se em uma situação potencialmente complicada e precisará ser cauteloso e continuar demonstrando tato.

Feito esse alerta, de resto haverá muito para ele desfrutar. Algumas das ocasiões sociais mais espontâneas do ano serão particularmente memoráveis. Abril, o período entre o final de julho e o final de setembro e dezembro poderão ser tempos interessantes.

No aspecto familiar, muita coisa deverá acontecer. Entes queridos poderão passar por algumas mudanças substanciais, muitas vezes relacionadas ao trabalho, o que poderá afetar rotinas existentes e planos. Uma boa conversa poderá ajudar. Parte do que ocorre poderá não ter sido prevista, mas terá consequências importantes para todos. No entanto, apesar do jeito agitado e da possível mudança no estilo de vida, o ano do Macaco também terá momentos especiais, que muitas vezes envolverão a comemoração do sucesso de um membro mais jovem da família. O Tigre da Água ficará orgulhoso e solidário com essa situação.

Viajar apresenta um aspecto favorável e, quando possível, o Tigre da Água deverá tirar férias com seus familiares durante o ano. A mudança de ambiente poderá fazer bem a todos.

No geral, o ano do Macaco terá algumas áreas problemáticas e o Tigre da Água precisará estar atento. Quaisquer diferenças de opinião deverão, idealmente, ser amenizadas antes que possam crescer ou minar a posição do Tigre da Água, que deverá ter como objetivo agir *com os outros* e *com apoio*, em vez de fazê-lo de forma independente. É necessário ter cautela, mas o ano do Macaco trará oportunidades. Em particular, os interesses pessoais poderão desenvolver-se de forma encorajadora e, no local de trabalho, muitas vezes este poderá ser um ano mais gratificante, uma vez que o Tigre da Água terá boas oportunidades para desenvolver seus pontos fortes. A evolução *requererá* esforço, mas o Tigre da Água poderá, mesmo assim, preparar o caminho para oportunidades mais substanciais no futuro.

ambiente de trabalho. Como resultado, em vez de procurar fazer uma mudança, muitos escolherão concentrar-se em suas funções atuais. Profissionalmente, este poderá ser um ano gratificante, com muitos Tigres da Água desempenhando um papel valorizado onde estão, inclusive treinando e servindo de mentores para outras pessoas.

Existirão, no entanto, alguns Tigres da Água ansiosos por desenvolver novas maneiras de viver e por decidir procurar um lugar novo. Para esses Tigres da Água, bem como para aqueles que estão à procura de emprego, o ano do Macaco poderá representar um desafio. As vagas poderão ser limitadas, e a concorrência, feroz. No entanto, o Tigre da Água nasceu sob o signo da coragem e é astucioso e determinado. Embora possa sofrer decepções ao longo do trajeto, a persistência trará recompensas e muitos Tigres da Água conseguirão um novo emprego. Este poderá incluir uma curva de aprendizagem acentuada, mas esses Tigres da Água apreciarão a oportunidade. Abril, julho, setembro e novembro poderão trazer desenvolvimentos encorajadores.

Um aspecto importante do ano serão as chances que o Tigre da Água terá de interagir e conhecer outras pessoas. Sua personalidade e sua competência impressionarão muita gente. Além disso, se ele está pensando em ideias específicas relacionadas ao trabalho, faria bem em procurar ouvir a opinião de pessoas com os conhecimentos necessários. Com os aspectos como estão, este não é um tempo para agir de forma demasiadamente independente.

Nas questões financeiras, o Tigre da Água poderá sair-se razoavelmente bem e conseguir complementar a renda por meio de algum interesse ou habilidade. Alguns Tigres da Água poderão beneficiar-se com o recebimento de recursos extras, bem como ter sorte ao fazer compras. No entanto, com uma variedade de compromissos e, provavelmente, algumas ideias com custos altos, o Tigre da Água precisará fazer um bom planejamento financeiro, inclusive quanto aos planos de viagem. Se tiver um bom controle, porém, ele ficará satisfeito com o que é capaz de fazer.

Os interesses pessoais do Tigre da Água também poderão desenvolver-se de forma encorajadora. Ele, muitas vezes, estará disposto a fazer melhor uso de seus conhecimentos e habilidades, e atividades criativas poderão ser especialmente gratificantes. Alguns Tigres da Água poderão ser atraídos por novos passatempos. Se assim for, deverão procurar mais informações sobre eles. O ano do Macaco oferecerá uma gama de possibilidades.

DICA PARA O ANO

Fique atento ao que está acontecendo ao seu redor e esteja preparado para fazer ajustes. Além disso, conte com o apoio e os conselhos dos outros. Reserve algum tempo para atividades recreativas e para compartilhar atividades com aquelas pessoas que são especiais para você.

O TIGRE DA MADEIRA

O Tigre da Madeira é perspicaz e alerta. É bom em avaliar situações, sobretudo o momento certo para agir ou para recuar. E seu juízo lhe servirá bem este ano. Os anos do Macaco poderão ser desafiadores, mas ao se manter atento, e, às vezes retraído, o Tigre da Madeira poderá evitar alguns dos elementos mais difíceis e, ao mesmo tempo, beneficiar-se das oportunidades. Sua habilidade poderá ser de grande valia neste ano.

No trabalho, este é um ano de progresso constante. Muitos Tigres da Madeira terão passado por mudança nos últimos anos, e esse padrão continuará ocorrendo, à medida que novas formas de trabalho forem introduzidas e metas adicionais definidas. Com a experiência que adquiriu, o Tigre da Madeira muitas vezes se encontrará no centro dos acontecimentos. Parte disso poderá ser desafiador e exigir flexibilidade, mas, no processo, o Tigre da Madeira poderá mostrar seus pontos fortes e promover sua reputação. Os esforços feitos agora poderão render frutos mais adiante, e essa poderá ser uma fase significativa no desenvolvimento profissional.

Levando em conta seu papel e as expectativas com as quais terá que conviver, ele precisará, no entanto, trabalhar em estreita colaboração com os colegas. Este não é um ano para se posicionar às margens ou agir de forma muito independente.

A maioria dos Tigres da Madeira permanecerá no atual emprego ao longo do ano, mas, para aqueles que sentem que suas perspectivas poderiam ser melhoradas por uma mudança para outro lugar ou que estão à procura de emprego, o ano do Macaco poderá trazer novidades inesperadas. Em sua busca, esses Tigres da Madeira poderão deparar-se com uma função muito diferente daquela que vêm exercendo até então, mas que realmente interessará a ele. Em alguns casos, isso poderá acontecer em outro tipo de trabalho ou em outra cidade. Se o Tigre da Madeira agir, poderá beneficiar-se. Abril, julho, setembro e novembro poderão trazer alguns desenvolvimentos especialmente encorajadores.

Com uma mudança de função, muitos Tigres da Madeira verão seus rendimentos crescerem. Muitos também poderão beneficiar-se com um presente ou um bônus. A situação financeira do Tigre da Madeira poderá melhorar ao longo do ano, mas ele terá muitos compromissos e despesas substanciais, sobretudo se estiver procurando substituir equipamentos e colocando determinados planos em prática. Como resultado, ele precisará ser disciplinado. O ano do Macaco recompensa aqueles que fazem um controle rigoroso do orçamento.

Viajar apresenta um aspecto favorável e, mesmo que não viaje para muito longe, o Tigre da Madeira poderá considerar alguns dos lugares visitados especialmente memoráveis. Ao longo do ano, também deverá valer-se dos serviços disponíveis em sua localidade. O ano do Macaco poderá fornecer uma boa mistura de coisas a fazer.

Os interesses pessoais também poderão avançar de forma encorajadora. Dada a sua natureza prática, com frequência o Tigre da Madeira terá ideias que gostaria de colocar em prática e, seja fazendo algo para casa ou contemplando algum outro projeto, ficará satisfeito com os resultados.

Com seu estilo de vida agitado, ele conhecerá um grande número de pessoas, e seu círculo social deverá crescer ao longo do ano. Também haverá algumas ocasiões sociais animadas. Abril, o período do final de julho até o final de setembro e dezembro poderão trazer intensa atividade social.

No entanto, embora as relações do Tigre da Madeira com os outros sejam, em geral, positivas, o ano do Macaco poderá trazer problemas. Se o Tigre da Madeira sentir qualquer obstáculo em seu caminho ou entrar em uma disputa com outra pessoa, deverá proceder com cuidado. Sua natureza diplomática poderá ajudar, mas situações menores poderão agravar-se e o Tigre da Madeira precisará estar atento. Sem cuidado, uma amizade poderá ser perdida ou uma questão causar aborrecimento. Tigres da Madeira, tomem nota disso e procedam com cautela nas situações instáveis.

Na vida familiar, situações de mudança poderão causar impacto sobre a rotina existente e será necessário que haja boa cooperação entre todos. Além disso, embora algumas melhorias domésticas sejam concluídas com êxito, é preciso que os planos se mostrem flexíveis e postos em prática somente quando as circunstâncias assim o permitirem. A pressa poderá causar pressão adicional e possíveis erros. Este é um ano que favorece o esforço conjunto, o aumento do leque de atividades e a valorização do tempo de boa qualidade. Durante o ano, tanto os parentes mais velhos quanto os mais novos poderão procurar o Tigre da Madeira para pedir conselhos sobre o que poderão ser decisões importantes, e a assistência dele poderá ter um valor considerável. Ele estará no coração de muitos lares este ano, e suas qualidades serão muito apreciadas.

No geral, o Tigre da Madeira poderá sair-se bem no ano do Macaco e o que fizer nos bastidores frequentemente renderá frutos no futuro. Seja se adaptando às mudanças, somando competências, estabelecendo ligações com outros ou se concentrando em objetivos, ele descobrirá que, muitas vezes, fazer um esforço excepcional terá consequências importantes. Para muitos Tigres da Madeira, este ano do Macaco será uma boa preparação para os sucessos que virão em breve. Caso surjam problemas, o Tigre da Madeira deverá tentar lidar com eles de forma eficaz para que não aumentem. Felizmente, sua natureza astuta ajudará e permitirá que ele aproveite ao máximo as oportunidades que o ano trará.

DICA PARA O ANO

Proceda de forma comedida. Não se apresse. Quanto mais você se dedicar a seus planos e tarefas, melhores serão os resultados. Além disso, valorize as relações com aqueles que estão ao seu redor. O que você faz para os outros — e eles para você — poderá enriquecer seu ano.

O TIGRE DO FOGO

Este será um ano significativo para o Tigre do Fogo. Não apenas marca o início de uma nova década de sua vida, como também tudo que fizer agora poderá influenciar os próximos anos. No entanto, embora o ano, em sua maior parte, vá correr bem, também trará desafios, e o Tigre do Fogo precisará estar alerta e flexível ao desempenhar suas várias atividades.

Na vida familiar, o ano poderá trazer mudanças importantes. As moradias estarão em destaque, e muitos Tigres do Fogo se mudarão para uma casa mais adequada às suas necessidades. Ao longo do ano, o sonho da casa própria se tornará realidade para alguns. No entanto, aqueles que permanecerem onde estão também dedicarão bastante tempo melhorando suas casas, e seu tino para estilo e cores ajudará a tornar certas áreas diferentes e aconchegantes.

Para os Tigres do Fogo que têm um parceiro, não haverá muito o que fazer e ambos gostarão de ver seus planos se concretizarem. Muitos Tigres do Fogo terão motivos para comemorar este ano. Não só estarão marcando o trigésimo aniversário, como também alguns poderão tornar-se pais. Aqueles que já têm uma família farão muito para incentivar os filhos; as ideias, o entusiasmo e o cuidado dos Tigres do Fogo poderão fortalecer os laços familiares e levar a alguns momentos especiais.

Embora possa haver muitas demandas sobre o orçamento doméstico, o Tigre do Fogo deve, se possível, tentar viajar com os entes queridos ao longo do ano. Uma pausa na rotina poderá ser apreciada por todos, e visitas a atrações locais, como museus, parques e lugares de beleza natural, poderão estar disponíveis para apreciação.

Muitos Tigres do Fogo serão gratos pelo apoio de pessoas mais velhas e, quando confrontados com decisões importantes, ficarão satisfeitos com seus conselhos. Ao longo do ano, seu amor e sua generosidade significarão muito para eles.

Em função dos muitos compromissos, o Tigre do Fogo poderá decidir reduzir a vida social este ano. No entanto, é importante que não evite as oportunidades de passar algum tempo junto com outras pessoas ou participar de eventos interessantes. A vida social poderá trazer um equilíbrio importante para seu estilo de vida. Além disso, existe o risco de que algumas amizades, devido à alteração das circunstâncias, venham a perder a força. Mesmo que as amizades evoluam ao longo do tempo, o Tigre do Fogo precisará ter cuidado para não pôr em risco alguns contatos importantes. Tigres do Fogo, tomem nota disso.

Embora as circunstâncias sugiram cautela, o ano do Macaco também poderá trazer surpresas. Para os solteiros, inclusive para aqueles que tiveram alguma dificuldade recente na vida pessoal, uma apresentação casual poderá colocá-los em contato com alguém que, rapidamente, virá a ser importante em sua vida. Possibilidades românticas emocionantes poderão estar a caminho. Abril, o período entre agosto e o início de outubro e dezembro poderão ser tempos agradáveis e interessantes.

O Tigre do Fogo é, com frequência, abençoado com talento criativo e, ao desenvolver suas ideias e aproveitar suas habilidades, muitas vezes encontrará grande satisfação no que será capaz de fazer ao longo do ano. Nos interesses pessoais, este poderá ser um momento de inspiração.

O Tigre do Fogo também poderá avançar gradualmente no trabalho e ter a oportunidade de aumentar suas responsabilidades. Além disso, novos sistemas e tecnologias serão introduzidos em muitos locais de trabalho e, ao se familiarizar com eles (e superar suas reservas iniciais), poderá beneficiar-se do que surgir. No entanto, ele precisará trabalhar em estreita colaboração com os outros e participar ativamente da equipe. Quanto maior for o envolvimento, mais chances terá de demonstrar seus pontos fortes. Da mesma forma, quando surgirem pressões, muitas vezes a abordagem inovadora do Tigre do Fogo e sua disposição para se adaptar poderão impressionar os outros e representar uma vantagem no futuro.

Para os Tigres do Fogo que sentirem que é o momento certo para fazer uma mudança, bem como para aqueles que estão à procura de emprego, o ano do Macaco poderá ser um desafio, embora potencialmente significativo. A obtenção de um novo cargo não será fácil, sobretudo em face da concorrência feroz. No entanto, o Tigre do Fogo é determinado e, ao demonstrar seu desejo de aprender e sua determinação aos potenciais empregadores, é bem possível que consiga um cargo em uma posição diferente da que ocupava. Isso poderá envolver ajustes consideráveis, mas, uma vez feitos, o Tigre do Fogo poderá adquirir habilidades, experiência e as bases necessárias para avanços mais substanciais no futuro. Abril, julho, setembro e novembro poderão trazer novidades encorajadoras.

Os esforços do Tigre do Fogo no trabalho poderão trazer aumento de rendimentos, e a melhoria da situação financeira permitirá que ele dê sequência a muitos de seus projetos. No entanto, ainda precisará fazer um planejamento financeiro criterioso. Além disso, quando celebrar quaisquer acordos importantes, precisará verificar as obrigações e, quando apropriado, obter orientações adequadas. Quanto mais vigilante for, melhor.

No geral, este será um ano movimentado e potencialmente importante para o Tigre do Fogo. O que ele conseguir agora poderá ajudá-lo a progredir nos próximos anos. O ano do Macaco exigirá esforço e disciplina, mas as ideias, as competências e o potencial do Tigre do Fogo serão reconhecidos. Também haverá momentos pessoais significativos e, em meio às pressões do ano, haverá muito a compartilhar e desfrutar.

DICA PARA O ANO

Embora possa haver muitas demandas de seu tempo, esteja atento àqueles ao seu redor e mantenha um estilo de vida equilibrado. Além disso, tenha autoconfiança. O que você fizer agora poderá ser um fator importante para o sucesso que virá pela frente. Boa sorte.

O TIGRE DA TERRA

Este será um período movimentado para o Tigre da Terra. O ano poderá trazer a felicidade pessoal, mas o desafiará também. No entanto, várias lições poderão ser aprendidas nos momentos mais difíceis.

Para os muitos Tigres da Terra que estão no ramo da educação, as pressões serão consideráveis. Não só haverá muito material para aprender, como também exames para os quais se preparar. Em diversos aspectos, boa parte dependerá dos resultados obtidos.

Para se sair bem, esses Tigres da Terra precisarão permanecer focados e organizar seu tempo. Com disciplina e dedicação, não só ficarão muito satisfeitos com os resultados obtidos, mas também inspirados por determinadas áreas ou novas habilidades. Este pode ser um momento instrutivo e potencialmente gratificante. Além disso, aquilo que o Tigre da Terra ganhar este ano, seja em conhecimento, seja em qualificações, poderá ser ampliado de forma significativa nos anos seguintes.

No entanto, embora bons avanços possam ser feitos, o ano do Macaco também poderá trazer advertências salutares. Caso o Tigre da Terra deixe de se esforçar ou faça suposições, algumas decepções poderão aguardá-lo. Para alguns Tigres da Terra, o resultado de simulados poderá ser um alerta para se esforçarem mais no que fazem. Colher resultados *exigirá* esforços consideráveis este ano.

Além dos estudos, o Tigre da Terra deverá valer-se das instalações recreativas à sua disposição. O envolvimento nos esportes, na música ou no teatro poderá não apenas ser divertido, mas também permitir que aprimore alguns de seus pontos fortes.

Qualquer Tigre da Terra que mude para um novo estabelecimento educacional também deverá procurar participar do que está acontecendo ao seu redor. Associar-se a clubes e conhecer pessoas com interesses semelhantes são atitudes que permitirão que se sintam à vontade rapidamente e terão impacto positivo sobre seu trabalho. Os anos do Macaco são tempos de grandes possibilidades, mas exigirão esforço.

Para os Tigres da Terra que estejam trabalhando ou à procura de emprego, o ano do Macaco também poderá trazer novidades importantes. Para aqueles que já ocupam um cargo, as demandas e pressões deverão aumentar, e o Tigre da Terra poderá ficar preocupado com as expectativas a seu respeito ou precisar lidar com assuntos para os quais não se sentirá devidamente preparado. Algumas épocas do ano o tirarão da zona de conforto. No entanto, ao enfrentar os desafios e fazer o melhor possível, ele não só adquirirá habilidades valiosas, mas também conhecerá melhor suas próprias forças. Estes poderão ser tempos instrutivos e, muitas vezes, indicarão o tipo de trabalho no qual o Tigre da Terra deverá pensar em se concentrar no futuro.

Muitos Tigres da Terra estarão ansiosos para fazer progressos este ano, e a experiência que adquirirem ajudará suas perspectivas. Haverá, no entanto, alguns que acharão que seu cargo atual não é bom e decidirão procurar outro em um lugar diferente. Para esses Tigres da Terra e para aqueles que estão à procura de um emprego, o ano do Macaco poderá trazer surpresas. Obter um novo cargo será difícil. No entanto, os esforços serão recompensados e, ao buscar os conselhos de profissionais de recrutamento, esses Tigres da Terra poderão ser alertados sobre empresas que estejam recrutando e conseguir um cargo com perspectivas favoráveis a longo prazo. Abril, julho, setembro e novembro poderão trazer novidades encorajadoras.

Haverá muitas demandas, no entanto, sobre os recursos muitas vezes limitados do Tigre da Terra, e será necessário ter disciplina na área financeira. O Tigre da Terra deverá estabelecer limites para os gastos em determinadas atividades. Se avaliar cuidadosamente as aquisições mais importantes, em vez de se precipitar, ele também poderá beneficiar-se de oportunidades favoráveis de compra.

Suas várias atividades o colocarão em contato com muitas pessoas e estes poderão ser tempos interessantes do ponto de vista social. Para alguns Tigres da Terra, haverá muitos momentos divertidos com os amigos. No entanto, o ano do Macaco também poderá trazer momentos mais difíceis. Sem cautela, a exuberância de alguns Tigres da Terra poderá causar problemas. Se, em algum momento, o Tigre da Terra tiver alguma dúvida quanto a uma situação em que se encontre, deverá tomar cuidado. Da mesma forma, se houver algum desentendimento com um amigo, ele deverá tentar resolvê-lo antes que piore. O ano do Macaco tem um elemento pessoalmente desafiador. Tigres da Terra, tomem nota: abril, o período entre o final de julho e o início de outubro e dezembro poderão ser tempos movimentados para a socialização e, em alguns casos, poderão levar a um romance significativo.

Durante o ano, o Tigre da Terra também deverá procurar comunicar-se bem com os membros de sua família. Ao compartilhar notícias e, quando estiver sob pressão, pedir conselhos, ele se beneficiará do apoio deles. Além disso, se for franco a respeito de suas ideias, possibilidades interessantes poderão se abrir para ele.

Também poderá haver oportunidades de viagem inesperadas, algumas sem muito aviso prévio. Ao aproveitar bem todas as oportunidades, o Tigre da Terra poderá se divertir muito.

No geral, o ano do Macaco será um desafio, e o Tigre da Terra terá de se esforçar para colher bons resultados. No entanto, por meio do desenvolvimento de suas habilidades e da aquisição de novas experiências, ele poderá construir uma plataforma segura para o crescimento futuro. E muitos dos eventos do ano, tanto os bons quanto os eventualmente decepcionantes, poderão ser instrutivos. Este poderá não ser o mais tranquilo dos anos, mas, durante sua passagem, o Tigre da Terra vivenciará e ganhará muito.

DICA PARA O ANO

Aproveite ao máximo as oportunidades. Seja nos estudos ou no trabalho, dedique tempo e esforço. O que você fizer agora poderá abrir caminho para os sucessos que virão em breve.

TIGRES FAMOSOS

Paula Abdul, Amy Adams, Kofi Annan, sir David Attenborough, Christian Bale, Victoria Beckham, Beethoven, Jamie Bell, Tony Bennett, Tom Berenger, Chuck Berry, Usain Bolt, Jon Bon Jovi, sir Richard Branson, Matthew Broderick, Emily Brontë, Garth Brooks, Mel Brooks, Isambard Kingdom Brunel, Agatha Christie, Charlotte Church, Suzanne Collins, Robbie Coltrane, Bradlecy Cooper, Sheryl Crow, Tom Cruise, Penelope Cruz, Charles de Gaulle, Lana Del Rey, Leonardo DiCaprio, Emily Dickinson, David Dimbleby, Drake, Dwight Eisenhower, rainha Elizabeth II, Enya, Roberta Flack, Frederick Forsyth, Jodie Foster, Megan Fox, Lady Gaga, Crystal Gayle, Ellie Goulding, Buddy Greco, Germaine Greer, Ed Harris, Hugh Hefner, William Hurt, Ray Kroc, Shia LeBeouf, Stan Laurel, Jay Leno, Groucho Marx, Karl Marx, Marilyn Monroe, Demi Moore, Alanis Morissette, Rafael Nadal, Robert Pattinson, Jeremy Paxman, a princesa Ana (a princesa real), Marco Polo, Beatrix Potter, Renoir, Nora Roberts, Kenny Rogers, Dylan Thomas, Liv Ullman, Jon Voight, Julie Walters, H. G. Wells, Oscar Wilde, Robbie Williams, Tennessee Williams, sir Terry Wogan, Stevie Wonder, William Wordsworth.

O COELHO

14 de fevereiro	de 1915 a 2 de fevereiro	de 1916	*Coelho da Madeira*
2 de fevereiro	de 1927 a 22 de janeiro	de 1928	*Coelho do Fogo*
19 de fevereiro	de 1939 a 7 de fevereiro	de 1940	*Coelho da Terra*
6 de fevereiro	de 1951 a 26 de janeiro	de 1952	*Coelho do Metal*
25 de janeiro	de 1963 a 12 de fevereiro	de 1964	*Coelho da Água*
11 de fevereiro	de 1975 a 30 de janeiro	de 1976	*Coelho da Madeira*
29 de janeiro	de 1987 a 16 de fevereiro	de 1988	*Coelho do Fogo*
16 de fevereiro	de 1999 a 4 de fevereiro	de 2000	*Coelho da Terra*
3 de fevereiro	de 2011 a 22 de janeiro	de 2012	*Coelho do Metal*

A PERSONALIDADE DO COELHO

Seja quando for,
Seja onde for,
Seja a quem for.
Sempre procuro entender.
Caso contrário, avançamos com dificuldade.
Porém, com compreensão,
pelo menos temos uma chance.
Uma boa chance.

O Coelho nasce sob o signo da virtude e da prudência. Ele é inteligente e cortês e prefere uma existência calma e pacífica. Detesta desavenças e procura evitar discussões e controvérsias. É um autêntico pacifista e tende a exercer uma influência apaziguadora sobre aqueles que o cercam.

Ele se interessa por várias áreas de atividade e normalmente tem grande admiração pelas artes e pelas coisas boas da vida. Também sabe como se divertir e costuma frequentar os melhores restaurantes e as boas casas noturnas da cidade.

O Coelho é um orador talentoso e inteligente e adora se envolver em debates construtivos. Seus pontos de vista e conselhos são, em geral, solicitados pelos outros, que podem contar com sua discrição e diplomacia. Ele dificilmente levanta a voz quando se aborrece e costuma não dar valor a assuntos que o desagradam, apenas para preservar a paz. O Coelho gosta de se relacionar bem com todo mundo, mas pode ser um tanto suscetível e receber mal qualquer tipo de crítica. Ele também será o primeiro a se retirar caso perceba a iminência de alguma confusão ou escândalo.

O Coelho é um trabalhador discreto e eficiente, e tem excelente memória. É muito astuto nos negócios e em questões financeiras, mas seu sucesso depende, em geral, das condições predominantes. Detesta situações de tensão ou em que precise tomar decisões rápidas e repentinas. Sempre que possível, planejará várias atividades com o maior cuidado e a máxima atenção. Não gosta de correr riscos e não simpatiza com mudanças. Basicamente, o que deseja é um ambiente seguro, calmo e estável. E quando as condições são propícias, sente-se feliz em manter tudo exatamente como está.

O Coelho é responsável em quase tudo o que faz. Devido à natureza metódica e permanentemente vigilante, costuma alcançar êxito na profissão escolhida. Ele pode ser ótimo diplomata, advogado, comerciante, administrador ou sacerdote, e terá sucesso em qualquer atividade profissional em que possa usar suas excelentes qualidades de comunicação. Tende a ser fiel aos superiores e é respeitado pela integridade moral e honestidade. Mas se o Coelho ocupar uma posição de grande poder, poderá se tornar um tanto intransigente e autoritário.

Ele dá muita importância ao lar e costuma dedicar boa parte do tempo e dinheiro em sua manutenção, e na compra de móveis e todo tipo de utensílios que possam lhe dar conforto — o Coelho gosta muito de conforto! Ele também tem algo de colecionador, e muitos Coelhos encontram grande satisfação em colecionar antiguidades, selos, moedas, objetos de arte ou qualquer outro artigo que os atraia ou pelo qual tenham especial interesse.

A mulher Coelho tem uma natureza benevolente, zelosa e atenciosa, e fará tudo o que estiver ao alcance para envolver seu lar em uma atmosfera feliz e harmoniosa. Ela também é muito sociável e adora participar de festas e atividades de entretenimento. Sabe aproveitar muito bem seu dia, e embora se envolva em inúmeras atividades, sempre consegue arranjar tempo para um bom livro ou uma boa conversa. Tem ótimo senso de humor e grande sensibilidade artística, costumando ser talentosa jardineira ou horticultora.

O Coelho preza bastante sua aparência e costuma se vestir com elegância. Ele também dá muita importância aos relacionamentos e à vida afetiva. Costuma ter muitos admiradores e, em geral, tem muitos relacionamentos sérios antes de se casar. O Coelho não é o mais fiel dos signos, mas se relaciona especialmente bem com as pessoas nascidas sob os signos da Cabra, da Serpente, do Javali e do Búfalo. Devido ao comportamento sociável e complacente, também pode se dar bem com o Tigre, o Dragão, o Cavalo, o Macaco, o Cão e com outro Coelho. Mas se sentirá constrangido com o Rato e com o Galo, pois esses signos tendem a falar o que pensam e ser críticos em seus comentários, e o Coelho tem verdadeira aversão às críticas e aos desentendimentos.

Ele tem, em geral, muita sorte na vida e costuma ter a felicidade de estar no lugar certo, na hora certa. É talentoso e perspicaz, mas às vezes coloca o prazer à frente do trabalho. E, sempre que puder, tenderá a escolher o caminho mais fácil. Em alguns momentos pode ser um pouco circunspecto e desconfiado com relação aos interesses dos outros. Mas, em geral, o Coelho terá uma vida longa e feliz, em que — na medida do possível — não enfrentará antagonismo nem discórdia.

OS CINCO TIPOS DE COELHO

Além dos 12 signos do zodíaco chinês existem cinco elementos que influenciam cada signo, acentuando ou atenuando suas características. Os efeitos dos cinco elementos sobre o Coelho estão descritos a seguir, juntamente com os anos em que os elementos exercem sua influência. Dessa forma, todos os Coelhos nascidos em 1951 são Coelhos do Metal, todos os nascidos em 1963 são Coelhos da Água e assim por diante.

COELHO DO METAL: 1951, 2011

Esse Coelho é eficiente e ambicioso e tem pontos de vista bem definidos sobre o que deseja alcançar na vida. Ele, às vezes, pode parecer distante e indiferente, mas isso se deve, principalmente, ao fato de ele gostar de guardar seus pensamentos e ideias para si. Tem um raciocínio rápido e é muito atento e perspicaz nos negócios. Também pode ser muito astuto em suas ações. O Coelho do Metal tem grande admiração pelas artes e gosta de frequentar os melhores círculos sociais. Ele, normalmente, tem poucos mas fiéis amigos.

COELHO DA ÁGUA: 1963

O Coelho da Água é benquisto e intuitivo e tem plena consciência dos sentimentos daqueles que o cercam. Pode, entretanto, ser um tanto suscetível e tender a levar tudo muito a sério. É muito exigente e meticuloso em tudo o que faz, e tem uma memória excepcional. Tende a ser discreto e, às vezes, um tanto reservado, mas expressa bem suas ideias e é muito estimado pelos familiares, amigos e companheiros.

COELHO DA MADEIRA: 1915, 1975

O Coelho da Madeira é simpático, complacente e muito versátil. Ele prefere trabalhar em equipe a atuar por conta própria. Gosta de ter o apoio e o incentivo dos outros. Pode, porém, ser um tanto discreto ao expressar seus pontos de vista. Mas é aconselhável que seja um pouco mais franco e direto e deixe que os outros saibam o que pensa sobre determinados assuntos. Normalmente, tem muitos amigos e adora levar uma vida social ativa. O Coelho da Madeira é reconhecido pela generosidade.

COELHO DO FOGO: 1927, 1987

O Coelho do Fogo tem uma personalidade amistosa e expansiva. Gosta de levar uma vida social intensa e de estar sempre bem com todo mundo. É discreto e diplomático e tem excelente compreensão da natureza humana. Também tem muita força de vontade, e se tiver o apoio necessário poderá progredir bastante na vida. No entanto, não sabe conviver com as adversidades e pode ficar muito mal-humorado e deprimido quando as coisas não correm como deseja. O Coelho do Fogo tem forte intuição, e muitos também são reconhecidos por sua capacidade de cura. O Coelho do Fogo sabe lidar muito bem com crianças.

COELHO DA TERRA: 1939, 1999

O Coelho da Terra é um indivíduo calmo, mas muito astuto. Ele é realista em seus objetivos e se dispõe a trabalhar de forma exaustiva para alcançá-los. Tem muita sensibilidade para os negócios e costuma ter sorte em questões financeiras. Também é bastante persuasivo e normalmente não tem muita dificuldade em convencer os outros de seus planos. Ele é muito estimado pelos amigos e companheiros, e seus pontos de vista e suas opiniões costumam ser solicitados e valorizados.

PREVISÕES PARA O COELHO EM 2016

O ano da Cabra (19 de fevereiro de 2015 a 7 de fevereiro de 2016) será, em geral, um ano encorajador para o Coelho, e seus últimos meses serão movimentados.

No trabalho, muitas vezes novas situações surgirão, dando ao Coelho a chance de abraçar maiores responsabilidades. Setembro poderá ser particularmente ativo e, para os Coelhos interessados em alavancar a carreira ou em busca de um emprego, algumas oportunidades atraentes poderão surgir.

Muitos Coelhos também poderão esperar receber um pagamento extra ou um bônus perto do fim do ano. No entanto, os últimos meses serão marcados por gastos pesados e o Coelho deverá prestar atenção às despesas e separar recursos antecipadamente para os gastos maiores.

A vida pessoal do Coelho também está prestes a se tornar mais movimentada, com um número crescente de oportunidades sociais e, para os que estão solteiros, haverá boas possibilidades de romance. Setembro e dezembro serão meses animados.

Na vida familiar, muitas providências precisarão ser tomadas, e será necessária uma boa comunicação com os outros, sobretudo se determinados planos tiverem de ser implementados, e correrias de última hora evitadas. No meio de tanta atividade, também poderão surgir oportunidades de viagem, algumas com muito pouca antecedência.

O ano do Macaco começa em 8 de fevereiro e será razoável para o Coelho. Durante o ano, ele poderá basear-se em desenvolvimentos recentes e fazer progressos graduais, mas também haverá algumas questões que poderão causar preocupação.

Um dos pontos fortes do Coelho é sua capacidade de interagir com as pessoas. Isso o ajudará este ano. Sempre que ele enfrentar problemas ou incertezas ou estiver em um dilema, será importante falar com os outros, de preferência com aqueles que possuem grande conhecimento em áreas relevantes. "Uma preocupação compartilhada é uma preocupação dividida pela metade", essa será uma verdade para muitos Coelhos neste ano.

Na vida familiar, vários acontecimentos importantes precisarão ser enfrentados. O Coelho ou um parente próximo poderá ser envolvido em uma grande mudança de rotina ou em deslocamentos até o trabalho que causarão impactos a outros. Além disso, poderá haver projetos específicos para serem levados a cabo, talvez relacionados a reformas da casa, a uma ocasião familiar especial ou a uma aspiração pessoal. Com uma boa cooperação e metas a serem cumpridas, muita coisa poderá acontecer este ano.

O ano do Macaco também poderá causar uma mistura agradável de eventos sociais, e o tempo passado junto aos parentes poderá ser um aspecto importante da vida familiar. Além disso, férias e uma mudança de cenário poderão ser bem-vindas.

Como sempre, no entanto, poderão acontecer problemas ao longo do caminho e, para alguns, um problema de saúde que afetará o próprio Coelho ou um parente. Se qualquer preocupação especial se apresentar, busque conselhos profissionais. Além disso, para melhorar a forma física, o Coelho deverá refletir sobre a qualidade de sua dieta e, caso fique sedentário por grande parte do dia, receber orientações sobre formas adequadas de exercício. Dedicar atenção especial ao próprio bem-estar seria uma boa ideia, junto com a tentativa de melhorar a dieta da família.

Os Coelhos que estejam vivendo um romance, talvez iniciado no ano da Cabra, acharão que esse relacionamento terá chance de se tornar mais importante à medida que o ano do Macaco progredir. Um noivado ou casamento será possível para alguns, enquanto, para aqueles que atualmente estão solteiros, um encontro casual ou uma apresentação feita por intermédio de amigos poderá transformar sua situação. Os assuntos do coração poderão trazer grandes alegrias este ano. Até mesmo os Coelhos que viveram alguma decepção poderão conhecer alguém novo, potencialmente significativo e muito solidário. Março, junho, julho e outubro devem ser meses movimentados, com boas oportunidades para conhecer outras pessoas.

No entanto, enquanto muita coisa estiver acontecendo, o Coelho não poderá se dar o luxo de ser negligente. No ano do Macaco, de repente poderão surgir situações que demandarão um tratamento cuidadoso. Se envolverem uma diferença de opinião, a atitude de outra pessoa ou um projeto que passa por dificuldades, precisarão ser mantidas em perspectiva. Aqui, a avaliação do Coelho poderá ser um indicador confiável da melhor maneira de proceder.

Outra área que exigirá cuidados este ano é a financeira. Apesar de, em geral, o Coelho ser proficiente em questões de dinheiro, este não é o momento para arriscar ou ser complacente. Se fechar algum acordo novo, ele deverá verificar seus termos e implicações. Formulários e correspondências oficiais também precisarão ser tratados em tempo hábil e com cuidado. Lapsos ou erros incomuns poderão ser desvantajosos para o Coelho. Caso tenha alguma incerteza, ele deverá procurar a ajuda de especialistas ou entrar em contato com profissionais para aconselhamento. Este não é um ano propício para assumir riscos.

No trabalho, o Coelho também verá suas habilidades testadas de diversas maneiras. Novos projetos e iniciativas poderão afetar sua carga de tarefas e, à medida que as responsabilidades forem mudando, ele poderá fazer um treinamento complementar ou achar que suas funções estão se alterando substancialmente. Algumas semanas serão marcadas pela pressão, mas, por ser criterioso, o Coelho procurará dominar o que é necessário. No entanto, por mais que certos períodos do ano sejam exigentes, as situações de mudança darão ao Coelho a oportunidade de causar boa impressão e adquirir as habilidades necessárias para o progresso futuro. Ao ser testado é que as forças se tornam evidentes e, independente de o Coelho permanecer com o empregador atual ou assumir um cargo em outro lugar, aquilo que ele aprender e demonstrar poderá levar (muitas vezes com grande rapidez) a oportunidades maiores. Fevereiro, maio, setembro e outubro poderão ser marcados por novidades encorajadoras.

Para os Coelhos que estão à procura de emprego, a persistência poderá voltar a gerar bons resultados. Embora esses Coelhos não venham a obter exatamente um cargo com as características específicas que estavam procurando, seu novo papel poderá dar-lhes experiência em uma área diferente e desenvolver ainda mais suas habilidades. Ao aproveitar ao máximo aquilo que surgir, o Coelho poderá ampliar suas opções no futuro.

O ano do Macaco também incentivará o Coelho a aprimorar ainda mais os interesses pessoais. Ao ampliar seu conhecimento e estabelecer desafios, ele poderá encontrar grande satisfação no que faz. O ano do Macaco é um ano vibrante e animado, e, ao se manter informado sobre as novidades mais recentes em suas áreas de interesse, muitas vezes o Coelho será inspirado a fazer um esforço adicional.

Em geral, o ano do Macaco exigirá dedicação e algumas situações serão desafiadoras. Poderá haver necessidade de lidar com mudanças e questões que poderão preocupar o Coelho. No entanto, ao buscar apoio e abordar situações difíceis com sua competência costumeira, ele poderá lucrar muito com este ano. Haverá excelentes oportunidades para aprimorar as competências e aumentar as perspectivas futuras. Nas questões de dinheiro, o Coelho precisará ser cuidadoso e também deverá prestar alguma atenção ao bem-estar e ao estilo de vida. No entanto, a vida doméstica será movimentada e seus interesses e a vida social enriquecerão o ano.

O COELHO DO METAL

O Coelho do Metal gosta de planejar e estar bem preparado. Dessa forma, ele não só consegue aproveitar ao máximo as situações, mas também pode usar o tempo de modo mais eficaz. No entanto, embora possa ter algumas ideias para o próximo ano, ele não deverá considerá-las definitivas. Os anos do Macaco poderão trazer surpresas e, embora muita coisa possa ser realizada este ano, é preciso ter flexibilidade.

Uma área fundamental para os Coelhos do Metal refletirem será sua situação profissional. Muitos se aposentarão ou decidirão reduzir a carga horária este ano. No entanto, quando começarem a implementar seus planos, talvez sejam convidados a reconsiderar a data de saída, ou descubram que, apesar de uma redução da carga horária, mudanças inesperadas os levarão a trabalhar mais tempo do que pretendiam. Os planos serão passíveis de alteração neste ano.

Além disso, alguns Coelhos do Metal, ao deixarem seu cargo atual, estarão dispostos a usar sua experiência em outra capacidade. Os amigos poderão ser especialmente úteis para darem sugestões e fazerem apresentações. Para os Coelhos do Metal que decidirem procurar outro emprego, este poderá ser diferente do inicialmente previsto, mas poderá apresentar um desafio novo e interessante.

Os assuntos de trabalho nem sempre progredirão conforme previsto, mas fevereiro, maio, setembro e outubro provavelmente serão meses importantes.

Com muitos Coelhos do Metal se aposentando ou alterando compromissos de trabalho, alguns ajustes financeiros se farão necessários. Aqui a natureza curiosa do Coelho do Metal será um trunfo e, ao analisar o orçamento e fazer alterações, ele ainda poderá dar seguimento a muitos de seus projetos. Nos casos em que despesas maiores forem necessárias, um planejamento prévio permitirá mais progresso, bem como ajudará a reduzir as pressões financeiras mais adiante. Quanto mais completo e disciplinado for o Coelho do Metal, melhor ele se sairá. No entanto, os anos do Macaco possuem elementos complicados e, caso o Coelho do Metal se sinta tentado a assumir riscos ou a fazer suposições (sem verificar os fatos), poderá se ver em desvantagem. Os temas relacionados às finanças exigem cuidado e exame minucioso neste ano.

O ano do Macaco, no entanto, oferecerá algumas boas oportunidades para diversão. Para os Coelhos do Metal que acompanham os esportes, o teatro ou a música, poderá haver eventos específicos, e o Coelho do Metal também deverá prestar atenção ao que está acontecendo em sua área. Além disso, muitos Coelhos do Metal decidirão viajar este ano. Ao buscar informações antecipadamente, eles não apenas poderão, eventualmente, beneficiar-se de ofertas especiais, como também descobrirão que suas viagens se ampliarão de modo a incluir outras atrações. Os anos do Macaco poderão trazer oportunidades boas, embora imprevistas.

O Coelho do Metal também poderá ter ideias relacionadas a interesses aos quais deseja dar prosseguimento. Ao implementá-las, ele não apenas ficará satisfeito com o que faz, como também poderá descobrir certas atividades que dão origem a novas possibilidades. As medidas tomadas este ano tendem a ter um efeito multiplicador.

Ao longo do ano, o Coelho do Metal também deverá dedicar alguma atenção ao bem-estar, inclusive à qualidade da dieta e à quantidade de exercícios. Se ele sentir que alguma dessas duas áreas poderá ser melhorada, ou se tiver quaisquer preocupações específicas, deverá procurar aconselhamento. Dedicar atenção especial ao próprio bem-estar poderá fazer diferença este ano.

O Coelho do Metal poderá esperar uma variedade de ocasiões sociais interessantes e, muitas vezes, perceberá que sua rede de contatos estará crescendo. No entanto, embora desfrute de excelentes relacionamentos com a maioria das pessoas, ele precisará tomar cuidado. Uma gafe, um lapso ou uma diferença de opinião poderá causar transtornos. Coelhos do Metal, tomem nota: o ano do Macaco poderá fazer algumas armadilhas brotarem para os incautos e indiscretos.

Para os Coelhos do Metal dispostos a se envolver em uma nova atividade este ano, poderá haver oportunidades para ajudar em sua comunidade ou participar em uma organização local. Março, o período de junho ao início de agosto e outubro poderão ser marcados por atividades sociais mais intensas.

Na vida familiar, este será um ano de novidades interessantes. Os Coelhos do Metal não só experimentarão mudanças em sua rotina de trabalho, como também aqueles que se aposentarem terão de fazer alguns ajustes. Para ajudar nesse momento de transição, é importante que o Coelho do Metal esteja aberto e compartilhe suas preocupações. Isso poderá gerar maior compreensão e fazer com que os planos sejam mais facilmente implementados.

As viagens e os interesses compartilhados estão em um aspecto favorável e algumas oportunidades de viagens ou atividades espontâneas poderão acrescentar imprevistos e alegria ao ano. Este é um tempo para se adaptar e aproveitar ao máximo as oportunidades que surgirem. Com frequência, o Coelho do Metal também desempenhará um papel muito importante na organização de eventos familiares relevantes, especialmente em março, abril, maio e junho.

No entanto, embora tendo muito para desfrutar, como em todos os anos, alguns problemas poderão surgir e, se o Coelho do Metal ficar preocupado com uma questão específica ou com uma decisão que ele ou outra pessoa estará prestes a tomar, é importante conferir os fatos e as implicações e, caso necessário, procurar conselhos adicionais.

Ao final do ano, muitos Coelhos do Metal olharão para trás e ficarão surpresos com todas as mudanças que ocorreram. O ano terá trazido algumas oportunidades imprevistas e, ao aproveitá-las, o Coelho do Metal se beneficiará de várias maneiras. O ano do Macaco é uma época de grandes possibilidades.

DICA PARA O ANO

Separe algum tempo para os interesses pessoais. Estes não apenas poderão trazer-lhe prazer, como também levar a novas oportunidades. Pense também em implementar algumas mudanças positivas em seu estilo de vida. Este poderá ser um ano ativo e proveitoso para você.

O COELHO DA ÁGUA

O Coelho da Água sabe avaliar bem as situações e, durante um ano em que as situações talvez não sejam claras ou o caminho a ser seguido seja incerto, ele deverá refrear e esperar pela clareza. O ano do Macaco conterá alguns momentos difíceis, mas, com sua paciência e habilidade costumeira, o Coelho da Água contornará os obstáculos e emergirá com alguns ganhos importantes.

Em vez de considerá-lo um ano de grandes progressos, ele deverá concentrar-se no que é possível realizar agora. Isso se aplica, sobretudo, aos próprios interesses. Ao dedicar tempo a eles, será possível obter muita satisfação de tudo o que tentar neste ano. Principalmente para os Coelhos da Água que gostam de atividades criativas, este poderá ser um tempo inspirador. Os que deixaram seus interesses esmorecerem ou que gostariam de fazer algo diferente deverão considerar começar por algo novo. Isso poderá acrescentar um ingrediente inédito a seu estilo de vida e, muitas vezes, trazer benefícios imprevistos. Além disso, alguns poderão decidir fazer mais exercícios ou seguir um programa para se manter em boa forma. Seja lá o que fizer, o Coelho da Água deverá ter como objetivo dedicar algum tempo para si este ano.

As viagens também trarão prazer e, se possível, o Coelho da Água deverá tentar tirar férias ao longo do ano. Com um bom planejamento, algumas possibilidades emocionantes poderão surgir. Além disso, algumas pausas breves ou fins de semana fora poderão ser muito agradáveis.

O Coelho da Água é bastante voltado à família e muitos assuntos domésticos demandarão atenção ao longo do ano. Tanto ele quanto seus entes queridos poderão enfrentar decisões importantes, e algumas poderão ser complexas, mas, se gastar tempo avaliando as opções, alguns benefícios imprevistos poderão ser obtidos.

Durante todo o ano, frequentemente a abertura e a discussão serão úteis. Nas questões de moradia, inclusive nos assuntos relacionados à manutenção da casa, quanto mais envolvidos todos estiverem, melhor. Como as atividades recreativas estão em um aspecto favorável, os interesses compartilhados e as viagens de família também poderão propiciar alguns momentos agradáveis.

Muitos Coelhos da Água farão parte de um círculo social íntimo, e isso poderá ser de grande valor para eles durante o ano. Amigos de confiança poderão ser bons ouvintes quando o Coelho da Água estiver avaliando opções. Ele também apreciará retribuir e ajudar os amigos quando necessário. Os interesses pessoais muitas vezes incluirão um elemento social importante e, para os solteiros, o ano reserva possibilidades emocionantes de romance. Março, o período de junho ao início de agosto e outubro poderão ser meses ativos e animados do ponto de vista social.

No trabalho, a capacidade de avaliar situações será especialmente útil para o Coelho da Água. Em algumas organizações, a política interna entrará em jogo e haverá momentos que o preocuparão, sobretudo se seus objetivos forem afetados. Embora a situação profissional possa, em certos momentos, representar um desafio, neste ano ele deverá focar em seu papel e, nas horas certas, manter a discrição. As situações se resolverão e boas oportunidades surgirão após momentos de possível incerteza. Entretanto, o Coelho da Água precisará manter-se alerta, ser paciente e se esforçar ao máximo.

Alguns Coelhos da Água poderão sentir-se atraídos por cargos em outros lugares e acolher com entusiasmo as novas possibilidades que uma mudança trará.

Para os Coelhos da Água à procura de emprego, encontrar uma posição exigirá tempo, mas, se persistirem, algumas portas interessantes poderão ser abertas para muitos deles. Em determinados casos, o que será oferecido exigirá ajustes consideráveis, mas dará a eles uma importante base para se desenvolver. Fevereiro, maio e o período de setembro até o início de novembro poderão ser marcados por novidades importantes.

As questões financeiras, no entanto, exigirão cautela. Embora o Coelho da Água, em geral, administre bem o orçamento, o ano do Macaco poderá trazer algumas despesas domésticas ou familiares inesperadas e também poderão surgir atividades em que ele desejará gastar dinheiro. Ao longo do ano, ele deverá manter o controle da situação, prevendo antecipadamente as despesas futuras e conferindo os termos de quaisquer obrigações novas. Quanto mais minucioso ele for, melhor.

No geral, o ano do Macaco será razoável para o Coelho da Água. No trabalho, situações fora de seu controle poderão afetar seu papel, mas oportunidades interessantes acabarão surgindo e a experiência que ele ganhar poderá ser valiosa, no presente e no futuro. Em questões de dinheiro, aconselha-se cautela. O Coelho da Água, no entanto, terá especial apreço pelo modo como seus interesses pessoais se desenvolverão, e haverá bons momentos nos âmbitos social e familiar. No que se refere às decisões importantes, o bom diálogo e a cooperação são essenciais. Esse poderá não ser um ano dos mais fáceis para o Coelho da Água, mas benefícios poderão resultar disso.

DICA PARA O ANO

Mantenha seu estilo de vida em equilíbrio e as situações em perspectiva. Concentre-se no presente e seja persistente. Suas qualidades e seus pontos fortes o ajudarão e serão recompensados. O tempo dedicado aos interesses pessoais poderá ser especialmente benéfico.

O COELHO DA MADEIRA

Os últimos anos foram agitados para o Coelho da Madeira. Houve algumas conquistas pessoais e sucessos alcançados com muita dedicação, mas também houve decepções. Assim que o ano do Macaco começar, muitos Coelhos da Madeira terão um forte desejo de seguir em frente e tirar mais proveito de seus pontos fortes. Eles poderão fazer progressos este ano, mas isso talvez não seja tão simples quanto eles esperam. Os anos do Macaco poderão gerar desafios, mas, ao fazer adaptações e aproveitar ao máximo as situações, o Coelho da Madeira poderá influenciar os acontecimentos de maneira favorável.

No trabalho, este poderá ser um período movimentado e significativo. Durante o ano, muitos Coelhos da Madeira experimentarão mudanças, possivelmente com a introdução de novos sistemas e diretrizes, bem como pessoal novo. Para o Coelho da Madeira, que gosta de estabilidade e de ter bons relacionamentos, certas novidades poderão ser inquietantes. No entanto, ele tem habilidades que poderão ser úteis e, ao se manter atualizado com as mudanças e adaptado, ele poderá muito bem descobrir que as novidades que ocorrem trarão oportunidades para alavancar a carreira. Além disso, as novas responsabilidades que muitos Coelhos da Madeira assumirão não só lhes darão experiência em uma nova capacidade, como também aumentarão suas opções no futuro.

A maioria dos Coelhos da Madeira permanecerá no emprego atual ao longo do ano, mas haverá alguns que acharão que suas perspectivas no prazo mais longo poderão aumentar com uma mudança para outro lugar. Para esses Coelhos da Madeira e para aqueles que estão à procura de trabalho, o ano do Macaco poderá revelar possibilidades interessantes. Ao se manter alerta para as vagas que surgirem e conversar com conhecidos, muitos poderão descobrir uma vaga que representa uma mudança significativa em comparação com os cargos anteriores, mas que oferecerá potencial para o desenvolvimento. Os anos do Macaco poderão trazer surpresas, e este poderá muito bem trazer as oportunidades e os incentivos que têm faltado no trabalho do Coelho da Madeira nos últimos tempos. Fevereiro, maio, setembro e outubro poderão ser marcados por mudanças interessantes.

A renda do Coelho da Madeira poderá aumentar durante o ano, mas, com reformas domésticas e novos equipamentos provavelmente necessários, em conjunto com outros projetos, suas despesas serão consideráveis e ele deverá controlar os gastos, pois poderão facilmente se tornar maiores do que o previsto. As questões financeiras exigirão cuidado especial este ano. Além disso, ele precisará ser meticuloso com a papelada. Um atraso, descuido ou risco poderá colocá-lo em dificuldades.

Por mais que o Coelho da Madeira esteja ocupado este ano, deverá reservar tempo para os interesses pessoais e se certificar de que essa parte importante de seu estilo de vida não seja desprezada por conta de outras demandas. Se ficar sedentário por grande parte do dia, ele deverá pensar em atividades que envolvam exercícios adicionais. Ao fazer bom uso de algumas de suas horas livres, muitas vezes ele se sentirá energizado pelo que faz.

Além disso, caso não se sinta bem ou tenha preocupações com seu bem-estar, a qualquer momento ele deverá procurar aconselhamento.

Mais uma vez, as viagens estarão presentes nos planos de muitos Coelhos da Madeira este ano. Oportunidades poderão surgir rapidamente e deverão ser aproveitadas rapidamente também.

O Coelho da Madeira também apreciará as oportunidades sociais do ano. Interesses comuns poderão dar origem a algumas ocasiões animadas, e seu círculo social tem tudo para aumentar. Para os solteiros, o ano trará possibilidades de romance, com alguns Coelhos da Madeira conhecendo alguém de maneira curiosa e especial. As oportunidades sociais poderão concentrar-se em março, no período de junho até o início de agosto e em outubro.

Na vida familiar do Coelho da Madeira, algumas decisões importantes serão necessárias, possivelmente relativas a mudanças na rotina de trabalho e a questões relacionadas à manutenção do lar. Nestes casos, discussões diretas e francas serão vantajosas para todos. Caso surja qualquer divergência durante o ano, muitas vezes como resultado de cansaço, pressão ou incerteza, ajudará a discutir mais uma vez as questões diretamente, mostrando compreensão e chegando a um consenso. Todos os anos têm seus momentos complicados, e este não será exceção.

Entre as atividades familiares importantes, haverá, no entanto, momentos para apreciar, sobretudo quando eventos pessoais relevantes ou aniversários especiais ou datas comemorativas forem celebrados. O tempo gasto na companhia dos outros também trará benefícios, em vez de todo mundo ficar continuamente ocupado com suas preocupações individuais. Aqui, as ideias inclusivas do Coelho da Madeira poderão beneficiar a todos. Abril e julho poderão ser meses interessantes no lar de muitos Coelhos da Madeira.

Em geral, o ano do Macaco será movimentado, com o Coelho da Madeira precisando mostrar flexibilidade à medida que as situações forem mudando. Haverá momentos de pressão, mas o jeito comedido do Coelho da Madeira e sua capacidade de se relacionar bem com os outros possibilitarão, com frequência, que ele transforme situações a seu favor. Ajudará dedicar tempo a interesses pessoais e se preocupar com o próprio bem-estar. Ele também valorizará momentos compartilhados com a família e os amigos neste ano interessante e, muitas vezes, surpreendente.

DICA PARA O ANO

Aproveite quaisquer possibilidades para aprimorar habilidades e conhecer outras pessoas. Com envolvimento, apoio e vontade de se adaptar, você poderá melhorar bastante sua situação e suas perspectivas.

O COELHO DO FOGO

O Coelho do Fogo é ambicioso e também está ciente de que, para alcançar determinados objetivos, precisará adquirir mais experiência. E isso é o que muitos Coelhos do Fogo farão este ano. O ano do Macaco é um ano de progressos graduais.

Ao longo do ano, o Coelho do Fogo poderá ser ajudado pelo apoio daqueles ao seu redor. Por estar preparado para falar sobre sua situação e seus objetivos, ele poderá beneficiar-se, de modo significativo, da assistência oferecida. À medida que for se esforçando para avançar, ele também poderá tranquilizar-se ao saber que não estará sozinho e que muitos acreditarão nele.

No trabalho, muitos Coelhos do Fogo estarão estabelecidos em determinado cargo e, no decorrer do ano, terão a oportunidade de aumentar sua experiência. Vagas internas poderão surgir ou, à medida que a carga de trabalho for aumentando, responsabilidades adicionais poderão ser oferecidas a eles. Durante o ano, haverá boas chances para mostrar seu valor de novas formas, assim como de ampliar os conhecimentos acerca do local de trabalho e do ramo da indústria em que atuam.

Para aqueles que sentem falta de oportunidades no lugar em que estão e veriam uma mudança com bons olhos, bem como para aqueles que estão à procura de emprego, o ano do Macaco poderá reservar importantes novidades. O processo de busca de trabalho será desafiador, mas, ao se manterem atentos e informados (contatos e conexões podem voltar a ser úteis), muitos desses Coelhos do Fogo poderão conquistar uma nova posição que utilizará suas habilidades de maneira diferente e trará boas perspectivas no futuro. Para se beneficiar, o Coelho do Fogo não deverá restringir muito suas pesquisas. Fevereiro, maio, setembro e outubro poderão ser marcados por novidades encorajadoras.

A renda do Coelho do Fogo poderá aumentar durante o ano, mas será necessária uma gestão cuidadosa das questões financeiras. Uma vez que seus recursos estarão sujeitos a muitas demandas e depósitos, às vezes necessários, o Coelho do Fogo precisará ser disciplinado e controlar os gastos. Poupar para o que ele quer não apenas o fará apreciar ainda mais suas compras, como também, muitas vezes, lhe dará a oportunidade de fazer melhores negócios.

O ano do Macaco poderá trazer boas possibilidades de viagem e alguns Coelhos do Fogo aproveitarão ofertas especiais, bem como viagens para um destino que há muito desejavam conhecer. Além disso, viagens mais curtas, incluindo eventos especiais, realizados nas redondezas, poderão ser fonte de muita diversão, e o Coelho do Fogo deverá manter-se informado sobre o que está acontecendo.

Muitos Coelhos do Fogo têm interesses específicos e adquirem experiência em sua área de atividade. Durante o ano, o Coelho do Fogo deverá desfrutar de seus conhecimentos e pensar em formas de tornar ainda mais abrangente o que ele faz. Não importa se ele prefere atividades práticas, físicas ou criativas, o tempo reservado para as atividades de que ele gosta poderá ser fonte de muito prazer, bem como uma forma de se abrir a outras possibilidades. Os Coelhos do Fogo que deixaram seus interesses esmorecerem deverão avaliar a possibilidade de assumir uma atividade novamente. Isso muitas vezes poderá restabelecer algum equilíbrio em seu estilo de vida agitado.

O Coelho do Fogo também deverá dedicar alguma atenção ao bem-estar, inclusive à dieta e aos exercícios físicos. Caso sinta que algumas modificações se fazem necessárias ou tenha alguma dúvida, deverá procurar orientação.

O Coelho do Fogo atribui muita importância às relações com os outros e, ao longo do ano, poderá esperar oportunidades para estender seu círculo social. Algumas das pessoas que ele conhecer poderão ser úteis para fornecer conhecimentos e incentivo, seja no trabalho ou nos interesses pessoais. Para os solteiros, inclusive aqueles que passaram por alguma decepção recente, alguém novo poderá oferecer o apoio e o amor dos quais eles tanto necessitam. Março, junho, julho e outubro poderão ser meses de boas oportunidades sociais e algumas ocasiões especialmente agradáveis.

Na vida familiar, o Coelho do Fogo também terá bastante atividade. Celebrações poderão estar em pauta, caso alguns Coelhos do Fogo fiquem noivos, casem ou se tornem pais. Esses poderão ser meses movimentados e emocionantes, e um bom diálogo e flexibilidade com relação a planos são aconselháveis. O final de junho, julho, agosto, o início de setembro e as últimas semanas do ano serão particularmente ativos.

No entanto, embora muitos planos e esperanças venham a ser concretizados, também haverá pressões, sobretudo quando a rotina mudar ou algumas incertezas surgirem. Nestes casos, paciência e apoio poderão mostrar-se valiosos. Além disso, parentes mais velhos (ou profissionais que o Coelho do Fogo conheça) poderão ser capazes de dar conselhos úteis. Todos os anos têm seus momentos difíceis e, muitas vezes, os problemas poderão ser resolvidos com sucesso, sem prejudicar as conquistas familiares e a felicidade.

Em geral, o ano do Macaco será interessante e construtivo para o Coelho do Fogo. Muitos farão progressos graduais e potencialmente importantes no trabalho, adquirindo as habilidades e a experiência necessárias para a realização de algumas ambições. Os interesses pessoais também poderão desenvolver-se favoravelmente, e haverá bons períodos para apreciar nos âmbitos social e familiar, com o Coelho do Fogo se beneficiando do apoio de outras pessoas e compartilhando momentos especiais com seus entes queridos. Um ano gratificante.

DICA PARA O ANO

Reflita sobre sua posição e suas habilidades. A experiência adquirida agora poderá ser um fator importante em sua evolução posterior. Além disso, reserve tempo para seus interesses e para aqueles que estão perto de você. Com um bom equilíbrio no estilo de vida, você terá imenso prazer no que este ano oferece.

O COELHO DA TERRA

Este será um ano exigente para o Coelho da Terra. Muito será esperado dele e, embora diversas atividades efetivamente venham a dar certo, o ano requer esforço.

Para os Coelhos da Terra nascidos em 1999, este ano poderá marcar uma etapa importante de sua educação. Muitos não apenas terão de estudar uma ampla gama de tópicos, como também terão a pressão adicional de se preparar para exames. Algumas semanas poderão ser especialmente frenéticas e será preciso permanecer organizado e usar o tempo de estudo de maneira proveitosa. Com a natureza avançada de algumas matérias, alguns Coelhos da Terra poderão enfrentar problemas e ter dúvidas. No entanto, com persistência, e pedindo ajuda quando necessário, importantes progressos poderão ser feitos e muitas complexidades dominadas. Além disso, o Coelho da Terra deverá ter em mente os benefícios que algumas qualificações específicas poderão trazer.

Apesar da pressão e da incerteza que ele poderá sentir este ano, no fundo o Coelho da Terra sabe que tem o talento necessário para fazer grandes realizações, e aquilo que aprender este ano (inclusive sobre si mesmo) poderá ser um estágio importante em seu desenvolvimento.

Alguns Coelhos da Terra estarão trabalhando ou à procura de emprego este ano. Os cargos que eles ocupam, ou que lhes serão oferecidos, nem sempre os inspirarão, e às vezes suas funções poderão ser rotineiras. Contudo, esses cargos ainda poderão proporcionar uma experiência útil e servir de plataforma para o progresso. E, uma vez trabalhando, se o Coelho da Terra mostrar comprometimento, outras responsabilidades logo poderão ser oferecidas. O Coelho da Terra está no início de sua vida de trabalho, e este é o primeiro degrau no que poderá ser uma longa e promissora carreira. Fevereiro, maio e o período de setembro a meados de novembro poderão ser marcados por evoluções interessantes no trabalho.

Embora partes do ano possam exigir bastante, também haverá muitos aspectos agradáveis. Os passatempos e interesses pessoais poderão evoluir bem e, sobretudo no que diz respeito às atividades que poderão ser apreciadas com os amigos, muita diversão poderá ocorrer. Para algumas atividades, apoio e instrução adicionais estarão disponíveis e, ao tirar proveito delas, o Coelho da Terra ficará satisfeito com sua capacidade de melhorar suas habilidades. O ano do Macaco é um ano incentivador e oferecerá oportunidades de progresso.

O Coelho da Terra também terá possibilidades de viajar este ano. Essas viagens poderão incluir oportunidades para visitar lugares relevantes para seus estudos ou interesses. Muitos Coelhos da Terra também ansiarão por desfrutar de férias, bem como por visitar algumas atrações divertidas. O ano do Macaco apresenta vitalidade e poderá entusiasmar o Coelho da Terra jovem.

Para alguns, o ano do Macaco poderá incluir possibilidades de romance, e isso aumentará seu prazer. No entanto, deve-se observar que os anos do Macaco têm alguns elementos difíceis e, por vezes, o romance ou uma amizade específica poderá causar angústia e precisará ser mantido em perspectiva. Como o Coelho da Terra descobrirá, o caminho do amor — e da amizade — verdadeiro às vezes pode apresentar percalços.

Além disso, caso o Coelho da Terra se sinta sob pressão, em qualquer momento, seja por causa dos estudos ou de outra preocupação que tenha, é importante que não sofra com isso sozinho. Sua família e as pessoas próximas a ele estarão ansiosas por apoiá-lo, e se ele se mostrar acessível, elas poderão fazer muito para diminuir as preocupações, bem como para auxiliá-lo de outras maneiras.

Com as diversas atividades que o Coelho da Terra estará disposto a continuar desenvolvendo e os itens que, sem dúvida, desejará comprar, ele precisará exercer disciplina nas questões relacionadas a dinheiro. Embora possa haver muitas tentações, este é um ano para manter as finanças sob controle e evitar assumir riscos. E, se tiver dúvidas ou problemas com relação a qualquer questão financeira, deverá procurar aconselhamento.

Para o Coelho da Terra nascido em 1939, o ano do Macaco poderá conter algumas ocasiões muito especiais, inclusive alguns eventos importantes pessoais ou familiares. Além disso, o Coelho da Terra mais idoso valorizará o carinho e o apoio dos membros de sua família e a assistência e os conselhos que eles poderão oferecer.

Ele também ficará satisfeito com a forma como certas esperanças serão concretizadas. Seja obtendo equipamentos para sua casa ou visitando lugares específicos, quando decidir sobre algo, poderá ter resultados interessantes.

O Coelho da Terra, porém, precisará prestar atenção aos assuntos financeiros e lidar rapidamente com a correspondência. Este não é um ano para assumir riscos e, caso tenha alguma dúvida, deverá procurar aconselhamento. Da mesma forma, se tiver quaisquer outras preocupações financeiras durante o ano, não deverá esquecer que existem profissionais que, muitas vezes, poderão ajudar.

O Coelho da Terra é abençoado com uma mente criativa e poderá ter grande prazer em seus interesses. Aqueles que incentivarem a autoexpressão poderão ser especialmente gratificantes este ano.

Seja nascido em 1939 ou 1999, o Coelho da Terra descobrirá que o ano do Macaco terá alguns prazeres, mas os resultados precisarão ser trabalhados e certos desafios superados. No entanto, o Coelho da Terra tem grande força de vontade e, se mantiver em mente os resultados que deseja alcançar e se esforçar nesse sentido, poderá colher boas e merecidas recompensas. Para o Coelho da Terra nascido em 1999, as competências e qualificações obtidas agora poderão revelar-se muito significativas a longo prazo.

DICA PARA O ANO

Aproveite bem o tempo. Concentre-se em seus objetivos e seja determinado. Os esforços poderão produzir alguns resultados positivos. Além disso, desfrute das boas relações com aqueles ao seu redor e procure ajuda em tempos de incerteza.

COELHOS FAMOSOS

Margaret Atwood, Drew Barrymore, David Beckham, Harry Belafonte, Ingrid Bergman, srta. Bernadete, Jeff Bezos, Kathryn Bigelow, Michael Bublé, Nicolas Cage, Lewis Carroll, Fidel Castro, John Cleese, Confúcio, Marie Curie, Johnny Depp, Novak Djokovic, Albert Einstein, George Eliot, W. C. Fields, James Fox, Cary Grant, Ashley Greene, Edvard Grieg, Oliver Hardy, Seamus Heaney, Tommy Hilfiger, Bob Hope, Whitney Houston, Helen Hunt, John Hurt, Anjelica Huston, Enrique Iglesias, E. L. James, Henry James, sir David Jason, Angelina Jolie, Michael Jordan, Michael Keaton, John Keats, Enda Kenny, Lisa Kudrow, Gina Lollobrigida, George Michael, sir Roger Moore, Andrew Murray, Mike Myers, Brigitte Nielsen, Graham Norton, Michelle Obama, Jamie Oliver, George Orwell, Edith Piaf, Brad Pitt, Sidney Poitier, Romano Prodi, Ken Russell, Emeli Sandé, Elisabeth Schwarzkopf, Neil Sedaka, Jane Seymour, Maria Sharapova, Neil Simon, Frank Sinatra, Sting, Quentin Tarantino, J. R. R. Tolkien, KT Tunstall, Tina Turner, Luther Vandross, Sebastian Vettel, rainha Vitória, Muddy Waters, Orson Welles, Hayley Westenra, Walt Whitman, Robin Williams, Kate Winslet, Tiger Woods.

O DRAGÃO

3 de fevereiro	de 1916 a	22 de janeiro	de 1917	*Dragão do Fogo*
23 de janeiro	de 1928 a	9 de fevereiro	de 1929	*Dragão da Terra*
8 de fevereiro	de 1940 a	26 de janeiro	de 1941	*Dragão do Metal*
27 de janeiro	de 1952 a	13 de fevereiro	de 1953	*Dragão da Água*
13 de fevereiro	de 1964 a	1º de fevereiro	de 1965	*Dragão da Madeira*
31 de janeiro	de 1976 a	17 de fevereiro	de 1977	*Dragão do Fogo*
17 de fevereiro	de 1988 a	5 de fevereiro	de 1989	*Dragão da Terra*
5 de fevereiro	de 2000 a	23 de janeiro	de 2001	*Dragão do Metal*
23 de janeiro	de 2012 a	9 de fevereiro	de 2013	*Dragão da Água*

A PERSONALIDADE DO DRAGÃO

Gosto de experimentar.
Às vezes, tenho sucesso,
às vezes, não.
Às vezes, o inesperado acontece.
Mas o experimentar
e o avançar
tornam a vida interessante.

O Dragão nasce sob o signo da sorte. Ele é um indivíduo orgulhoso, ativo e tem muita autoconfiança. É bastante inteligente e aproveita todas as oportunidades que surgem. É ambicioso, determinado e obterá êxito em praticamente tudo o que tentar realizar. Também tem algo de perfeccionista, e sempre procurará manter os elevados padrões que ele próprio estabelecer.

Ele não tem paciência com pessoas enfadonhas e costuma criticar tudo e todos que o desagradam. É franco e direto em seus pontos de vista, sendo reconhecido por sua falta de tato e diplomacia. No entanto, costuma confiar demais nas pessoas e pode, às vezes, ser bastante ingênuo. Se perceber que alguém abusou de sua confiança ou feriu sua dignidade, pode ficar magoado e levará muito tempo para perdoar ou esquecer a ofensa.

O Dragão é normalmente muito expansivo e sabe atrair a atenção das pessoas. Ele adora estar em evidência e, muitas vezes, se destaca quando está diante de um problema difícil ou de uma situação tensa. Em alguns aspectos, é uma pessoa teatral, e raramente lhe falta audiência. Seus pontos de vista e opiniões são muito considerados e ele, invariavelmente, tem algo interessante — e às vezes polêmico — a dizer.

Ele tem incrível energia e costuma estar sempre disposto a trabalhar de forma exaustiva e em horários pouco convencionais para alcançar o que deseja. Pode, porém, ser um tanto impulsivo, e nem sempre avalia as consequências de seus atos. Também tende a viver o momento, e não há nada que o irrite mais que ficar esperando. O Dragão detesta atraso, e pode ficar extremamente impaciente e irritado até mesmo com uma pequena demora.

O Dragão acredita plenamente em suas habilidades, mas corre o risco de se tornar excessivamente autoconfiante e, a menos que seja cauteloso, pode, algumas vezes, cometer graves erros de julgamento. Embora isso possa ser desastroso em determinadas situações, ele tem a tenacidade e a capacidade necessárias para se recuperar.

O nativo do signo tem uma personalidade tão agressiva, com tamanha força de vontade e desejo de obter êxito, que, em geral, alcança posições de destaque na profissão escolhida. O Dragão tem excelentes qualidades de liderança e se sairá muito bem em funções em que possa colocar em prática seus métodos e suas ideias. Normalmente, se sai bem na política, no *show business*, na gerência de um departamento, na administração do próprio negócio ou em qualquer tipo de trabalho que o coloque em contato com a mídia.

O Dragão dá muito crédito ao próprio julgamento e costuma menosprezar o conselho dos outros. Ele gosta de se sentir autossuficiente, e muitos Dragões prezam sua independência a ponto de preferirem passar a vida inteira sozinhos. No entanto, o Dragão tem, em geral, inúmeros admiradores, e muitas pessoas são atraídas por sua personalidade brilhante e admirável aparência. Se acontecer de se casar, isso normalmente se dará na juventude. E ele perceberá que irá se relacionar perfeitamente bem com os nascidos sob os signos da Serpente, do Rato, do Macaco e do Galo. Também irá notar que o Coelho, o Javali, o Cavalo e a Cabra são companheiros ideais e irão participar de suas fantasias. Dois Dragões também terão um bom relacionamento se um conhecer bem o outro. Mas é possível que o Dragão não se sinta muito feliz com o Búfalo ou com o Cão, pois estes dois signos serão críticos com relação à sua impulsividade e extroversão. Ele também terá dificuldade para formar uma aliança com o Tigre, pois tanto o Tigre quanto o Dragão tendem a falar o que pensam, são muito obstinados e gostam de assumir a posição de liderança.

A mulher Dragão sabe o que deseja da vida e conduz suas atividades de forma bastante determinada e positiva. Não existem tarefas menores para ela, que está quase sempre disposta a trabalhar arduamente para alcançar seus objetivos. Ela é extremamente prática e, de certa forma, liberal. Detesta se deixar limitar pela rotina e pelas restrições mesquinhas, gosta de ter liberdade suficiente para poder deixar tudo de lado e fazer o que deseja. Manterá sua casa arrumada, mas não é do tipo que dedica horas a serviços domésticos — há inúmeras outras coisas que ela considera mais importantes e que prefere fazer. Assim como o homem do mesmo signo, ela tende a falar o que pensa.

O Dragão, normalmente, se interessa por vários assuntos e aprecia os esportes e outras atividades ao ar livre. Ele também gosta de viajar e em geral prefere visitar lugares pouco conhecidos a procurar pontos e atrações turísticos. Tem grande espírito aventureiro e, se sua situação financeira permitir — o Dragão é muito sensato com relação às finanças —, fará muitas e longas viagens em sua vida.

Ele é um indivíduo brilhante, e quando jovem pode ser um tanto precoce. Embora possa se sentir um pouco solitário, terá muitos amigos e será quase sempre o centro das atenções. O Dragão tem carisma e tanta confiança em si mesmo que pode com frequência se tornar fonte de inspiração para os outros. Na China é considerado o líder da folia e um indivíduo afortunado.

OS CINCO TIPOS DE DRAGÃO

Além dos 12 signos do zodíaco chinês existem cinco elementos que influenciam cada signo, acentuando ou atenuando suas características. Os efeitos dos cinco elementos sobre o Dragão estão descritos a seguir, juntamente com os anos em que os elementos exercem sua influência. Dessa forma, todos os Dragões nascidos em 1940 e 2000 são Dragões do Metal, todos os nascidos em 1952 são Dragões da Água e assim por diante.

DRAGÃO DO METAL: 1940, 2000

Este Dragão é muito obstinado e tem uma personalidade extremamente forte. Ele é vigoroso, tem muita ambição e procura ser escrupuloso nos relacionamentos. Também costuma ser franco e até mesmo indelicado, e, normalmente, não hesita em dizer o que pensa. Se as pessoas discordam dele ou não estão dispostas a cooperar, prefere agir sozinho. O Dragão do Metal, normalmente, tem valores morais extremamente elevados e é muito estimado por amigos e companheiros.

DRAGÃO DA ÁGUA: 1952, 2012

Este Dragão é gentil, complacente e inteligente. Ele é perspicaz e raramente deixa passar uma boa oportunidade. No entanto, não é tão impaciente quanto os outros tipos de Dragão e está mais preparado para aguardar os resultados, em vez de esperar que tudo aconteça de imediato. É compreensivo e se dispõe a compartilhar suas ideias e colaborar com os outros. O principal defeito, entretanto, é a tendência a passar direto de uma tarefa para outra, em vez de se concentrar na atividade a que está se dedicando no momento. Tem ótimo senso de humor e é um orador talentoso.

DRAGÃO DA MADEIRA: 1964

O Dragão da Madeira é prático, curioso e tem muita imaginação. Adora se aprofundar em todos os assuntos e costuma ter algumas ideias extremamente originais. Ele é um autêntico pensador e grande empreendedor, com ímpeto e dedicação suficientes para colocar em prática muitas de suas ideias. É mais diplomático que alguns dos outros tipos de Dragão e tem ótimo senso de humor. É muito astuto nos negócios e também pode ser bastante generoso.

DRAGÃO DO FOGO: 1916, 1976

Este Dragão é ambicioso, franco e tem enorme desejo de obter êxito. Ele é um trabalhador dedicado, atencioso, e costuma ser admirado pela integridade moral e sinceridade. Tem muita força de vontade e ótimas qualidades de liderança. No entanto, pode dar crédito demais ao próprio julgamento e não levar muito em consideração o ponto de vista e a opinião dos outros. Também pode ser um tanto indiferente, e é aconselhável que deixe que os outros participem mais de suas várias atividades. O Dragão do Fogo, normalmente, encontra muito prazer na música, na literatura e nas artes.

DRAGÃO DA TERRA: 1928, 1988

O Dragão da Terra tende a ser mais calmo e ponderado que alguns dos outros tipos de Dragão. Ele se interessa por diversos assuntos e tem plena consciência do que acontece à sua volta. Também tem objetivos claros e normalmente não encontra dificuldade em obter apoio para nenhum de seus empreendimentos. É muito astuto em questões financeiras e em geral acumula considerável fortuna. É organizado, embora possa, às vezes, ser um tanto burocrático e meticuloso. Ele se relaciona bem com as pessoas e tem um grande círculo de amizades.

PREVISÕES PARA O DRAGÃO EM 2016

O Dragão gosta de viver a vida em ritmo acelerado, mas, como ele mesmo admite, às vezes é necessário desacelerar um pouco e fazer um balanço. E é isso que o ano da Cabra (de 19 de fevereiro de 2015 a 7 de fevereiro de 2016) permitirá que muitos Dragões façam. Os anos da Cabra não são tempos para grandes avanços, mas para reavaliação e foco num estilo de vida mais equilibrado.

À medida que o ano da Cabra vai chegando ao fim, o Dragão considerará que esse foi um período satisfatório. No trabalho, haverá oportunidades para muitos Dragões fazerem melhor uso de seus pontos fortes e, sobretudo, para aqueles que estejam em um ambiente criativo, poderá haver alguns resultados encorajadores. Setembro e novembro poderão trazer muita movimentação, inclusive para os Dragões que anseiam por mudanças ou trabalho.

Também haverá boas oportunidades sociais nos últimos meses do ano, com uma interessante mistura de ocasiões para desfrutar. Dezembro poderá ser especialmente agitado e, para os solteiros e para aqueles que acabam de se apaixonar, os assuntos do coração estarão em uma fase promissora.

A vida doméstica do Dragão também estará bastante movimentada, possivelmente incluindo viagens. O quanto mais cedo os planos puderem ser decididos, melhores e menos frenéticas serão as atividades. O tempo de qualidade gasto na companhia de entes queridos poderá levar a algumas ocasiões notáveis nas últimas semanas do ano.

Embora o Dragão possa ter sido obrigado a moderar as ambições no ano da Cabra, terá avançado muito ao longo dos últimos 12 meses em nível pessoal, inclusive no que tange aos conhecimentos sobre si mesmo, bem como às ideias sobre o futuro. Em 2016, ele será capaz de desenvolver esses aspectos ainda mais — muito mais.

O Dragão é conhecido pela energia e ambição e, quando o ano do Macaco começar, ele sentirá os ventos da mudança começarem a soprar e resolverá colocar em prática alguns planos importantes. No entanto, embora os aspectos sejam, em geral, favoráveis, deverá ter cuidado para não tentar fazer mais do que é possível. Este ano do Macaco, que começa em 8 de fevereiro, poderá trazer tropeços para os incautos, levando possivelmente a equívocos e erros. Este poderá ser um ano de sucesso, mas os planos precisarão ser elaborados com cuidado.

No trabalho, os aspectos são, contudo, especialmente encorajadores para o Dragão. O ano do Macaco favorecerá o empreendedorismo, e uma infinidade de novas ideias, sistemas e produtos surgirá durante seu transcurso. O Dragão, com sua natureza perspicaz e alerta, muitas vezes abraçará as novidades e estará bem posicionado para tirar benefício delas. Se decidir ficar com seu trabalho atual ou procurar por outro, seus pontos fortes poderão levá-lo a uma promoção. Muitos

Dragões também se sentirão mais motivados, com ideias a explorar, metas a alcançar e habilidades a serem desenvolvidas. Diversas coisas acontecerão neste ano, o que agrada à mentalidade do Dragão, que apreciará os desafios apresentados.

Alguns Dragões procurarão redirecionar a carreira e, para estes, bem como para aqueles que estejam à procura de emprego, o ano do Macaco poderá trazer possibilidades interessantes. Ao considerarem diferentes maneiras de usar suas habilidades e se manterem alertas para possíveis vagas, muitos encontrarão uma posição que oferecerá a renovação que tanto desejam. Isso poderá trazer a necessidade de muito empenho no aprendizado e certa mudança de rotina, mas o que muitos Dragões terão agora é a chance que desejavam há algum tempo. Abril, maio, agosto e novembro trarão boas oportunidades.

No entanto, embora os aspectos sejam favoráveis, o Dragão precisará ser detalhista ao colocar os projetos em prática. Assumir riscos ou prosseguir sem uma preparação adequada poderá prejudicar suas chances. Em 2016, ele não deverá descuidar com relação às situações que encontrará pela frente, mas permanecer atento e se manter bem preparado. Acima de tudo, os Dragões que estejam à procura de emprego ou que queiram fazer uma mudança de carreira descobrirão que colocar um esforço adicional em suas candidaturas poderá fazer grande diferença.

O progresso no trabalho, muitas vezes, levará o Dragão a aumentar seus rendimentos. Porém, devido ao estilo de vida agitado, as despesas serão altas e ele precisará manter estreita vigilância sobre os gastos. Além disso, se for firmar quaisquer compromissos novos, deverá verificar as implicações. Este não é um ano para assumir riscos ou se precipitar. Poupar dinheiro para fazer compras específicas ou projetos importantes possibilitará maiores realizações. Os anos do Macaco favorecerão a preparação e a atenção aos detalhes.

Ao longo do ano, novos interesses, atividades recreativas e produtos inovadores capturarão a imaginação de muitos Dragões, que estarão dispostos a investigá-los em maior profundidade. Muitos Dragões terão uma mistura interessante de coisas a fazer este ano e várias saídas para seus talentos.

Com seu jeito amigável, o Dragão gosta de companhia, e tanto sua vida social quanto a doméstica serão caracterizadas por intensa atividade este ano. No entanto, em ambas as esferas, é importante que permaneça consciente dos pontos de vista dos outros e consulte aqueles ao redor a respeito de suas ideias. Dessa forma, poderá não apenas se beneficiar dos conselhos e do apoio oferecido, mas também, por vezes, ser alertado para outras considerações ou armadilhas que ele pode ter desprezado. Quanto mais comentários o Dragão receber este ano, melhor se sairá. Além disso, também deverá aproveitar todas as chances de ampliar os contatos sociais e profissionais. Este é um ano para buscar o envolvimento com os outros.

Viagem e interesses compartilhados poderão trazer oportunidades sociais interessantes, e maio, agosto, setembro e dezembro poderão ser meses especialmente animados.

Para os solteiros, este poderá ser um ano importante. Muitos Dragões encontrarão amor e alguns decidirão se casar ou estabelecer relacionamentos duradouros. Os anos do Macaco favorecem a aproximação.

Os Dragões de espírito mais independente (existem muitos desse tipo) deverão abraçar o espírito da época e se envolver mais em tudo que estará acontecendo. Valerá muito a pena.

Na vida familiar do Dragão, muitas coisas estarão por acontecer, e será necessária uma estreita cooperação. Embora seja determinado, o Dragão não poderá esperar exercer domínio em tempo integral, e deverá mostrar alguma flexibilidade no que diz respeito aos planos. Sobretudo no caso de algumas atividades práticas ambiciosas, os prazos não deverão ser rígidos. Os anos do Macaco poderão trazer dilemas, bem como criar opções adicionais, e estas precisarão ser tratadas antes de as ações serem finalizadas. Assim como muita coisa que acontecerá neste ano, o Dragão precisará prestar atenção e reagir ao que surgir.

Além das atividades práticas do ano, os interesses compartilhados serão especialmente apreciados, com o fim de junho, os meses de julho, agosto e meados de setembro trazendo ocasiões especiais para muitos lares de Dragões. Algumas chances de viagens inesperadas também poderão surgir, e muitos Dragões desfrutarão da oportunidade de ver alguns pontos turísticos impressionantes.

Em geral, o ano do Macaco trará perspectivas interessantes para o Dragão. Ativo e empreendedor, ele poderá sair-se bem. Porém, não deverá pretender fazer tudo sozinho. Este é um ano para procurar apoio e estabelecer contatos. O Dragão tem muito a oferecer e as perspectivas são animadoras, mas ele precisará estar atento e, às vezes, mostrar-se flexível. Não é o momento para se precipitar ou assumir riscos e, em muitas áreas, inclusive a financeira, ele precisará ser minucioso e avaliar as opções com cuidado. No entanto, há muito a ganhar este ano. Com sua exímia habilidade, o Dragão aproveitará as oportunidades e desfrutará relações positivas com aqueles que o rodeiam.

O DRAGÃO DO METAL

O elemento do metal ajuda a tornar um signo mais resoluto, e isso certamente se aplica ao Dragão do Metal. Resoluto, desenvolto e determinado — estas são todas as características marcantes de sua personalidade, as quais continuarão a servi-lo bem este ano.

Para o Dragão do Metal nascido em 2000, este será um ano de grandes possibilidades. Novas oportunidades se abrirão e permitirão que ele aproveite melhor seus pontos fortes. No campo da educação, ele poderá selecionar temas para um estudo mais especializado, bem como apreciar a oportunidade de experimentar novas atividades. Ao longo do ano, a ênfase será sobre o desenvolvimento, e muitos Dragões do Metal ficarão satisfeitos com o progresso que acreditarão estar fazendo.

Outra característica do ano é que as situações muitas vezes permitirão que o Dragão do Metal se envolva mais no que acontece ao seu redor, e isso poderá ajudar sua autoconfiança e colocar em destaque seus pontos fortes. De muitas maneiras, o Dragão do Metal jovem pode obter muito deste período, embora, às vezes, isso o obrigue a sair da zona de conforto.

No decorrer do ano, o Dragão do Metal jovem também deverá utilizar o apoio que estiver disponível para ele. Se tiver preocupações quanto a uma matéria ou quanto a uma decisão específica, em vez de se manter calado, deverá buscar orientação. Os Dragões do Metal não se deixam influenciar, e essa característica poderá manifestar-se com certa teimosia. Isso é algo em que ele precisará prestar atenção. Fechar-se a determinadas oportunidades ou áreas poderá ser contraproducente e afetar o desempenho. Os anos do Macaco privilegiam uma abordagem mais aberta e, como o Dragão do Metal poderá perceber, descobertas surpreendentes poderão acontecer.

O Dragão do Metal poderá divertir-se muito este ano ao ver a maneira como seus interesses e atividades recreativas se desenvolvem. Muitas dessas situações poderão não só envolver amigos próximos, como também, às vezes, levar o Dragão do Metal a participar de certas ocasiões ou se juntar a pessoas que pensam como ele. Se houver habilidades relacionadas a seus campos de interesse que o Dragão do Metal queira aproveitar melhor, deverá reservar tempo para os exercícios, bem como utilizar os recursos disponíveis.

Também haverá oportunidades para viajar, e o Dragão do Metal ficará contente pela oportunidade de visitar novas regiões e assistir a alguns eventos animados, sobretudo durante o fim de junho, os meses de julho, agosto e meados de setembro.

No entanto, com uma ampla gama de atividades por fazer, assim como itens que desejará comprar, ele precisará ser disciplinado nos gastos e evitar muitas compras por impulso. Se não tiver cuidado, ele poderá vir a lamentar a pressa.

Na vida doméstica, haverá ocasiões que ele achará fascinantes e, ao tomar parte e ajudar, descobrirá que suas contribuições serão muito apreciadas. Aqui, novamente, para tirar o máximo proveito do ano, a participação é fundamental.

Para os Dragões do Metal nascidos em 1940, o ano do Macaco também poderá trazer novidades interessantes. Esses Dragões do Metal terão, mais uma vez, ideias específicas em mente, possivelmente relacionadas a suas casas, a compras de equipamento, a atividades que apreciam fazer ou a lugares que gostariam de visitar. Contudo, para realizar seus planos, eles precisarão estabelecer laços com outras pessoas. É o esforço conjunto que renderá frutos este ano.

Além disso, caso gastos se façam necessários, o Dragão do Metal precisará ser meticuloso, encontrando tempo para verificar prazos e custos e manter a papelada em ordem. Os assuntos financeiros e burocráticos poderão ser problemáticos neste ano e exigirão muita atenção.

O Dragão do Metal, no entanto, se deliciará com alguns eventos familiares que ocorrerão este ano e com algumas boas notícias a respeito de um parente mais jovem. Ele terá prazer em oferecer assistência a entes queridos próximos e suas ideias serão apreciadas. Julho e agosto poderão ser meses ativos na casa de muitos Dragões do Metal.

Ao longo do ano, o Dragão do Metal também apreciará perseguir seus interesses. Certos projetos ocuparão seu tempo de maneira satisfatória e, em alguns casos, equipamentos novos poderão abrir novas possibilidades interessantes. Além disso, ele sentirá prazer em sair, seja para eventos ou atrações locais, seja para desfrutar de comodidades ao ar livre. O ano do Macaco poderá oferecer muitos prazeres diferentes.

Para todos os Dragões do Metal, sejam os nascidos em 1940 ou em 2000, este poderá ser um ano interessante, mas, para aproveitá-lo ao máximo, eles precisarão conter suas tendências independentes e discutir abertamente seus planos, ideias e esperanças. O Dragão do Metal também deverá manter a mente aberta e explorar as possibilidades oferecidas pelo ano do Macaco, incluindo o desenvolvimento dos interesses pessoais. As questões financeiras requerem cuidados, mas, em geral, com o apoio e o entusiasmo característico do Dragão do Metal, ele poderá fazer deste um ano gratificante.

DICA PARA O ANO

Procure conselhos e apoio. Com encorajamento e ajuda, você poderá colocar muitas de suas ideias em prática. Além disso, aproveite as oportunidades que poderão surgir este ano de modo repentino e frequentemente por acaso.

O DRAGÃO DA ÁGUA

Este será um período movimentado para o Dragão da Água, mas, embora ele tenha planos para o próximo ano, eles nem sempre tomarão o rumo que ele imaginava. Este poderá ser um ano bastante agitado e significativo, porém, às vezes, também será surpreendente.

No trabalho, muitos Dragões da Água serão forçados a tomar decisões. Alguns poderão aposentar-se ou receber uma oferta de aposentadoria. Para esses Dragões da Água, ajustes pessoais serão necessários e mudanças no estilo de vida terão de ser consideradas. Aqueles que se aposentarem ou reduzirem os compromissos profissionais não deverão contar apenas com os conselhos disponíveis, mas também refletir um pouco sobre projetos que gostariam de colocar em prática. O ano do Macaco poderá trazer algumas boas oportunidades.

Para aqueles que continuarem nos cargos, mudanças também estarão em andamento. Em muitos locais de trabalho, haverá procedimentos, tecnologias e produtos novos, com os quais o Dragão da Água precisará familiarizar-se. Amante da tradição, ele poderá encontrar dificuldades em mudar. No entanto, apesar de algumas reservas, muitas vezes terá a chance de fazer melhor uso de seus pontos fortes. Além disso, quando ocorrerem problemas iniciais inevitáveis ou surgirem pressões, muitas vezes ele poderá dar sugestões valiosas devido à experiência. O trabalho de alguns Dragões da Água será muito exigente durante parte do ano, mas haverá oportunidades para destacar seus pontos fortes.

Alguns Dragões da Água estarão dispostos a mudar de emprego, talvez para um que envolva passar menos tempo no trajeto entre o local de trabalho e sua casa ou um tipo diferente de trabalho. Em ambos os casos, o ano do Macaco poderá trazer surpresas. Muitas vezes, amigos ou contatos poderão alertar o Dragão da Água para uma nova possibilidade interessante. Muitos Dragões da Água aproveitarão as oportunidades que se abrirão neste período.

Muitos Dragões da Água têm uma veia empreendedora e alguns também poderão decidir utilizar uma habilidade ou um interesse para obter lucros. Alguns também poderão ser atraídos por novos interesses. Ao se mostrar receptivo ao que o ano do Macaco poderá trazer, o Dragão da Água ficará bem satisfeito com o que será capaz de realizar.

Ele também apreciará as oportunidades sociais que surgirem. Além disso, ao encontrar os amigos (e, muitas vezes, valorizar os pensamentos deles), poderá estar presente em vários eventos especiais. Seus interesses também irão colocá-lo em contato com outras pessoas. Maio, o período entre agosto e o início de outubro e dezembro poderão ser meses especialmente movimentados e, para quaisquer Dragões da Água que enfrentaram dificuldades ou uma decepção no passado recente, haverá a oportunidade de se envolver em atividades e conhecer algumas pessoas que pensam da mesma forma.

O Dragão da Água tem um espírito aventureiro e apreciará as oportunidades de viagem que este ano do Macaco trará, inclusive a chance de visitar algumas atrações turísticas impressionantes. Poderá haver um elemento surpresa associado a algumas viagens, possivelmente com convites adicionais ou o surgimento de outras oportunidades de viagem ou, ainda, a possibilidade de visitar outros lugares enquanto estiver longe de casa.

Nas questões financeiras, o Dragão da Água precisará, no entanto, tomar cuidado. É provável que queira fazer algumas compras caras para casa, bem como realizar outros projetos, e deverá manter estreita vigilância sobre os gastos. Este ano deverá ser marcado pela boa gestão financeira. Ele também precisará estar vigilante ao firmar contratos ou lidar com papelada importante. Este não é um momento para assumir riscos.

Na vida familiar, este será um ano agitado e interessante. Em função das mudanças no ambiente de trabalho, haverá decisões a serem tomadas, e uma boa discussão ajudará. As grandes compras para o lar também precisarão ser discutidas em detalhes. Os planos iniciais poderão mudar, mas, quanto mais puder ser realizado em conjunto, melhor será o resultado.

Os interesses comuns, as possibilidades de viagem e o progresso de parentes mais jovens também poderão deixar o Dragão da Água fascinado. Além disso, um familiar poderá surpreendê-lo com notícias pessoais. Os anos do Macaco terão momentos memoráveis, e julho e agosto provavelmente serão meses especialmente ativos.

Em geral, o Dragão da Água estará ocupado durante todo o ano do Macaco. Para muitos, haverá decisões importantes a serem tomadas no trabalho. Este é um ano animador para os interesses pessoais, e as atividades exercidas ou iniciadas agora poderão acabar sendo gratificantes e ter um potencial benéfico no futuro. As questões financeiras demandarão muita atenção, mas, com a boa vontade de que o Dragão da Água desfruta, contará com o apoio daqueles que o cercam. Para se beneficiar plenamente, ele precisará ser franco e observar suas tendências, que, por vezes, são independentes. Uma abordagem mais flexível também não seria mal. Mas, no geral, este será um ano interessante e pessoalmente gratificante para o Dragão da Água.

DICA PARA O ANO

Consulte os outros e preste atenção a seus pontos de vista. O apoio deles poderá fazer uma diferença importante em seu desempenho. O ano do Macaco possivelmente trará oportunidades e escolhas inesperadas. Para se beneficiar, seja flexível. O tempo gasto em interesses e atividades recreativas também poderá ser gratificante.

O DRAGÃO DA MADEIRA

Um dos talentos do Dragão da Madeira é estar sempre alerta e consciente. Ele avalia bem as situações e as pessoas, e suas habilidades o ajudarão neste ano. Haverá várias novidades encorajadoras e, por estar ciente do que poderá surgir, o Dragão da Madeira muitas vezes estará pronto para agir.

No trabalho, o ano poderá trazer mudanças substanciais. Colegas com os quais trabalha há muitos anos poderão mudar de cargo e, em consequência, criar oportunidades de promoção. Nesses casos, o Dragão da Madeira deverá mostrar interesse imediatamente. Alguns Dragões da Madeira assumirão responsabilidades para as quais vêm trabalhando há algum tempo. Além disso, outras alterações poderão ocorrer. Às vezes, mudanças dentro do setor em que trabalha ou estudos feitos pelo empregador do Dragão da Madeira farão com que mudanças sejam introduzidas. Mais uma vez, o Dragão da Madeira, frequentemente, será capaz de tirar benefício, talvez ao receber uma oferta de aumento substancial em suas responsabilidades ou ao se envolver em novas iniciativas. O foco deste ano estará em avançar.

Ao longo do ano, as perspectivas do Dragão da Madeira também serão ajudadas pelas boas relações de trabalho que mantém com seus colegas e pela reputação que construiu. Deverá aproveitar ao máximo todas as oportunidades de aumentar a rede de relacionamentos, pois o contato com os outros poderá ser um fator importante em seu progresso futuro.

Embora a maioria dos Dragões da Madeira cresça no emprego atual, alguns sentirão que terá chegado o momento certo para enfrentar um novo desafio. Esses Dragões da Madeira, e aqueles à procura de uma oportunidade, deverão manter-se informados sobre as oportunidades de emprego em seu ramo de atividade. Dessa forma, poderão ficar atentos às posições que se tornarem disponíveis e, ao responderem rapidamente, poderão garantir uma vaga que oferecerá a oportunidade de desenvolver suas habilidades de novas maneiras.

Muitos Dragões da Madeira poderão esperar por aumento da renda ao longo do ano, mas precisarão gerir as finanças com cuidado. Com compromissos domésticos já firmados e, provavelmente, algumas compras caras, as despesas do Dragão da Madeira serão consideráveis. Sempre que possível, ele deverá planejar com antecedência as despesas futuras. Este é um ano para a disciplina e a boa gestão. Além disso, a papelada exigirá cuidados e atenção. Lapsos ou precipitação poderão gerar problemas. Dragões da Madeira, tomem nota disso.

Um dos pontos fortes do Dragão da Madeira é a natureza curiosa e, ao longo do ano, ele poderá ficar intrigado com um novo tema ou interesse recreativo do qual tenha ouvido falar. Ao reservar tempo para isso, poderá perceber que está gostando da oportunidade de aprender algo novo. Além disso, poderá ter várias ideias, as quais estará disposto a levar adiante. Este poderá ser um momento, muitas vezes, estimulante e gratificante.

Haverá um elemento social importante em algumas atividades e, para os Dragões da Madeira interessados em música ou esportes, poderão acontecer vários eventos que apreciarão muito. Aqueles que estão ansiosos por conhecer outras pessoas poderão encontrar um grupo local ao qual valerá a pena associar-se. Maio, o período entre o final de julho e o início de outubro e dezembro poderão trazer muitas oportunidades sociais.

A vida familiar do Dragão da Madeira também será bastante ativa e poderá haver eventos especiais pelos quais ansiar — talvez um noivado, casamento, nascimento, sucesso no trabalho ou alguma conquista pessoal. Nesses momentos, o Dragão da Madeira não apenas se sentirá orgulhoso, como também desempenhará papel importante na organização das comemorações. Para muitos, o ano do Macaco conterá momentos especiais, sendo o outono e o final do inverno, com frequência, agitados e animados.

No entanto, com todos os compromissos do Dragão da Madeira e de seus parentes, é importante que haja uma boa cooperação ao longo do ano e que o tempo de qualidade juntos não seja prejudicado. Projetos e interesses compartilhados poderão ser especialmente apreciados e, se possível, umas férias ou outro período juntos também poderão fazer bem a todos.

Em geral, este poderá ser um ano de sucesso para o Dragão da Madeira, sobretudo porque haverá a chance de desenvolver sua situação profissional e seus interesses pessoais. Ao se manter alerta e aproveitar ao máximo suas ideias e oportunidades, ele ficará satisfeito com os desafios interessantes que se apresentarão. Será ajudado pelas boas relações que mantém com aqueles que o rodeiam e pelo apoio que estes oferecem. As questões financeiras exigirão atenção minuciosa e, com tantas demandas sobre seu tempo, é importante que se esforce para ter um estilo de vida bem equilibrado. Mesmo assim, poderá tornar este ano pessoalmente gratificante.

DICA PARA O ANO

Esteja atento e, se uma ideia ou oportunidade tentadora surgir, seja rápido e abrace-a. O tempo é muito importante neste ano. Relacione-se bem com os outros e valorize o tempo com aqueles que são especiais para você. Suas relações com os outros poderão ser importantes e significativas. Valorize-as.

O DRAGÃO DO FOGO

À medida que for ingressando em seu quadragésimo ano, o Dragão do Fogo estará interessado em torná-lo um ano especial. E assim poderá ser. Resoluto, determinado e ambicioso, o Dragão do Fogo considerará este um período de ação e, muitas vezes, será ajudado pelas circunstâncias. Haverá ocasiões, neste ano, em que se encontrará no lugar certo e na hora certa, e em que se beneficiará de momentos de boa sorte. Ele terá muito a seu favor, mas existe um "porém". Embora desfrute de sucessos, não deverá achar que sua sorte é inesgotável. Os anos do Macaco são encorajadores, mas podem atrapalhar os incautos. O Dragão do Fogo também precisará prestar atenção na opinião das outras pessoas. Por ser um Dragão, talvez queira definir o próprio caminho e manter os pensamentos para si mesmo, mas este é um ano para trabalhar com os outros e prestar atenção a esses relacionamentos tão importantes.

No trabalho, alguns eventos poderão ocorrer repentinamente. Mudanças ou ausências de colegas poderão criar vagas, responsabilidades a serem assumidas e oportunidades de promoção. Ao responder rapidamente, o Dragão do Fogo poderá descobrir que seus conhecimentos do ambiente em que se encontra o colocarão em uma posição forte que lhe trará benefícios. Mesmo que não tenha estado no cargo atual por um longo tempo, muitas vezes haverá uma chance, este ano, de subir na carreira.

Os colegas, sobretudo os mais experientes, também poderão ajudar na carreira. Em alguns casos, poderão providenciar um curso e/ou viabilizar que ele amplie suas responsabilidades. Ao aproveitar ao máximo as oportunidades, ele estará se preparando para um progresso mais substancial no futuro próximo. Nada acontecerá sem um motivo este ano, e o comprometimento do Dragão do Fogo poderá trazer algumas recompensas importantes e oportunas.

Com os aspectos da maneira como se apresentam, ele também deverá trabalhar em estreita colaboração com os outros, bem como aproveitar todas as possibilidades de sua rede de contatos. Suas habilidades e natureza sociável impressionarão a muitos e, para os Dragões do Fogo que contemplam uma mudança, sua reputação e seus contatos poderão ser fatores importantes no progresso.

Também haverá alguns que se sentirão prontos para enfrentar um desafio mais substancial na carreira e estarão à procura de cargos que ofereçam maior escopo. Para esses Dragões do Fogo e para aqueles à procura de emprego, o ano do Macaco poderá trazer possibilidades interessantes. Ao se manterem atentos às eventuais vagas e ao avaliarem o que gostariam de fazer neste momento (aqui, neste quesito, os orientadores vocacionais poderão ser úteis), muitos encontrarão a vaga desejada. Isso poderá envolver certo aprendizado, e as primeiras semanas poderão representar um desafio, mas o ano do Macaco permitirá que muitos Dragões do Fogo provem capacidade em uma área diferente. Assim, aqueles que assumirem novas funções no início do ano poderão receber responsabilidades adicionais mais adiante. Abril, maio, setembro e novembro poderão trazer progressos encorajadores no trabalho.

O progresso profissional de muitos Dragões do Fogo levará ao aumento dos rendimentos, mas, este será um ano para tomar cuidado e ficar vigilante. Com alguns planos ambiciosos, inclusive de viagens, as despesas do Dragão do Fogo serão consideráveis, e ele precisará planejar com muita antecedência para dar conta das necessidades futuras. Além disso, quando lidar com formulários ou qualquer tipo de papelada financeira, deverá verificar os fatos e ser minucioso. Riscos ou equívocos poderão gerar desvantagens. Dragões do Fogo, tomem nota disso.

Por natureza, o Dragão do Fogo é curioso e, sendo este seu quadragésimo ano, poderá muito bem querer começar algo novo. Seja iniciar um interesse diferente, começar a fazer exercícios físicos ou criar uma nova meta pessoal, muitas vezes ele se sentirá energizado e inspirado pelo que decidir realizar. Para quaisquer Dragões do Fogo que tenham deixado seus interesses de lado ou que não tenham um estilo de vida muito equilibrado, esta será a hora de abordar isso e reservar algum tempo para si mesmo.

O Dragão do Fogo também valorizará o apoio dos amigos, sobretudo, porque alguns terão experiência de primeira mão que poderá ajudá-lo em suas atividades e decisões. Os conselhos de outras pessoas poderão ser importantes este ano.

Além disso, o Dragão do Fogo desfrutará das oportunidades sociais do ano, inclusive de algumas comemorações que poderão ser realizadas em sua homenagem. Para os solteiros, possibilidades de romance também poderão surgir. Em nível pessoal, este ano do Macaco poderá ser especial, com maio, o período do final de julho ao início de outubro e dezembro trazendo intensa atividade social.

A vida familiar do Dragão do Fogo também será marcada por grandes novidades este ano. Seus entes queridos, muitas vezes, desejarão comemorar seu quadragésimo ano, e algumas surpresas serão especialmente memoráveis. Poderá haver ainda uma oportunidade de gozar férias especiais.

Em meio a tantas atividades, também haverá projetos a serem implementados e decisões a serem tomadas. Quanto mais decisões puderem ser tomadas em grupo, melhor. Com boa cooperação, alguns projetos ambiciosos no âmbito doméstico poderão ser concretizados.

No geral, o quadragésimo ano do Dragão do Fogo será importante e o incentivará não apenas a desenvolver a carreira, mas também a desfrutar e fazer melhor uso de suas habilidades. Os interesses pessoais poderão ser prazerosos, e o Dragão do Fogo também se divertirá com as ocasiões especiais que ocorrerão, inclusive com algumas surpresas que surgirão para ele. As viagens também estão sob um aspecto favorável. A vida familiar do Dragão do Fogo será agitada e, muitas vezes, gratificante, embora ele precise controlar o orçamento e evitar assumir riscos. O Dragão do Fogo é ambicioso e gosta de aproveitar ao máximo as oportunidades, e neste ano seus esforços não apenas poderão trazer recompensas, mas também, significativamente, abrir as portas para o sucesso que o espera em sua nova década.

DICA PARA O ANO

Procure apoio e compartilhe atividades. Com ajuda e boa vontade, muito mais poderá ser alcançado. Além disso, dê tempo para si mesmo, persiga seus interesses e explore suas ideias. Os anos do Macaco incentivam o desenvolvimento pessoal e profissional.

O DRAGÃO DA TERRA

O Dragão da Terra tem uma natureza afiada e questionadora. Também é aberto e, quando vê algo de potencial interesse, fica disposto a investigar o assunto mais a fundo. Sua capacidade de se adaptar e de abraçar as mudanças lhe será de grande valia este ano.

No trabalho, muitos Dragões da Terra precisarão enfrentar mudanças novas e importantes. Não apenas as mudanças no quadro de funcionários e as novas iniciativas farão surgir algumas vagas, mas também, para aqueles que trabalham em grandes organizações, posições tentadoras poderão aparecer em outros departamentos e locais. Como resultado, o ano do Macaco poderá trazer algumas oportunidades excelentes e, com a experiência acumulada por muitos Dragões da Terra, eles serão candidatos fortes e, muitas vezes, bem-sucedidos. Para ajudar em seu progresso, estes Dragões deverão tirar proveito de qualquer treinamento que lhes possa ser oferecido e usar todas as possibilidades da rede de contatos. Os esforços adicionais poderão render bons dividendos, tanto agora quanto no futuro próximo. Além disso, novas funções poderão destacar seus pontos fortes e ajudar a influenciar a direção futura da carreira do Dragão da Terra.

Também haverá alguns Dragões da Terra que sentirão que sua situação seria ajudada por uma mudança de empregador. Mais uma vez, seus contatos poderão ser úteis, seja alertando-os para possíveis vagas, seja dando boas referências ou ainda oferecendo conselhos no momento certo.

Os aspectos também são encorajadores para os Dragões da Terra que estejam à procura de emprego. Ao ampliar o escopo de suas pesquisas, muitos poderão encontrar uma vaga que oferecerá a oportunidade de usar suas habilidades de novas maneiras. O que acontecer este ano poderá ser importante no futuro, e abril, maio, setembro e novembro poderão trazer novidades encorajadoras.

No aspecto financeiro, embora os rendimentos possam aumentar, o Dragão da Terra terá muitos compromissos, bem como poderá estar envolvido em algumas transações de grande porte ao longo do ano, sobretudo em relação a equipamentos. Em todos os momentos, ele precisará ser minucioso, verificar os fatos, buscar conselhos quando apropriado e estar ciente de quaisquer obrigações que precisarem ser assumidas. Este não é o momento para assumir riscos.

Com sua natureza entusiasmada e alerta, o Dragão da Terra deverá, no entanto, desfrutar de uma boa mistura de atividades diferentes ao longo do ano. Novas ideias poderão despertar a imaginação e, no caso daqueles que têm uma vida sedentária, as atividades físicas, inclusive aquelas com um elemento de condicionamento físico, poderão ser muito valiosas.

Em muitas de suas atividades, o Dragão da Terra contará com o apoio daqueles que o cercam. Ela valorizará as oportunidades de encontrar amigos para trocar ideias, já que estes muitas vezes estarão em situações semelhantes à dele. Um amigo íntimo poderá ser especialmente útil se ele tiver uma decisão pessoal importante a tomar. Novas atividades e situações também poderão apresentar o Dragão da Terra a outras pessoas e, para os solteiros, o ano poderá trazer uma transformação em sua condição na forma de um romance muito especial. Para os que já estiverem apaixonados, o casamento talvez esteja próximo. Em níveis pessoal e social, este poderá ser um ano agradável, com maio, o período do final de julho ao início de outubro e dezembro sendo marcados por atividades mais intensas.

Para os Dragões da Terra que já têm um par, o ano do Macaco também trará novidades importantes. Com esperanças e projetos para si e para sua casa, estes Dragões da Terra explorarão muitas ideias e implementarão muitos planos, embora, nos casos que envolverem despesas substanciais, estas tenham de ser cuidadosamente avaliadas e planejadas. Além disso, apesar do entusiasmo, o Dragão da Terra deverá evitar envolver-se em muitos projetos ao mesmo tempo. Comprometer-se em excesso poderá acrescentar mais pressão e, por vezes, conduzir a resultados menos satisfatórios.

Também é importante que o Dragão da Terra compartilhe quaisquer assuntos que o preocupam. Os anos de Macaco privilegiam as abordagens em grupo. Ele também poderá descobrir que é útil escutar os conhecimentos de parentes mais experientes. Ao longo do ano, é importante envolver outras pessoas em vez de manter os assuntos (e as preocupações) para si mesmo.

O ano do Macaco possui um elemento de espontaneidade, e o Dragão da Terra poderá ter oportunidades inesperadas para viajar ou participar de eventos sociais. Mais uma vez, deverá estar alerta e preparado para aproveitar o que surgir para ele.

Em geral, o ano do Macaco oferecerá ao Dragão da Terra a oportunidade de desenvolver a si mesmo e sua situação. Suas perspectivas são boas, mas ele precisará aproveitar o momento certo e tirar vantagem das oportunidades que surgirem. No decorrer do ano, também precisará colaborar bastante com os outros e se envolver no que estiver acontecendo ao seu redor. Este não é um ano para ser muito independente em sua abordagem. No entanto, as ideias do Dragão da Terra poderão desenvolver-se bem, e sua natureza entusiasmada o ajudará em suas atividades. Embora ele precise mostrar cautela nas questões financeiras, no nível pessoal as relações fortes das quais muitos Dragões da Terra desfrutam os ajudarão a tornar este ano gratificante e possivelmente bem-sucedido.

DICA PARA O ANO

Esteja aberto às possibilidades. À medida que as ideias e situações forem surgindo, haverá espaço para crescimento. Aproveite bem as oportunidades, pois benefícios importantes poderão aparecer, tanto agora quanto no futuro próximo.

DRAGÕES FAMOSOS

Adele, Maya Angelou, Jeffrey Archer, Joan Armatrading, Joan Baez, Count Basie, Maeve Binchy, Sandra Bullock, Michael Cera, Courteney Cox, Bing Crosby, Russell Crowe, Benedict Cumberbatch, Roald Dahl, Salvador Dali, Charles Darwin, Neil Diamond, Bo Diddley, Matt Dillon, Christian Dior, Placido Domingo, Fats Domino, Kirk Douglas, Faye Dunaway, Nigel Farage, Dan Fogler, Bruce Forsyth, Sigmund Freud, Rupert Grint, Che Guevara, James Herriot, Paul Hogan, Joana d'Arc, Boris Johnson, sir Tom Jones, Immanuel Kant, Martin Luther King, John Lennon, Abraham Lincoln, Elle MacPherson, Michael McIntyre, Hilary Mantel, rainha Margarida II da Dinamarca, Liam Neeson, Florence Nightingale, Nick Nolte, Sharon Osbourne, Al Pacino, Gregory Peck, Pelé, Edgar Allan Poe, Vladimir Putin, Nikki Reed, Keanu Reeves, Ryan Reynolds, sir Cliff Richard, Rihanna, Shakira, George Bernard Shaw, Martin Sheen, Alicia Silverstone, Ringo Starr, Karlheinz Stockhausen, Emma Stone, Shirley Temple, Maria von Trapp, Louis Walsh, Andy Warhol, Mark Webber, Raquel Welch, o conde de Wessex (príncipe Edward), Mae West, Sam Worthington.

A SERPENTE

23 de janeiro de 1917 a 10 de fevereiro de 1918 *Serpente do Fogo*
10 de fevereiro de 1929 a 29 de janeiro de 1930 *Serpente da Terra*
27 de janeiro de 1941 a 14 de fevereiro de 1942 *Serpente do Metal*
14 de fevereiro de 1953 a 2 de fevereiro de 1954 *Serpente da Água*
2 de fevereiro de 1965 a 20 de janeiro de 1966 *Serpente da Madeira*
18 de fevereiro de 1977 a 6 de fevereiro de 1978 *Serpente do Fogo*
6 de fevereiro de 1989 a 26 de janeiro de 1990 *Serpente da Terra*
24 de janeiro de 2001 a 11 de fevereiro de 2002 *Serpente do Metal*
10 de fevereiro de 2013 a 30 de janeiro de 2014 *Serpente da Água*

A PERSONALIDADE DA SERPENTE

Eu penso
e torno a pensar.
Sobre o que é,
sobre o que pode ser,
sobre o que deve ser.
E quando estou pronto,
ajo.

A Serpente nasce sob o signo da sabedoria. Ela é muito inteligente e sua mente está em constante atividade. Está sempre fazendo planos e procurando descobrir as possíveis maneiras de aplicar suas consideráveis habilidades. É uma autêntica pensadora e gosta de meditar e refletir.

Muitas vezes em sua vida ela irá promover as famosas mudanças de pele da Serpente. Passará a se interessar por novos assuntos e dará início a uma atividade inteiramente diferente. A Serpente adora desafios e raramente se engana. Ela é extremamente organizada, muito astuta nos negócios e em geral tem sorte em questões monetárias. A maioria das Serpentes terá uma situação financeira estável em sua fase adulta, desde que não assuma riscos em jogos — a Serpente é reconhecida como o pior jogador do zodíaco chinês.

Ela tem, em geral, uma personalidade calma e serena, e prefere levar uma vida pacata. Não gosta de frequentar ambientes frenéticos e detesta tomar decisões apressadas ou precipitadas. Também não gosta que interfiram em seus assuntos e prefere confiar no próprio julgamento a ouvir conselhos.

A Serpente pode parecer um indivíduo solitário. Ela é discreta, introspectiva e algumas vezes tem dificuldade para se comunicar. Não gosta de perder tempo com conversa fiada e não tem paciência com pessoas enfadonhas. No entanto, tem ótimo senso de humor, especialmente admirado em épocas de crise.

Ela normalmente não se assusta com trabalho e é cuidadosa em tudo o que faz. É muito determinada e pode, inclusive, ser impiedosa para alcançar seus objetivos. Sua segurança, força de vontade e rapidez de raciocínio normalmente garantem o sucesso. Mas quando fracassa, leva muito tempo para se recuperar. Ela não suporta o fracasso e é péssima perdedora.

A Serpente também costuma usar de evasivas e não gosta que invadam sua privacidade. Sua discrição e desconfiança podem, às vezes, prejudicá-la, e todas as Serpentes deverão procurar superar isso.

Outra característica da Serpente é a necessidade de descansar após uma fase repentina ou prolongada de intensa atividade. Ela esgota o sistema nervoso de tal forma que, se não tomar o devido cuidado, pode ficar suscetível a hipertensão ou distúrbios neurológicos.

Costuma-se dizer que a Serpente leva muito tempo para se posicionar na vida, e isso se deve, principalmente, ao fato de que ela custa muito a encontrar uma ocupação em que se sinta realmente feliz. No entanto, a Serpente normalmente terá êxito em qualquer atividade que envolva pesquisa e redação e em que tenha liberdade suficiente para desenvolver seus projetos e suas ideias. Ela costuma ser ótima professora, política, gerente de pessoal e assistente social.

A Serpente seleciona cuidadosamente as amizades e, embora controle as finanças, pode ser extremamente generosa com aqueles a quem estima. Ela não hesita em comprar presentes caros ou convidar amigos para os melhores espetáculos da cidade. Em troca, exige lealdade. A Serpente é muito possessiva e pode ficar com ciúmes e magoada se perceber que alguém abusou de sua confiança.

Ela também é reconhecida por sua ótima aparência e costuma ter muitos admiradores. A mulher Serpente, em particular, é muito atraente. Ela tem estilo, graça e muito bom (e normalmente caro) gosto em termos de vestuário. Adora promover eventos sociais e em geral possui muitos amigos. Também tem uma capacidade incrível de impressionar aqueles com quem simpatiza. Ela se interessa por diversos assuntos e seus conselhos ou opiniões são, em geral, altamente valorizados. É uma pessoa de natureza calma, e embora se envolva em várias atividades, gosta de preservar a privacidade em tudo o que faz.

A vida afetiva é muito importante para a Serpente, que costuma ter muitos romances antes de se casar. Ela irá perceber que se relaciona especialmente bem com os nascidos sob os signos do Búfalo, do Dragão, do Coelho e do Galo. Se a Serpente tiver liberdade suficiente para se dedicar às atividades de interesse, também poderá se relacionar bem com o Rato, o Cavalo, a Cabra, o Macaco e o Cão. Mas deverá evitar se relacionar com outra Serpente, pois é muito provável que elas morram de ciúmes uma da outra. A Serpente também terá dificuldade para conviver com a praticidade e a franqueza do Javali, e irá considerar o Tigre uma influência prejudicial a seu temperamento calmo e pacífico.

A Serpente, em geral, aprecia as coisas boas da vida. Gosta de comer bem e costuma ser grande admiradora das artes. Também adora ler e é invariavelmente atraída por assuntos como filosofia, ciência política, religião ou ocultismo. Ela tem verdadeira fascinação pelo desconhecido e sua mente curiosa está sempre à procura de respostas. Alguns dos mais autênticos pensadores do mundo eram Serpentes, e embora elas possam não admitir, a Serpente tem, em geral, poderes mediúnicos, e por isso confia muito na intuição.

Com certeza, a Serpente não é o membro mais ativo do zodíaco chinês. Ela prefere seguir o próprio ritmo e fazer aquilo que deseja. Costuma ser seu próprio mestre e irá se dedicar a várias atividades. A Serpente tem algo de diletante, mas em determinado momento — e normalmente quando menos esperar — seu trabalho árduo e seus grandes esforços serão reconhecidos e ela certamente obterá muito sucesso e a estabilidade financeira que tanto deseja.

OS CINCO TIPOS DE SERPENTE

Além dos 12 signos do zodíaco chinês existem cinco elementos que influenciam cada signo, acentuando ou atenuando suas características. Os efeitos dos cinco elementos sobre a Serpente estão descritos a seguir, juntamente com os anos em que os elementos exercem sua influência. Dessa forma, todas as Serpentes nascidas em 1941 e 2001 são Serpentes do Metal, todas as nascidas em 1953 são Serpentes da Água e assim por diante.

SERPENTE DO METAL: 1941, 2001

A Serpente do Metal é calma, ousada e extremamente independente. Ela prefere, em geral, trabalhar sozinha e permite apenas que alguns privilegiados compartilhem de sua privacidade. Não deixa escapar uma boa oportunidade e trabalha para alcançar seus objetivos com uma determinação impressionante. É astuta em questões financeiras e em geral investe muito bem seu dinheiro. Também sabe apreciar as coisas boas da vida e tem grande admiração por artes, literatura, música e boa culinária. Tem normalmente um pequeno grupo de ótimos amigos e pode ser muito generosa com aqueles a quem estima.

SERPENTE DA ÁGUA: 1953, 2013

A Serpente da Água se interessa por várias áreas de atividade. Gosta de analisar os assuntos de diversos pontos de vista e é capaz de se dedicar a meticulosos trabalhos de pesquisa e se tornar especialista na área que escolher. É muito inteligente, tem boa memória e é bastante astuta nos negócios e em questões financeiras. Ela tende a ser discreta e um pouco circunspecta, mas tem uma personalidade forte o suficiente para expor pontos de vista e alcançar objetivos. É muito fiel aos familiares e amigos.

SERPENTE DA MADEIRA: 1965

A Serpente da Madeira tem um temperamento amistoso e grande compreensão da natureza humana. Ela se comunica bem e em geral tem muitos amigos e admiradores. É espirituosa, inteligente e ambiciosa. Ela se interessa por várias atividades e prefere viver em um ambiente tranquilo e estável, no qual possa trabalhar sem muita interferência. Adora as artes e normalmente encontra muito prazer em colecionar obras de arte e antiguidades. Seus conselhos costumam ser muito valorizados, especialmente em questões sociais e familiares.

SERPENTE DO FOGO: 1917, 1977

A Serpente do Fogo tende a ser mais vigorosa, expansiva e ativa do que alguns dos outros tipos de Serpente. Ela é ambiciosa, ousada e não hesita em expressar opiniões — e pode ser muito cruel com aqueles de quem não gosta. No entanto, tem muitas qualidades de liderança e é capaz de conquistar o respeito e o apoio de várias pessoas com o temperamento firme e resoluto. Ela normalmente tem ótimo senso de humor, um grande círculo de amizades e uma vida social bastante intensa. A Serpente do Fogo também adora viajar.

SERPENTE DA TERRA: 1929, 1989

A Serpente da Terra é divertida, tem grande poder de sedução e um temperamento muito amável. Ela é atenciosa e confiável no trabalho, dedicando-se a tudo o que faz com sensatez e ponderação. Pode, entretanto, pecar por excesso de zelo, e detesta tomar decisões apressadas. Sabe lidar muito bem com questões financeiras e é uma investidora astuta. Tem vários amigos e costuma dar muito apoio aos membros de sua família.

PREVISÕES PARA A SERPENTE EM 2016

O ano da Cabra (de 19 de fevereiro de 2015 a 7 de fevereiro de 2016) será interessante para a Serpente e, por mais que ela, às vezes, tenha alguns momentos frustrantes, ainda assim conseguirá realizar muita coisa. Sua boa sorte continuará nos meses finais.

Uma característica do ano da Cabra é o fato de não respeitar planos. As mudanças podem ocorrer de repente, atividades podem ser interrompidas ou novas possibilidades podem entrar na equação. E assim será para a Serpente. Embora existam projetos que ela gostaria de implementar, colocá-los em prática poderá ser mais difícil. Nos demais meses do ano, ela precisará mostrar-se flexível e se adaptar conforme necessário.

Na vida profissional, novas pressões estão surgindo, com o aumento da carga de trabalho. Algumas mudanças de prioridade poderão ser necessárias, porém, por mais que a Serpente esteja ocupada, ainda poderá alcançar alguns resultados notáveis. Setembro e novembro poderão ser dois meses especialmente atarefados.

Os anos da Cabra encorajam as atividades criativas, e as Serpentes que trabalham em um ambiente criativo ou apreciam as atividades criativas deverão aproveitar ao máximo seus talentos nesse momento. Muitas poderão receber uma resposta encorajadora. A Serpente também poderá ter sorte em algumas compras que fizer no final do ano.

No âmbito familiar e social, muita coisa acontecerá. Também haverá um elemento de espontaneidade, e a Serpente precisará mostrar-se flexível no que diz respeito à organização. Novamente, é o caso de aproveitar ao máximo o que ocorrer. No entanto, este poderá ser um tempo agitado e interessante. Setembro e o final do ano poderão ser especialmente animados.

O ano do Macaco começa em 8 de fevereiro e será um ano razoável para a Serpente. Progressos satisfatórios serão possíveis, mas este também será um período para tomar cuidado. Riscos e descuidos poderão causar dificuldades e a Serpente deverá manter-se alerta a quaisquer problemas que aparecerem.

No trabalho, o ano do Macaco trará mudanças. Embora a Serpente, minuciosa e cuidadosa, possa ficar preocupada com a velocidade de algumas mudanças, também reconhecerá que a mudança poderá significar oportunidade. Como resultado, quando surgirem chances que ela considere positivas, não deverá demorar para se apresentar. O tempo é de grande importância nos anos do Macaco.

A maioria das Serpentes continuará com o atual empregador durante o ano, embora muitas vezes em funções substancialmente diferentes. Mesmo que isso, muitas vezes, represente um desafio, os anos do Macaco poderão oferecer incentivos capazes de beneficiar muitas Serpentes.

Para aqueles que sentem que sua situação poderia ser auxiliada por uma mudança para outro lugar, bem como para aqueles à procura de emprego, o ano reserva muitas novidades fortuitas. Ao se manterem atentas, muitas Serpentes poderão conseguir um cargo que oferecerá a mudança que tanto desejam, bem como perspectivas de crescimento. Às vezes, o sucesso poderá seguir uma série de decepções. Com relação ao trabalho, o ano do Macaco é encorajador e trará oportunidades para muitas Serpentes avançarem em suas carreiras. Março, abril, setembro e outubro poderão ser meses significativos.

Ao assumir um novo cargo, a Serpente também poderá beneficiar-se do treinamento oferecido e da forma como as novas funções lhe permitirão aprimorar suas habilidades. Para ajudar em suas perspectivas, ela também deverá considerar outras formas de ampliar os conhecimentos. Se houver um assunto que agrade a ela ou uma qualificação que considere útil, deverá reservar tempo para levar adiante. O que ela fizer agora poderá ser um investimento no futuro.

No que diz respeito aos interesses pessoais, este também poderá ser um período inspirador, com a Serpente, muitas vezes, sendo tentada a experimentar algo diferente.

No entanto, embora o ano apresente alguns elementos gratificantes, também terá aspectos que merecerão ser tratados com cautela. Ao começar atividades mais exigentes, a Serpente precisará seguir orientações e não comprometer a segurança pessoal. É melhor prevenir do que remediar. Planos de viagem ambiciosos também poderão ser problemáticos e, caso planeje fazer viagens longas, a Serpente precisará verificar os horários e as conexões, bem como se preparar.

Mais positivamente, as perspectivas financeiras da Serpente deverão melhorar. Progressos alcançados no local de trabalho aumentarão os rendimentos de muitas Serpentes e algumas complementarão seus ganhos com a ajuda de uma ideia empreendedora ou se beneficiarão de um presente. Ao gerir os recursos financeiros com cuidado, a Serpente ficará satisfeita com o que será capaz de fazer este ano.

A Serpente aprecia manter um círculo de amigos relativamente pequeno e leva algum tempo até se abrir na companhia de outras pessoas. Este ano ela voltará a apreciar o apoio oferecido pelos bons amigos, mas um desentendimento ou uma situação constrangedora poderá surgir, o que poderá colocar em xeque determinada amizade. Cuidados e diplomacia serão necessários.

Por mais que alguns momentos possam ser difíceis, o ano do Macaco trará muitos prazeres. A Serpente poderá desfrutar especialmente da variedade de atividades oferecidas pelo ano, e muitos que estão solteiros também desfrutarão de possíveis romances. Abril, maio, agosto e setembro serão meses movimentados e animados.

A vida familiar também será agitada e, com a Serpente e as pessoas próximas a ela muitas vezes envolvidas em múltiplas atividades, será importante haver uma boa comunicação. A preocupação, a pressão ou o cansaço poderão causar momentos difíceis. Se a Serpente tiver preocupações em algum momento, elas precisarão ser detectadas e discutidas. Cuidado e atenção especiais poderão fazer uma diferença considerável este ano.

A vida familiar da Serpente, contudo, também trará muitas recompensas. Sucessos pessoais e familiares serão especialmente apreciados, assim como os interesses comuns e algumas das ocasiões e comemorações mais espontâneas do período. Os projetos em casa poderão ir bem, embora não devam ser apressados e precisem ser realizados conforme o tempo permitir.

Em geral, a Serpente verá uma quantidade de eventos desconcertantes aconteceram em sua vida no ano do Macaco. Esta será uma época excelente para a carreira e para o desenvolvimento pessoal, e as habilidades adquiridas ou desenvolvidas no presente poderão ajudar as perspectivas futuras. Os interesses pessoais também serão gratificantes, e as finanças provavelmente melhorarão, mas cuidados especiais são aconselháveis em atividades potencialmente arriscadas. No que diz respeito aos relacionamentos, este será um ano para tomar cuidado, mas, felizmente, a Serpente costuma ser atenta e, muitas vezes, será capaz de contornar os aspectos mais problemáticos do ano. Este será um momento construtivo, mas a Serpente precisará ser cautelosa e estar preparada para agir prontamente conforme as situações exigirem.

A SERPENTE DO METAL

Este será um ano satisfatório para a Serpente do Metal. No entanto, para obter o melhor dele, ela precisará ser flexível. Não será o momento propício para ser intransigente ou se ater a apenas um enfoque.

Para a Serpente do Metal nascida em 1941, o ano do Macaco poderá ser marcado por novidades interessantes, mas ela precisará ser sociável e valer-se dos conselhos e da assistência de outras pessoas. As contribuições alheias não apenas poderão colocar seus planos em andamento, como, muitas vezes, melhorá-los.

Várias Serpentes do Metal serão especialmente gratas pela ajuda quando tomarem decisões sobre compras, sobretudo aquelas de natureza mais técnica. Ao discutir suas necessidades e receber conselhos, a Serpente do Metal conseguirá fazer escolhas mais apropriadas. Também poderá obter grande satisfação com itens de decoração comprados para sua casa. Durante o ano, ela poderá fazer algumas aquisições especialmente prazerosas, e as Serpentes do Metal que colecionam itens específicos poderão encontrar algo que lhes escapou por bastante tempo. A Serpente do Metal poderá ser muito afortunada em suas compras neste ano.

Com seus interesses diversificados, ela também apreciará sair, admirar o que está disponível nas redondezas, incluindo amenidades, locais atrativos ou eventos especiais. Algumas Serpentes do Metal também poderão gostar de participar da vida comunitária, mas, o que quer que escolham fazer, ao se manterem informadas sobre o que está acontecendo, poderão esperar alguns momentos agradáveis.

As viagens também serão tentadoras e, embora viajar possa ser complicado (os atrasos serão um problema), a Serpente do Metal desfrutará seu tempo longe.

Na vida familiar, a boa comunicação será novamente importante. Se a Serpente do Metal conversar sobre as ideias que esteja considerando, projetos que gostaria de colocar em prática ou preocupações que possa ter, poderá receber bons conselhos. Além disso, caso tenha uma tarefa potencialmente perigosa ou complicada para realizar, ela precisará tomar cuidado e, idealmente, recorrer aos serviços de um profissional. Este não é um ano para arriscar a segurança pessoal. Serpentes do Metal, tomem nota disso.

Mais uma vez, neste ano a Serpente do Metal valorizará formas de poder retribuir a bondade mostrada a ela pelos entes queridos. Seja dedicando tempo e dando apoio a membros da família, seja participando de algumas das ocasiões especiais do ano (que poderão ser muitas), ela achará os laços familiares importantes e significativos. E a afeição que os outros têm por ela poderá, muitas vezes, ser enfatizada quando ela comemorar seu septuagésimo quinto aniversário.

A Serpente do Metal também apreciará as oportunidades sociais que aparecerem, porém, o ano do Macaco apresenta alguns aspectos mais complicados, e algumas delas poderão ser incomodadas por diferenças de opinião ou situações difíceis. O ideal é que essas situações sejam enfrentadas antes que se agravem. Os anos do Macaco poderão trazer armadilhas para os incautos. Serpentes do Metal, fiquem atentos.

Para as nascidas em 2001, este será um ano de grandes possibilidades. Com seu jeito entusiasmado, a jovem Serpente do Metal estará disposta a experimentar muitas coisas. Interesses novos e existentes poderão ser bem desenvolvidos, e as habilidades adquiridas (além de novos equipamentos) possibilitarão, com frequência, que a Serpente do Metal realize mais. Ela também poderá sentir-se inspirada pela instrução disponível a ela ou pelo incentivo de parentes e amigos. Os interesses pessoais poderão proporcionar bastante prazer este ano e talvez também ajudem a aumentar sua confiança.

No entanto, embora haja muita diversão, a Serpente do Metal precisará seguir os procedimentos recomendados quando estiver envolvida em atividades físicas ou potencialmente perigosas. Este não é um ano para ousar demais ou comprometer sua segurança.

Ao longo do ano, ela deverá prestar atenção às opiniões e as recomendações das outras pessoas. Ser muito obstinada gera problemas. Caso alguma questão relacionada à amizade se torne motivo de preocupação a qualquer momento, ela deverá mantê-la em perspectiva e tentar abrandar qualquer rancor, para não estragar um ano que se mostra positivo em outros aspectos. Mais uma vez, ela deverá estar preparada para consultar os outros se necessário. Auxílio e bons conselhos estarão disponíveis.

Em sua educação, o comprometimento da Serpente do Metal será refletido em seu progresso. Os pontos fortes serão incentivados, e algumas Serpentes do Metal ficarão especialmente inspiradas por determinados temas. Os anos do Macaco são encorajadores, mas, para obter os melhores resultados, a Serpente do Metal precisará mostrar dedicação.

Seja nascida em 1941 ou 2001, a Serpente do Metal poderá fazer deste um ano construtivo. No entanto, não será o momento ideal para agir sozinha. Durante todo o ano, a Serpente do Metal deverá consultar os outros e, se qualquer problema lhe causar preocupação, ela deverá tentar resolvê-lo em vez de ignorá-lo e esperar que ele vá embora. Também deverá tomar cuidado especial quando se envolver em atividades potencialmente perigosas. No entanto, acolherá positivamente as oportunidades que este ano do Macaco trará.

DICA PARA O ANO

Procure desenvolver seus interesses, ideias e habilidades. Este poderá ser um momento inspirador. No entanto, esteja consciente dos pontos de vista dos outros e participe do que estará acontecendo ao seu redor, em vez de permanecer isolado.

A SERPENTE DA ÁGUA

A Serpente da Água é criativa em seu pensamento, mas também cuidadosa. Ela gosta de proceder à sua maneira (e à sua velocidade), mas, no ano do Macaco, poderá achar-se castigada pelos eventos e fora da zona de conforto. Embora algumas partes do ano eventualmente se tornem desafiadoras, ela precisará ter coragem, para que os ventos da mudança acabem, por fim, soprando a seu favor.

Quase todas as áreas da vida da Serpente da Água sentirão os efeitos da mudança este ano, mas sua posição no trabalho será uma das mais significativas. Algumas acreditarão ter atingido um estágio em que desejariam fazer algo diferente, seja alterando (ou possivelmente reduzindo) os compromissos de trabalho, ou assumindo um novo desafio. A Serpente da Água não gosta de se sentir acomodada ou restrita e descobrirá que os eventos poderão muitas vezes funcionar a seu favor este ano. À medida que o pessoal mudar e novas iniciativas forem introduzidas, essas situações fluidas poderão fornecer a oportunidade que ela tanto deseja. Para algumas Serpentes da Água, poderá haver a opção de se aposentar ou de reduzir a carga horária, enquanto outras terão a oportunidade de passar para uma função mais especializada. Aquilo que ocorrerá e a velocidade com que algumas decisões precisarão ser tomadas poderão causar desconforto para a Serpente da Água, mas os anos do Macaco *movem* tudo muito rápido e ela precisará responder à altura. É tal a natureza dos anos do Macaco que a Serpente da Água poderá ser forçada a tomar decisões praticamente a qualquer momento, mas o período de março ao início de maio, setembro e outubro poderão ser épocas especialmente importantes.

Para as Serpentes da Água que decidirem deixar o empregador atual, talvez à espera de uma posição com horários mais convenientes ou um deslocamento mais fácil para o trabalho, bem como para aquelas que estão à procura de emprego, o ano do Macaco também poderá trazer surpresas. Conseguir outro cargo não será fácil, mas, por acaso, muitos poderão tomar conhecimento de uma vaga adequada, muitas vezes em uma capacidade diferente.

Nas decisões que a Serpente da Água precisará enfrentar, ela achará útil inspirar-se nos conselhos daqueles que estão ao seu redor. Não só seus entes queridos a encorajarão e darão boas opiniões, como também alguns amigos e colegas (atuais e antigos) poderão oferecer sugestões úteis, bem como ajudá-la a esclarecer as próprias preferências.

As decisões tomadas agora poderão ter implicações financeiras, sobretudo, para as Serpentes da Água que se aposentarem ou reduzirem a carga de trabalho. No entanto, muitas Serpentes da Água são hábeis nos assuntos financeiros e, ao administrarem sua situação com cuidado, frequentemente ficarão satisfeitas com os resultados. Para algumas, o ano do Macaco poderá trazer um dinheiro extra de maneira inesperada, talvez sob a forma de um presente, uma ideia lucrativa ou, para um pequeno número de sortudos, uma vitória em alguma competição.

Outra área que poderá ser marcada por novidades encorajadoras é a dos interesses da Serpente da Água. Os anos do Macaco estão cheios de possibilidades, e algumas Serpentes da Água ficarão entusiasmadas com um novo projeto ou ideia. Elas poderão levar isso ainda mais adiante ao se encontrarem com outras pessoas que compartilham seu interesse e, se houver algum curso, classe ou grupo por perto, valeria a pena entrar em contato. Muitas Serpentes da Água apreciam a presença de um elemento de pesquisa no que fazem (satisfazendo, assim, sua curiosidade), e algumas poderão decidir mergulhar na história da família ou de onde vivem ou visitar lugares interessantes este ano. O ano do Macaco poderá abrir um leque de possibilidades.

Com frequência, as viagens também estarão na agenda. Não apenas a Serpente da Água gostará de organizar férias, mas, quando o tempo assim permitir, também desfrutará de viagens mais curtas. O fato de alguns desses momentos serem inesperados dará ainda mais encanto a essas ocasiões. No entanto, enquanto a Serpente da Água poderá apreciar o tempo fora de casa, algumas de suas viagens talvez se mostrem problemáticas. Serpentes da Água, prestem atenção nisso e estejam preparadas.

A Serpente da Água poderá conhecer muitas pessoas, mas, em geral, preferirá manter um círculo social pequeno. Este ano, embora mais uma vez valorize os amigos próximos, uma situação delicada e preocupante poderá surgir. Em momentos assim, ela precisará ser cautelosa e pensar bem sobre a resposta mais adequada. A diplomacia de muitas Serpentes da Água será testada este ano, e sua sinceridade e habilidade com as palavras serão valorizadas.

Embora o ano do Macaco possa trazer alguns momentos difíceis, também trará muitas oportunidades para a Serpente da Água sair e se divertir. Abril, maio e o período entre agosto e o início de outubro poderão ser momentos socialmente interessantes.

Para as que estão desfrutando de um amor recém-descoberto ou que apreciariam a oportunidade de conhecer alguém especial, o ano do Macaco poderá apresentar novidades emocionantes. Para as solteiras, os assuntos do coração poderão desempenhar papel importante este ano.

A vida familiar da Serpente da Água também será marcada por atividade intensa. Mais uma vez, embora ela goste de planejar, as situações poderão alterar-se, suas necessidades talvez mudem, com o surgimento de novas possibilidades, muitas vezes no curto prazo, e ela precisará fazer os ajustes apropriados. Além disso, caso alguma questão especial a preocupe, em vez de manter as dúvidas para si mesma (e talvez não ter plena consciência dos fatos), ela deverá consultar outras pessoas. Quanto mais aberta for, mais facilmente poderá conseguir os melhores resultados.

Embora possam ocorrer alguns momentos movimentados e talvez complicados, haverá também muito para a Serpente da Água desfrutar. Os interesses compartilhados serão especialmente valorizados, assim como algumas ocasiões inesperadas. Comemorações poderão acontecer, como um aniversário de família ou uma data especial a ser marcada. O ano do Macaco certamente proporcionará eventos de destaque que deixarão muitas Serpentes da Água orgulhosas.

Cuidadosa, detalhista e pensativa, a Serpente da Água nem sempre se sentirá confortável com o ritmo deste ano. Mas, ao agir da forma que considera certa para ela (a Serpente da Água confia muito em seus instintos), frequentemente se beneficiará das mudanças que o período trará. Os interesses pessoais poderão proporcionar-lhe especial satisfação. Também poderá haver assuntos preocupantes e diplomacia, e bons conselhos e informações mais detalhadas que o normal poderão fazer-se necessários. Mas, embora o ano do Macaco possa trazer seus desafios, muitos planos e atividades da Serpente da Água funcionarão bem. No geral, será um ano para se manter alerta, flexível e aberto às possibilidades.

DICA PARA O ANO

Não aja sozinho. Mostre-se claro sobre seus planos e busque apoio. Com ajuda, você será mais capaz de se beneficiar das mudanças que ocorrerem. Além disso, dedique algum tempo para desenvolver os interesses pessoais. Eles podem ser gratificantes, assim como benéficos de outras maneiras.

A SERPENTE DA MADEIRA

Este será um ano construtivo para a Serpente da Madeira e trará alguns momentos de boa sorte. No entanto, não será isento de dificuldades. Neste período, será preciso avançar gradualmente, mas com cuidado.

Na vida profissional, muitas Serpentes da Madeira terão experimentado grandes mudanças nos últimos anos, e aquelas relativamente novas no cargo atual deverão concentrar-se em se familiarizar com os aspectos diferentes de seu trabalho e em se destacarem. O esforço e o comprometimento poderão render benefícios importantes no ano do Macaco. Os aspectos são tão positivos que algumas Serpentes da Madeira, inclusive aquelas que mudarem de função no início de 2016, poderão ter a oportunidade de assumir responsabilidades adicionais mais adiante.

As Serpentes da Madeira profissionalmente bem estabelecidas também terão muitas oportunidades de assumir uma função mais importante. É certo que algumas dessas Serpentes talvez não gostem da velocidade com que os acontecimentos se desenrolam, mas os anos do Macaco não serão anos para protelação.

Para as Serpentes da Madeira que não se sentem realizadas no cargo atual, bem como para aquelas que estão à procura de emprego, o ano também abrirá possibilidades interessantes. Para se beneficiar, essas Serpentes da Madeira deverão ampliar o âmbito de suas buscas e examinar maneiras diferentes em que poderão fazer uso de suas habilidades. Caso seja conveniente, algumas poderão descobrir que cursos de reciclagem valem a pena. Ao se mostrarem ativas nas buscas e rápidas em se candidatar a diversas vagas, muitas conseguirão o cargo pelo qual tanto ansiavam. O período de março ao início de maio, setembro e outubro poderão ser épocas importantes.

O progresso no trabalho também poderá ajudar financeiramente, mas, para se beneficiar em sua plenitude, a Serpente da Madeira deverá controlar os gastos e, se possível, reservar algum dinheiro para os planos e projetos. Uma boa gestão poderá fazer sensível diferença este ano. Além disso, o ano do Macaco poderá ser marcado por lições salutares para aqueles que gostam de assumir riscos e também para os descuidados. Os formulários oficiais, sobretudo, exigirão atenção especial; caso contrário, a Serpente da Madeira poderá se envolver em correspondências prolongadas. A vigilância é aconselhável.

A Serpente da Madeira tem uma mente questionadora e, sendo este um tempo de novas ideias e lançamentos de produtos excitantes, ela poderá muito bem sentir-se fascinada por inovações ou por itens recém-lançados. A Serpente da Madeira mais engenhosa também poderá ser inspirada pelas próprias ideias neste ano estimulante.

Também haverá boas oportunidades para ela viajar este ano e, às vezes, seu trabalho e interesses mais importantes poderão redundar em viagens adicionais. Mas, embora ela possa esperar ver belas paisagens, algumas viagens talvez se mostrem problemáticas. Para ajudar, a Serpente da Madeira deverá planejar-se bem e verificar cuidadosamente seus horários, conexões e itinerários.

Outro aspecto complicado do ano diz respeito às relações com os amigos. Em algumas situações, um comentário poderá ser mal interpretado ou um assunto desagradável vir à tona. Nesses momentos, a Serpente da Madeira deverá tentar resolver o problema antes que se agrave. Com frequência, estar aberta ao diálogo ajudará, embora ela também deva consultar alguém competente caso sinta a necessidade de mais informações ou conselhos. Momentos difíceis poderão acontecer este ano, mas, com bom senso e apoio, a maioria das dificuldades será satisfatoriamente resolvida.

Embora os aspectos demandem atenção e cuidados, o ano do Macaco também poderá dar origem a muitas ocasiões sociais interessantes. Eventos especiais, festas e outros encontros poderão trazer momentos animados para a Serpente da Madeira. Os períodos entre o final de março e o final de maio e entre agosto e o início de outubro poderão ser épocas movimentadas e, para as solteiras, um romance atual ou novo (às vezes iniciado em circunstâncias bizarras) poderá acrescentar alegria especial para este ano cheio.

A vida familiar da Serpente da Madeira também será marcada por muita atividade. Algumas semanas serão de pressão, sobretudo quando notícias forem aguardadas no que diz respeito a decisões e aplicações e, em meio à atividade, será importante que o tempo de qualidade não seja negligenciado. Aqui a capacidade de a Serpente da Madeira sugerir ações em grupo poderá acrescentar prazer e variedade à vida familiar. Julho e setembro poderão apresentar bastante atividade familiar, com a possibilidade de uma boa notícia ou uma comemoração.

Em geral, o ano do Macaco será satisfatório para a Serpente da Madeira, embora ela precise ser ativa, flexível e envolvida. Se ela responder rapidamente às mudanças, não só poderá lucrar muito com o que vier a passar, como também desenvolverá seus conhecimentos e habilidades. Os interesses atuais e novos também poderão trazer prazer. Durante todo o ano, a Serpente da Madeira terá de ficar atenta aos outros e uma indiscrição incomum ou uma pequena preocupação poderão causar dificuldade. Com a atenção e seu bom julgamento costumeiro, no entanto, ela poderá contornar os aspectos mais complicados do ano e encontrar mais satisfação no que faz.

DICA PARA O ANO

Preste atenção aos detalhes e se esforce. Com comprometimento, você poderá alcançar progressos positivos. Além disso, abrace o espírito do tempo e as mudanças que ele trará. Benefícios muitas vezes poderão vir mais adiante.

A SERPENTE DO FOGO

Assim que o ano do Macaco começar, se não um pouco antes, a Serpente do Fogo sentirá que este é o momento propício para agir. E, em quase todas as áreas da vida, desfrutará de evolução positiva. Ao longo do ano, contudo, ela não deve assumir riscos demais. Tentar ir muito longe ou se preocupar em excesso com uma área da vida em detrimento de outra poderá levar a dificuldades. Bom equilíbrio será a chave.

No trabalho, sobretudo, este não é um ano para ficar parada. Embora muitas Serpentes do Fogo já estejam estabelecidas em um cargo específico, devem pensar em como gostariam que a carreira se desenvolvesse. Para ajudar nesse processo, elas deverão aproveitar ao máximo qualquer treinamento disponível. Da mesma forma, se, ao expressar interesse, houver a chance de cobrir a ausência de um colega, trabalhar temporariamente em outro departamento ou contribuir para uma iniciativa específica, ela não apenas poderá somar experiências, como também aumentar suas opções no futuro. Se agirem com rapidez, muitas poderão fazer progressos importantes e elevar a qualidade de seu trabalho para níveis ainda mais altos. Algumas Serpentes do Fogo também alterarão substancialmente a natureza do que fazem ao longo do ano. Para muitas, o ano do Macaco fornecerá as oportunidades que desejam há algum tempo.

Este período poderá ser um momento de reavaliação para as Serpentes do Fogo que se sentem insatisfeitas onde estão, assim como para aquelas que estão em busca de emprego. Elas deverão considerar o rumo que gostariam que sua carreira tomasse no futuro. Ao se manterem atentas a eventuais vagas, muitas obterão um cargo que oferecerá a oportunidade (e o incentivo) de que tanto necessitam. As posições assumidas neste ano muitas vezes poderão ser um trampolim para responsabilidades maiores no futuro, e o período de março ao início de maio, setembro e outubro poderão ser marcados por novidades incentivadoras, mas, sempre que a Serpente do Fogo vislumbrar uma oportunidade, precisará agir com rapidez.

O progresso que muitas Serpentes do Fogo fizerem no trabalho ajudará financeiramente, e algumas também poderão beneficiar-se de uma ideia ou interesse lucrativo. Qualquer ganho adicional poderá ajudar a honrar os compromissos atuais, bem como permitir que alguns projetos importantes sejam implementados. Em alguns casos, a Serpente do Fogo poderá fazer compras em condições muito favoráveis e, por se manter atenta às ofertas e investigar as opções, se sairá bem. Com a papelada importante, porém, ela precisará ser minuciosa e organizada. Se for relaxada ou descuidada, poderão surgir alguns problemas. Os anos do Macaco exigem vigilância.

Elas também promoverão desenvolvimento tanto nas habilidades de trabalho quanto nos interesses pessoais. Embora a Serpente do Fogo venha a ter muitos compromissos durante o ano, deve reservar tempo para os interesses de que gosta. Muitas Serpentes do Fogo poderão sentir-se atraídas por novas atividades recreativas, algumas envolvendo exercícios físicos, enquanto que, para as que têm espírito criativo, algumas ideias poderão desenvolver-se de forma emocionante.

A Serpente do Fogo também aprecia viajar e, durante o ano, seu espírito aventureiro poderá ser correspondido com visitas a lugares novos. No entanto, poderá haver problemas ao longo do caminho, e ela deverá se prevenir.

Essa necessidade de cuidado também se aplica às situações sociais. Embora a Serpente do Fogo aprecie uma grande variedade de atividades e se dê bem com muitas pessoas, pode ser que uma amizade venha a sofrer pressão este ano. Pode ser que os compromissos impeçam os contatos regulares ou os interesses entrem em conflito. Algo que parecerá ser de pouca importância poderá agravar-se e não deverá ser desprezado.

Porém, embora seja necessário ter cautela, a Serpente do Fogo se divertirá em muitas ocasiões sociais. Seus interesses frequentemente poderão incluir um elemento social importante e as mudanças no trabalho também poderão levá-la a fazer amigos novos e conexões influentes. Abril, maio e o período de agosto a início de outubro possivelmente serão épocas favoráveis do ponto de vista social e, para algumas Serpentes do Fogo que começam o ano solteiras, um romance poderá transformar sua vida, com algumas casando ou estabelecendo relacionamentos duradouros ao longo do ano.

A vida familiar da Serpente do Fogo será marcada por atividade considerável e sua natureza ambiciosa novamente poderá vir à tona. Seja a instalação de novos equipamentos, a decoração ou reforma de alguns aposentos ou ainda, para algumas, a mudança para uma moradia mais apropriada, a Serpente do Fogo estará ansiosa para colocar seus planos em prática. As circunstâncias e o apoio dos outros muitas vezes ajudarão, mas, com planos ambiciosos, a Serpente do Fogo precisará aprofundar-se, consultar outras pessoas e evitar precipitação.

Além disso, ela deverá assegurar que haja uma pausa em toda essa atividade de vez em quando. O tempo de qualidade com os entes queridos poderá ser de especial valor. Também, à medida que determinados planos forem realizados, haverá algumas conquistas bem merecidas para comemorar. No âmbito familiar, abril e outubro poderão ser meses especiais.

Em geral, o ano do Macaco oferecerá grande espaço para a Serpente do Fogo. Ao mostrar determinação em fazer as coisas acontecerem e se esforçar, ela obterá resultados rápidos. Este também é um excelente momento para desenvolver suas habilidades. Como a própria Serpente do Fogo reconhece, boa parte de seu sucesso depende dela mesma, e este ano ela poderá investir em si e em seu futuro.

DICA PARA O ANO

Seja minucioso e faça bom uso do tempo. Evite assumir um excesso de compromissos ou correr riscos desnecessários. Com cuidado, este poderá ser um ano de sucesso e de recompensas. Além disso, dê tempo aos outros. Com incentivo e apoio, você poderá realizar muito mais.

A SERPENTE DA TERRA

Os anos do Macaco são tempos de intensa atividade. Também são tempos de inovação e oportunidade. A Serpente da Terra poderá lucrar muito com boa parte do que acontecerá neste ano. Como descobrirá, uma vez que os planos sejam postos em prática, as circunstâncias muitas vezes ajudarão. No entanto, tal como acontece com todas as Serpentes, ela precisará ter cuidado para não fazer suposições equivocadas ou abusar da sorte. Este poderá ser um ano positivo, mas também é um ano que irá precisar de cuidado.

No ambiente de trabalho, a Serpente da Terra provavelmente assistirá a muitas mudanças. Os colegas poderão, de repente, mudar de função e novas rotinas de trabalho serem introduzidas. Poderá haver incertezas e aumento da pressão, mas, contanto que se concentre em suas funções, a Serpente da Terra será capaz de seguir em frente. Ao interagir bem com as outras pessoas e mostrar iniciativa, ela poderá acabar sendo incentivada por colegas influentes e treinada para ocupar um cargo mais importante. Com comprometimento e apoio, progressos significativos poderão ser alcançados agora e, quando uma porta se abrir, muitas vezes outras se abrirão em seguida.

Para as Serpentes da Terra que acreditam que suas perspectivas poderiam ser melhoradas pela mudança para outros lugares, bem como para aquelas à procura de emprego, o ano do Macaco poderá trazer algumas oportunidades interessantes. Em sua busca, essas Serpentes da Terra deverão conversar com orientadores vocacionais e também poderão descobrir que é útil obter informações com órgãos profissionais. A iniciativa e o apoio poderão ser fatores importantes este ano. Após assumir um novo cargo, essas Serpentes da Terra muitas vezes se alegrarão com a oportunidade de utilizar suas habilidades de maneira mais eficaz. O período de março ao início de maio e os meses de setembro e outubro poderão ser marcados por novidades encorajadoras.

O progresso no local de trabalho poderá levar a aumento nos rendimentos, e algumas Serpentes da Terra também se beneficiarão de um bônus, pagamento extra ou presente. No entanto, embora este possa ser um ano melhor do ponto de vista financeiro, por ter muitos compromissos e algumas compras grandes programadas, a Serpente da Terra precisará manter rígido controle sobre o orçamento. Dessa forma, ela descobrirá que muitos de seus projetos e compras poderão ser concretizados, e tempos bons poderão ser desfrutados.

O ano do Macaco é excelente para desfrutar dos interesses pessoais e, para a Serpente da Terra criativa, este poderá ser um momento de inspiração. Qualquer Serpente da Terra que possa ter aspirações para aproveitar mais determinado talento ou interesse poderá descobrir que, ao experimentar e fazer mais, novas oportunidades poderão surgir.

Os assuntos do coração estarão em aspecto favorável. Para algumas Serpentes da Terra, poderá surgir um noivado, casamento ou relacionamento duradouro, enquanto, no caso das solteiras, uma pessoa nova poderá entrar por acaso em sua vida. Para os relacionamentos pessoais, este poderá ser um ano especial e potencialmente instigante.

Para as Serpentes da Terra que já têm um par, muita coisa deverá acontecer. Algumas ideias ambiciosas relacionadas à moradia poderão — com esforço — ser realizadas, e o apoio e incentivo mútuos poderão ser importantes. Este é um ano para ser receptivo ao que as pessoas poderão sugerir ou se oferecer para fazer, inclusive os parentes mais velhos.

A Serpente da Terra também irá acolher as oportunidades sociais do ano e terá a chance de conhecer novas pessoas. Muitas responderão bem à sua maneira sincera e amigável e algumas poderão, com o tempo, tornar-se bons amigos. Os períodos entre o final de março e o fim de abril e entre agosto e início de outubro poderão ser marcados por intensa atividade social. No entanto, embora muita coisa venha a acabar bem, caso se depare com uma diferença de opinião ou alguma complicação, a Serpente da Terra precisará verificar os fatos e pensar muito sobre suas respostas. A habilidade pessoal de muitas Serpentes da Terra será testada neste ano e algumas situações (embora muitas vezes de curta duração) serão preocupantes.

Outra área que poderá ser problemática é viajar. Algumas viagens poderão estar sujeitas a atrasos e outros contratempos. No entanto, apesar dessas possíveis irritações, muitas Serpentes da Terra desfrutarão de seus passeios e férias e apreciarão a mudança de ambiente.

Em geral, o ano do Macaco será um ano movimentado e interessante para a Serpente da Terra. Haverá ideias para desenvolver e oportunidades para progredir. O ano exigirá esforço e algumas situações serão difíceis, mas, com o bom uso de suas habilidades e disposição para agir, será possível alcançar progresso e desfrutar de sucesso. No nível pessoal, o ano do Macaco poderá ser especial. Embora exija empenho e iniciativa, este é um ano de possibilidades.

DICA PARA O ANO

Mantenha-se atento. Muita coisa é possível este ano, mas preste atenção aos pontos de vista alheios. No entanto, com cuidado e seu bom senso costumeiro, você poderá elevar para novos níveis seu trabalho, suas habilidades e seus interesses. Além disso, valorize os relacionamentos com aqueles que são próximos a você. O apoio e a confiança deles poderão ajudá-lo a fazer o melhor uso possível de seu potencial.

SERPENTES FAMOSAS

Jason Aldean, Muhammad Ali, Ann-Margaret, Avicii, Kim Basinger, Ben Bernanke, Björk, Tony Blair, Michael Bloomberg, Michael Bolton, Brahms, Pierce Brosnan, Casanova, Jackie Collins, Tom Conti, Cecil B. de Mille, Robert Downey Jr., Bob Dylan, Elgar, Micahel Fassbender, sir Alexander Fleming, Mahatma Ghandi, Greta Garbo, Art Garfunkel, J. Paul Getty, W. E. Gladstone, Johann Wolfgang von Goethe, princesa Grace de Mônaco, Tom Hardy, Stephen Hawking, Audrey Hepburn, Jack Higgins, Elizabeth Hurley, James Joyce, Stacy Keach, Roman Keating, J. F. Kennedy, Chaka Khan, Carole King, Courtney Love, Rory McIlroy, Mao Tse-tung, Chris Martin, Henri Matisse, Piers Morgan, Alfred Nobel, Mike Oldfield, Hayden Penettiere, Sarah Jessica Parker, Pablo Picasso, Mary Pickford, Daniel Radcliffe, Franklin D. Roosevelt, J. K. Rowling, Jean-Paul Sartre, Franz Schubert, Charlie Sheen, Paul Simon, Delia Smith, Ben Stiller, Taylor Swift, Madame Tussaud, Shania Twain, Dionne Warwick, Mia Wasikowska, Charlie Watts, Kanye West, Oprah Winfrey, Virginia Woolf.

O CAVALO

11 de fevereiro	de 1918 a	31 de janeiro	de 1919	*Cavalo da Terra*
30 de janeiro	de 1930 a	16 de fevereiro	de 1931	*Cavalo do Metal*
15 de fevereiro	de 1942 a	4 de fevereiro	de 1943	*Cavalo da Água*
3 de fevereiro	de 1954 a	23 de janeiro	de 1955	*Cavalo da Madeira*
21 de janeiro	de 1966 a	8 de fevereiro	de 1967	*Cavalo do Fogo*
7 de fevereiro	de 1978 a	27 de janeiro	de 1979	*Cavalo da Terra*
27 de janeiro	de 1990 a	14 de fevereiro	de 1991	*Cavalo do Metal*
12 de fevereiro	de 2002 a	31 de janeiro	de 2003	*Cavalo da Água*
31 de janeiro	de 2014 a	18 de fevereiro	de 2015	*Cavalo da Madeira*

A PERSONALIDADE DO CAVALO

> Há muitos caminhos já trilhados,
> porém o mais gratificante
> é o que escolhemos e forjamos nós mesmos.

O Cavalo nasce sob o signo da elegância e do ardor. Ele tem um comportamento cativante e sedutor e é normalmente muito benquisto. Adora conhecer pessoas e participar de festas e grandes eventos sociais.

Ele é um indivíduo ativo e adora ser o centro das atenções. Tem excelentes qualidades de liderança e é muito admirado pela honestidade e franqueza. É um orador eloquente e persuasivo, adora conversar e debater ideias. O Cavalo também tem uma mente bastante ágil e assimila conhecimentos com muita rapidez.

No entanto, tem um temperamento impetuoso, e embora suas explosões sejam rápidas, pode muitas vezes falar coisas das quais irá se arrepender mais tarde. Também não costuma guardar segredos.

O Cavalo se interessa por vários assuntos e se envolve em diversas atividades. Entretanto, pode assumir compromissos em excesso e desperdiçar suas energias em projetos que acabam não sendo jamais concluídos. Ele também tem a tendência de mudar de interesse com frequência e, em geral, está sempre envolvido em algum modismo, até que surja algo melhor ou mais interessante.

O Cavalo também gosta de ter certa liberdade e independência em tudo o que faz. Detesta ser limitado pelas regras ou imposições mesquinhas; sempre que possível, gosta de se sentir responsável apenas por si próprio e por mais ninguém. Mas, apesar da paixão pela liberdade, o Cavalo gosta de contar com o apoio e o incentivo dos outros em seus vários empreendimentos.

Devido as suas várias qualidades e sua simpatia, o Cavalo, em geral, consegue progredir na vida. Ele adora desafios e é um trabalhador metódico e incansável. No entanto, se algo o contraria e ele fracassa em algum de seus empreendimentos, leva muito tempo para se recuperar. O sucesso é tudo para o Cavalo. O fracasso é para ele um desastre e uma humilhação.

O Cavalo gosta de levar uma vida diversificada e atuará em diversas áreas até se estabelecer em determinada atividade. Ainda assim, é provável que se mantenha atento a novas e melhores oportunidades. O Cavalo é incansável e se aborrece com muita facilidade. Porém, desempenhará excelente papel em qualquer posição que permita que ele aja livremente segundo a própria iniciativa ou que o coloque em contato com muitas pessoas.

Embora o Cavalo não se preocupe em acumular riquezas, é cauteloso com as finanças e dificilmente terá algum problema sério de ordem financeira.

Ele também adora viajar e visitar lugares distantes que ainda não conhece. Em alguns momentos da vida o Cavalo será tentado a morar no exterior por um curto período de tempo. E, devido à sua versatilidade, irá se sentir bem em qualquer lugar para onde for.

O Cavalo preza bastante sua aparência. Ele, em geral, gosta de se vestir com elegância e prefere usar roupas coloridas a adotar um estilo mais discreto. É muito atraente e normalmente tem vários relacionamentos afetivos antes de se casar. O Cavalo é fiel e dedicado ao cônjuge. Mas, apesar dos compromissos familiares, gosta de manter certa independência e de ter a liberdade de se dedicar aos próprios interesses e hobbies. Ele irá perceber que se relaciona especialmente bem com os nascidos sob o signo do Tigre, da Cabra, do Galo e do Cão. O Cavalo também pode ter um bom relacionamento com o Coelho, o Dragão, a Serpente, o Javali e com outro Cavalo. Mas irá considerar o Búfalo demasiadamente sério e intolerante. Também terá dificuldade para se relacionar com o Macaco e com o Rato — o Macaco é muito curioso e o Rato gosta de se sentir seguro —, e ambos ficarão incomodados com a independência do Cavalo.

A mulher Cavalo é normalmente bastante atraente e tem uma personalidade benevolente e expansiva. Ela é muito inteligente, se interessa por várias áreas de atividade e está sempre atenta a tudo o que acontece à sua volta. Adora praticar atividades ao ar livre e costuma se dedicar a esportes. Também adora viajar, tem especial interesse por literatura e artes, e gosta muito de conversar.

Embora o Cavalo possa ser um tanto teimoso e egocêntrico, é atencioso e está sempre disposto a ajudar. Ele tem ótimo senso de humor e em geral causa boa impressão em todos os lugares aonde vai. Se puder frear o comportamento incansável e controlar o gênio, passará a vida fazendo amizades, participando de diversas atividades e, em geral, alcançará muitos de seus objetivos. O Cavalo dificilmente levará uma vida monótona.

OS CINCO TIPOS DE CAVALO

Além dos 12 signos do zodíaco chinês existem cinco elementos que influenciam cada signo, acentuando ou atenuando suas características. Os efeitos dos cinco elementos sobre o Cavalo estão descritos a seguir, juntamente com os anos em que os elementos exercem sua influência. Dessa forma, todos os Cavalos nascidos em 1930 e 1990 são Cavalos do Metal, todos os nascidos em 1942 e 2002 são Cavalos da Água e assim por diante.

CAVALO DO METAL: 1930, 1990

Este Cavalo é corajoso, ousado, franco e ambicioso. É também grande inovador. Adora desafios e encontra grande satisfação em resolver problemas complexos. Gosta de ter certa independência em tudo o que faz e se aborrece com interferências externas. O Cavalo do Metal é charmoso e um tanto carismático, mas também pode ser muito teimoso e impulsivo. Ele normalmente tem muitos amigos e adora levar uma vida social ativa.

CAVALO DA ÁGUA: 1942, 2002

O Cavalo da Água é benevolente e tem ótimo senso de humor. É capaz de discursar com inteligência sobre grande variedade de assuntos. Ele é astuto nos negócios e aproveita todas as oportunidades que surgem. No entanto, tende a se distrair facilmente e mudar seus interesses — inclusive suas opiniões — com certa frequência, e isso pode prejudicá-lo. É, entretanto, muito talentoso e pode progredir bastante na vida. Preza muito sua aparência e está sempre elegante e bem-vestido. Adora viajar, praticar esportes e outras atividades ao ar livre.

CAVALO DA MADEIRA: 1954, 2014

O Cavalo da Madeira é muito simpático e amável. Ele se comunica muito bem, e, assim como o Cavalo da Água, é capaz de abordar com inteligência grande variedade de assuntos. É um trabalhador dedicado e atencioso, sendo muito estimado por amigos e companheiros. Seus pontos de vista e opiniões são em geral solicitados. E por sua fértil imaginação costuma ter ideias bastante originais e práticas. Tem em geral muita cultura e gosta de levar uma vida social movimentada. Também pode ser muito generoso e normalmente tem padrões morais bastante elevados.

CAVALO DO FOGO: 1966

O elemento fogo, combinado ao temperamento do Cavalo, estabelece uma das mais poderosas forças do zodíaco chinês. O Cavalo do Fogo está destinado a levar uma vida repleta de emoções e alegrias e a deixar sua marca na profissão que escolher. Ele tem uma personalidade forte. E com sua inteligência e determinação conquista o apoio e a admiração de muitos. O Cavalo do Fogo adora ação e emoção, e sua vida dificilmente será pacata. No entanto, pode ser franco demais e até um tanto indelicado ao expor seus pontos de vista. Não gosta que interfiram em suas atividades e detesta obedecer. Ele é um indivíduo brilhante, tem ótimo senso de humor e terá uma vida social bastante ativa.

CAVALO DA TERRA: 1918, 1978

Este Cavalo é atencioso e zeloso. Ele é mais cauteloso que alguns dos outros tipos de Cavalo. É sensato e muito eficiente, tendo ótima percepção. Embora possa se sentir às vezes um tanto inseguro, é muito astuto nos negócios e em questões financeiras. Tem um temperamento calmo e dócil e é muito estimado por familiares e amigos.

PREVISÕES PARA O CAVALO EM 2016

O Cavalo sabe usar bem seu tempo e, no ano da Cabra (de 19 de fevereiro de 2015 a 7 de fevereiro de 2016), terá tido a oportunidade de fazer muitas coisas. Este terá sido um ano construtivo para muitos Cavalos e o que resta dele também será bastante ocupado.

No trabalho, as pressões poderão aumentar, mas haverá espaço para muitos Cavalos fazerem (e ganharem) mais e também para usarem suas habilidades com efeito decisivo. Suas ideias também poderão ser desenvolvidas e, ao contribuir em seu local de trabalho, terão condições de melhorar muito suas perspectivas. Setembro e o final do ano poderão trazer progressos encorajadores, inclusive para alguns Cavalos que estão à procura de emprego.

Nas finanças, muitos Cavalos poderão ser agraciados com um bônus ou receber um presente generoso nesta época. Muitos também estarão dispostos a adquirir algumas peças específicas e, ao comparar pontas de estoque e faixas de preço, poderão fazer bons negócios.

Tanto em termos sociais quanto familiares, o Cavalo será bastante requisitado. Se puder espaçar os vários compromissos, isso poderá aliviar pressões mais adiante, bem como permitir que se divirta mais. Muitos Cavalos vão apreciar a oportunidade de passar algum tempo com a família e com os amigos, incluindo alguns que não veem com frequência.

Em geral, o ano da Cabra será ativo para o Cavalo e, embora as pressões possam ser consideráveis, com concentração e bom uso de seu tempo, ele terá feito muitas coisas impressionantes sem deixar a diversão de lado.

Os anos do Macaco apresentam ritmo e possibilidade, e são compatíveis com o Cavalo. Sempre ativo, ele irá atrás das oportunidades que o aguardam. O ano do Macaco começa em 8 de fevereiro e poderá ser agitado e interessante para o Cavalo.

No entanto, embora os aspectos possam ser encorajadores, o Cavalo precisará ter disciplina. Os Cavalos podem ser inquietos, sempre pensando em coisas para fazer e possibilidades para explorar. No ano do Macaco, o Cavalo deverá tomar cuidado para não dispersar as energias em muitas atividades simultâneas e, dessa forma, minar sua eficiência. Seria melhor concentrar-se em prioridades e temas que terão um apelo especial, em vez de saltar de uma atividade para a outra. Cavalos, fiquem atentos e procurem conter o lado mais agitado de sua natureza.

Uma área que poderá ser marcada por bastante atividade é o trabalho do Cavalo. Muitos Cavalos perseguirão um papel mais destacado neste ano. E este é um ano que incentiva o progresso. Em alguns locais de trabalho, à medida que o pessoal mais antigo for mudando de cargo, o Cavalo poderá achar que seu conhecimento dos assuntos internos o torna um candidato ideal para a promoção e, se estiver empregado em uma grande organização, talvez surja uma oportunidade de transferência (por vezes, permanente) para outra cidade. Seja qual for sua situação, mantendo-se alerta e mostrando desejo de fazer mais, ele poderá progredir na carreira.

Para os Cavalos que acreditam que suas perspectivas poderão melhorar se mudarem de empregador, bem como para aqueles que estão à procura de emprego, o ano do Macaco traz oportunidades e muitas possibilidades. Sua rede de contatos poderá alertá-lo para outras maneiras em que poderá desenvolver suas habilidades e, ao não restringir demais o que leva em consideração, ele poderá muito bem alcançar sucesso ao assumir um papel diferente e, muitas vezes, com bom potencial para o futuro. Março, maio, junho e outubro poderão trazer progressos encorajadores, mas, sempre que encontrar —ou pensar em —uma possibilidade, o Cavalo deve persegui-la.

Por ter uma natureza extrovertida, ele também será beneficiado pelas boas relações que mantém com os colegas de trabalho. Se estiver em um novo emprego, seus esforços iniciais para conhecer outras pessoas e mergulhar no que está acontecendo serão notados e vão impressionar aqueles à sua volta. Este é um excelente momento para fortalecer a rede de contatos, uma vez que o ano do Macaco recompensará a iniciativa.

Os progressos obtidos no trabalho também poderão ajudá-lo financeiramente. No entanto, para se beneficiar ao máximo, o Cavalo precisará permanecer disciplinado; caso contrário, tudo que receber a mais poderá ser gasto rapidamente, e nem sempre da melhor maneira possível. Além disso, em qualquer contrato novo que firmar, ele precisará conferir os detalhes e, caso se faça necessário, buscar orientação profissional. Este não é um ano para menosprezar questões que poderão ter consequências importantes. Cavalos, fiquem atentos a isso: sejam detalhistas e administrem bem as finanças.

O Cavalo apreciará as possibilidades que o ano do Macaco vai lhe oferecer, sobretudo aquelas envolvendo atividades recreativas. Novas atividades poderão mostrar-se atraentes, e o ano poderá fazer muitos Cavalos apreciarem a oportunidade de experimentar algo diferente, inclusive, no caso dos entusiastas das atividades físicas, uma nova modalidade. Os Cavalos que começarem o ano se sentindo desanimados ou insatisfeitos descobrirão que agir poderá transformar suas perspectivas.

O Cavalo estará em boa forma pessoal este ano, com seu charme e eloquência em pleno destaque. Para os solteiros e aqueles que, nos últimos tempos, se apaixonaram, os assuntos do coração estarão em um aspecto favorável e muitos Cavalos estabelecerão relacionamentos duradouros ou se casarão durante o ano. Para os Cavalos que tiveram uma decepção recente, o ano do Macaco poderá marcar um momento de virada. Muitos verão a chegada de alguém significativo em sua vida. Março, maio, julho e outubro poderão ser os meses mais movimentados na vida social.

A vida doméstica do Cavalo também passará por muitas mudanças neste ano. Alguns Cavalos decidirão implementar grandes projetos de reforma, inclusive a renovação de áreas de convivência e a instalação de novos equipamentos, e, apesar do incômodo, ficarão encantados com os resultados. Também haverá alguns Cavalos que decidirão mudar-se para uma moradia mais adequada. Sejam quais forem seus planos e esperanças, em todos os casos o Cavalo precisará concentrar-se em suas metas e resistir à tentação de se envolver em muitas atividades ao mesmo tempo. Se assim o fizer, muitas coisas poderão ser realizadas durante o ano.

O Cavalo apreciará incluir os entes queridos em suas atividades, abrangendo qualquer novo interesse recreativo. No entanto, embora este ano seja promissor para a vida familiar, uma preocupação ou aborrecimento poderão perturbá-lo. Se ele sentir que outra pessoa precisa de apoio, seu carinho e consideração serão muito valorizados. Da mesma forma, se ele próprio mostrar-se ansioso com relação a determinado assunto, deverá procurar conselhos. Ele pode ser forte, mas este não será um ano para conter as emoções. Os anos do Macaco vão favorecer a abertura e as atividades conjuntas.

O Cavalo poderá se sair bem este ano e, com sua natureza curiosa, muitas vezes se divertirá com as ideias e oportunidades novas trazidas. É hora de colocar em prática seus planos (alguns bastante ambiciosos), bem como buscar melhorar sua situação. Tanto no trabalho quanto nos interesses pessoais, haverá novas possibilidades a serem consideradas. O Cavalo precisará ser disciplinado nas questões financeiras e tomar cuidado para não dispersar demais as energias. Mas, em geral, este é um ano animador, com possibilidades empolgantes.

O CAVALO DO METAL

O Cavalo do Metal é muito perspicaz e sabe avaliar bem as situações. Neste ano, seus talentos poderão ser bem-aproveitados. Serão 12 meses bastante agitados, e o Cavalo do Metal poderá concretizar alguns de seus desejos mais especiais.

Os assuntos do coração poderão tornar esse tempo significativo. No caso dos Cavalos do Metal que já desfrutam de um romance, poderemos ver noivados, casamentos ou a formação de relacionamentos de longo prazo, enquanto, para aqueles que estão solteiros e, talvez, tenham sofrido alguma decepção, o ano do Macaco poderá trazer uma transformação em sua situação, com muitos encontrando alguém que estará destinado a se tornar importante em sua vida. Muitas vezes, esses encontros acontecerão por acaso e parecerão ter sido predestinados.

Para os Cavalos do Metal que já contem com um par, este poderá ser um ano movimentado e emocionante, com ideias ambiciosas e esperanças a compartilhar. Algumas estarão relacionadas à moradia, com alguns Cavalos do Metal mudando para um lugar novo (muito trocarão de cidade neste ano) e outros continuando a marcar sua casa com a personalidade deles. No entanto, embora o Cavalo do Metal possa definir seus planos com grande entusiasmo, precisará ser realista no que diz respeito ao que é possível, evitando iniciar muitos projetos ao mesmo tempo. Este é um ano que recompensa o planejamento, a priorização e o esforço contínuo.

Além de muita atividade, haverá ocasiões especiais e novidades a serem comemoradas. Alguns Cavalos do Metal poderão iniciar uma família. Os anos do Macaco poderão ser pessoalmente emocionantes.

Também favorecerão uma abordagem conjunta, e, durante todo o ano, o Cavalo do Metal não deverá deixar de solicitar a opinião dos outros. Alguns, incluindo parentes mais velhos, terão os conhecimentos, as habilidades e, por vezes, os equipamentos necessários para ajudar. Além disso, as sugestões dos outros poderão auxiliar o desenvolvimento de seus planos de alguma forma. Sinergia, esforço conjunto e um elemento de sorte poderão desempenhar seu papel este ano. Por sua vez, o tempo e a ajuda que o Cavalo do Metal der aos outros muitas vezes serão mais bem-vindos do que ele imagina. Mais uma vez, sua gentileza e empatia serão muito valorizadas este ano.

Com tantas coisas para ocupar seu tempo, talvez ele não saia com tanta regularidade quanto em anos anteriores, mas, mesmo assim, apreciará a vida social. Os interesses compartilhados, sobretudo, poderão motivar inspiração e divertimento. Março, maio, julho e outubro poderão ser marcados por algumas ocasiões extraordinariamente agradáveis.

Embora o Cavalo do Metal em geral se mantenha ativo, deverá também focar em seu bem-estar, incluindo sua dieta e a prática de exercícios físicos. Para estar em boa forma, dar atenção especial ao bem-estar será de grande ajuda.

No trabalho, o ano do Macaco será encorajador. Tendo em vista as experiências que acumularam, muitos Cavalos do Metal gostariam de ascender em sua profissão. Mais uma vez, a capacidade dos Cavalos do Metal para perceber as oportunidades estará em grande evidência e, se ele sentir que uma vaga está prestes a abrir (talvez pela promoção de um colega em posição superior) ou que um empregador está pronto para recrutar, deverá manifestar interesse rapidamente. Ambiciosos e ansiosos, muitos Cavalos do Metal farão avanços significativos durante o ano.

Outro fator importante serão as oportunidades que o Cavalo do Metal terá de desenvolver conhecimentos e habilidades e de se familiarizar com os aspectos diferentes de seu trabalho ou de se concentrar em seus objetivos. Ao tirar o máximo proveito da situação, ele não apenas poderá mostrar seu valor como também irá aumentar suas perspectivas futuras.

Para os Cavalos do Metal que atualmente estejam em busca de emprego ou decidindo seguir uma nova carreira, mais uma vez o ano do Macaco poderá ser uma oportunidade interessante. Ao se manterem atentos às vagas abertas e considerarem outras maneiras pelas quais poderão utilizar seus pontos fortes de maneira positiva, muitos conseguirão aproveitar a chance que têm procurado. Março, maio, junho e outubro poderão trazer desenvolvimentos encorajadores, mas, durante todo o ano, o Cavalo do Metal deverá estar preparado para seguir em frente.

O sucesso no trabalho também poderá aumentar seus rendimentos, mas, por ter muitos projetos e despesas, e possíveis dívidas, ele precisará manter um controle rígido do orçamento. Este é um ano para a boa gestão financeira. Além disso, quando firmar qualquer contrato, o Cavalo do Metal deverá conferir os detalhes e buscar conselhos, caso se mostre apropriado. No entanto, embora seja necessário tomar algum cuidado, ele desfrutará de alguns momentos de boa sorte e se beneficiará de algumas ofertas de última hora, às vezes relacionadas a viagens ou a compras para sua casa. Aqui, assim como em tantas outras coisas neste ano, sua natureza vigilante poderá ser de grande valia para ele.

Em geral, o ano do Macaco será agitado para o Cavalo do Metal, sobretudo no nível pessoal. Amor, romance e sucessos pessoais poderão tornar este um momento especial. Também é um ano para colocar os projetos em prática. No trabalho, o ano poderá trazer excelentes oportunidades a serem perseguidas, e os interesses pessoais poderão beneficiar-se de novas ideias. O Cavalo do Metal estará inspirado, e seu entusiasmo, habilidade e determinação irão capacitá-lo a colher algumas recompensas merecidas.

DICA PARA O ANO

Você tem muito a seu favor este ano: aproveite ao máximo. Empenhe-se e busque progredir. Além disso, valorize as relações com aqueles que estão ao seu redor. O apoio que você der e receber será muito importante.

O CAVALO DA ÁGUA

Um dos pontos fortes do Cavalo da Água é a natureza curiosa. Ele tem diversos interesses e desfrutará das amplas possibilidades que poderão surgir neste ano do Macaco.

Para os Cavalos da Água nascidos em 1942, este poderá ser um ano especialmente satisfatório. Como sempre, o Cavalo da Água mais experiente terá grande interesse no que está acontecendo ao seu redor e se envolverá em muitas tarefas.

Na vida familiar, fará planos ambiciosos, incluindo, em alguns casos, mudar para uma residência mais adequada. Os Cavalos da Água que se mudarem precisarão fazer uma grande triagem e tomar decisões difíceis. Não será fácil, mas, com apoio e bons conselhos, estes Cavalos da Água se sentirão satisfeitos por terem tomado a decisão certa e aproveitado os benefícios que acabarão obtendo.

Para aqueles que permanecerem onde estão, novamente haverá ideias a colocar em prática. Seja instalar novos equipamentos, desfazer-se de itens acumulados ou fazer outras melhorias, eles estarão envolvidos em muitas atividades práticas. No entanto, embora o Cavalo da Água possa executar muitas tarefas com considerável entusiasmo, precisará ser realista no que diz respeito ao que é possível realizar. Ser ambicioso demais ou comprometer-se com muitas tarefas ao mesmo tempo poderá levar a confusões, assim como à exaustão. Ele poderá sentir-se disposto, mas, ao longo do ano, precisará priorizar e resolver tarefas específicas em vez de dispersar suas energias. Além disso, com relação a tarefas complexas ou físicas, deverá buscar auxílio profissional.

Além de todas as tarefas práticas que surgirão ao longo do ano, o Cavalo da Água terá grande interesse pelas atividades dos familiares. Não só ele se orgulhará de certas conquistas, como também dará alguns conselhos oportunos. Neste ponto, sua eloquência e cuidado serão apreciados e, muitas vezes, influentes.

O Cavalo da Água também poderá ficar feliz em compartilhar atividades com aqueles que estão ao seu redor, e o ano do Macaco fornecerá uma boa mistura de coisas para fazer. Mais uma vez, a diversidade de interesses e o desejo de participar demonstrados pelo Cavalo da Água poderão ser fatores determinantes.

Ele também acolherá as oportunidades de viagem que surgirem e poderá visitar atrações relacionadas a seus interesses. Ao planejar suas viagens com cuidado, ele pode esperar realizar muita coisa, sobretudo no final do verão.

No entanto, embora possa ser bem-sucedido em grande parte do que fizer este ano, como sempre, alguns problemas ocorrerão. Se o Cavalo da Água tiver alguma preocupação, poderá achar útil procurar conselhos profissionais. Além disso, talvez dê apoio a outra pessoa. Aqui, sua compaixão poderá fazer diferença efetiva. O ano do Macaco poderá trazer momentos mais desanimadores, mas eles passarão, e o ano será predominantemente ativo e encorajador.

Seja uma mudança, a compra de artigos para sua casa ou uma viagem, o Cavalo da Água considerará que o ano foi caro. Com cuidado, no entanto, e com base em conselhos quando se fizer necessário, ele ficará satisfeito com o que terá sido capaz de fazer. No entanto, precisará conferir os termos de quaisquer novos contratos que firmar e ser minucioso ao lidar com documentos. Fazer suposições ou ter uma pressa exagerada são atitudes que poderão ser desfavoráveis a ele. Este é um ano que privilegiará a boa gestão financeira.

Durante o ano, o Cavalo da Água apreciará o contato com os amigos e, se estiver sozinho, afiliar-se a um grupo da comunidade ou relacionado a um de seus interesses poderá ser benéfico. Os interesses pessoais também poderão levar a boas oportunidades sociais, e o Cavalo da Água será incentivado pela ajuda dos outros. Março, maio, o período da segunda quinzena de junho até o fim de julho e outubro poderão ser épocas ativas tanto em termos familiares quanto sociais.

Para o Cavalo da Água nascido em 2002, o ano do Macaco será rico em possibilidades. A natureza curiosa do jovem Cavalo da Água o levará a ser inspirado por certos aspectos de sua educação, e este é um ano propício a ser ativo e mostrar empenho. É, contudo, também um ano para trabalhar arduamente. Exames importantes poderão ser iminentes, e o Cavalo da Água precisará organizar bem o tempo. Seu comprometimento não apenas poderá refletir-se nos resultados, como também ser útil à medida que passar a estudar assuntos específicos com mais profundidade.

Como este é um bom ano para o desenvolvimento pessoal, ele também deverá aproveitar ao máximo as oportunidades para aprimorar habilidades e pontos fortes. Se seus interesses forem esportivos, musicais, dramáticos ou até se residirem em outra área, haverá oportunidades que poderão inspirá-lo. Muitas de suas atividades também poderão incluir um elemento social importante, e isso poderá aumentar ainda mais o divertimento. Algumas amizades novas também poderão ser feitas este ano.

Embora muita coisa possa ir bem, haverá momentos de pressão e de problemas que poderão preocupar o jovem Cavalo da Água. Em vez de manter essas questões escondidas, será útil conversar com outras pessoas — sejam familiares, tutores ou alguém bem-informado — que possam ajudar. A franqueza poderá conduzir à neutralização das preocupações e, muitas vezes, ao encontro de soluções.

Além disso, embora o Cavalo da Água possa estar ocupado com seus estudos e outras atividades, contribuir para a vida familiar não apenas ajudará os relacionamentos com outros membros da família, como também permitirá que mais coisas aconteçam, incluindo visitas a atrações interessantes. O fim do verão poderá ser especialmente ativo.

Em geral, o ano do Macaco será encorajador tanto para o Cavalo da Água mais experiente quanto para o mais jovem. No entanto, para aproveitar ao máximo este ano, ele precisará utilizar bem o tempo. Quanto mais disciplinado e focado se mostrar, melhor se sairá. Ele será encorajado pelo apoio daqueles que estão ao seu redor e, muitas vezes, inspirado por ideias e oportunidades. Este será um ano de muitas realizações.

DICA PARA O ANO

Consulte os outros. Ao compartilhar seus pensamentos, você poderá abrir-se a novas possibilidades. Aproveite aquilo que o ano oferece e transforme seus projetos e esperanças em realidade.

O CAVALO DA MADEIRA

Há um provérbio chinês que nos lembra "Um bom começo já é meio caminho andado", e isso é muito compatível com a personalidade do Cavalo da Madeira. Ele é cauteloso, prático e gosta de analisar tudo em profundidade. E pensar cuidadosamente acerca de seus próximos objetivos não só lhe dará algo para servir como meta, como também o tornará mais consciente das ações que precisará realizar. Com foco, ideias e apoio, ele poderá transformar este ano em um grande sucesso.

Um tema que ocupará os pensamentos de muitos Cavalos da Madeira será a situação profissional. Muitos terão sido afetados por mudanças nos últimos anos e, embora tenha havido algum progresso, os Cavalos da Madeira, muitas vezes, acreditarão que poderiam estar em melhor situação. No ano do Macaco, poderão surgir algumas oportunidades inesperadas. Um colega de trabalho mais experiente poderá deixar um cargo superior de repente, abrindo uma vaga, ou uma sugestão poderá dar ao Cavalo da Madeira uma ideia a ser colocada em prática. Seja lá o que ocorrer, ao responder rapidamente, ele poderá, muitas vezes, beneficiar-se.

Alguns Cavalos da Madeira, talvez querendo alterar seus compromissos profissionais, reduzir o deslocamento entre casa e trabalho ou assumir um novo desafio, sentirão que terá chegado o momento certo para fazer uma mudança mais radical. Para esses Cavalos da Madeira, bem como para aqueles atualmente à procura de emprego, o ano do Macaco poderá trazer possibilidades interessantes. Em sua busca, eles poderão considerar útil conversar com contatos e orientadores vocacionais. Em muitos casos, sua reputação também ajudará. E o acaso também poderá desempenhar papel relevante. Talvez investigações ou inscrições feitas por acaso levem à oferta de um cargo. Tal é a natureza do ano que as vagas poderão ocorrer praticamente em toda a sua duração, mas março, abril, junho e outubro poderão ser marcados por novidades significativas.

O ano também irá favorecer o crescimento pessoal e, tanto no trabalho quanto nos interesses pessoais do Cavalo da Madeira, haverá oportunidade para ampliar sua capacidade. Com relação aos interesses e às atividades recreativas, este é um bom ano para colocar ideias em prática e também para tentar algo novo. Alguns Cavalos da Madeira poderão até mesmo dar mais atenção ao estilo de vida e iniciar um programa de condicionamento físico adequado.

As viagens também estarão na agenda de muitos Cavalos da Madeira, com algumas oportunidades aparecendo por acaso. A sensação de imprevisibilidade dessas viagens as tornará ainda mais apreciadas.

O Cavalo da Madeira gosta de ser minucioso, e isso será uma vantagem quando ele tratar de questões financeiras, este ano. Entre compromissos, compras e possíveis gastos com a família, suas despesas serão consideráveis e, durante todo o ano, precisará limitar os gastos e conferir os termos de quaisquer contratos que firmar. Em caso de dúvida, ele deverá procurar esclarecimento. Este não é um ano para correr riscos ou fazer pressuposições.

Ao longo do ano, o Cavalo da Madeira ficará agradecido pelo apoio que receberá dos outros. Alguns amigos próximos não apenas estarão interessados em determinadas atividades nas quais ele estará envolvido, como também terão conhecimentos em primeira mão que poderão ajudá-lo. Ao expor suas ideias, o Cavalo da Madeira também poderá beneficiar-se da sinergia e das ideias geradas. Por meio de atividades novas e eventuais mudanças no trabalho, ele também terá a oportunidade de conhecer pessoas novas, e seu jeito acessível impressionará muita gente.

Para os solteiros, o ano do Macaco também poderá trazer possibilidades de romance. Março, maio, o período do fim de junho ao fim de julho e outubro poderão ser tempos agitados e socialmente interessantes.

A vida familiar do Cavalo da Madeira também será marcada por atividade intensa. Haverá projetos a serem implementados, incluindo a compra de equipamentos mais eficientes. Ao discutir seus pensamentos e avaliar as alternativas, o Cavalo da Madeira ficará satisfeito com as melhorias feitas e com o tempo (e dinheiro) que, muitas vezes, economizará. Mais uma vez, a natureza prática do Cavalo da Madeira estará em evidência, embora, às vezes, ele precise frear o entusiasmo e evitar ter muitos projetos potencialmente perturbadores acontecendo ao mesmo tempo.

O ano do Macaco também trará alguns sucessos para a família, com as realizações de parentes mais jovens sendo provável fonte de considerável orgulho para o Cavalo da Madeira. No entanto, também poderá haver alguns momentos mais tristes quando outra pessoa precisar de apoio. Aqui, os pensamentos e a bondade do Cavalo da Madeira poderão ser de excepcional valor.

O ano do Macaco é um período que passa rápido e está cheio de possibilidades interessantes. No trabalho, muitos Cavalos da Madeira terão a oportunidade de assumir tarefas novas e, muitas vezes, mais satisfatórias. No entanto, as oportunidades precisarão ser rapidamente aproveitadas. Os interesses pessoais do Cavalo da Madeira também poderão desenvolver-se favoravelmente. Ao longo do ano, ele será auxiliado pelo incentivo dos outros e, ao compartilhar pensamentos e atividades, descobrirá que muita coisa poderá ser feita. Este é um ano para planejar, agir e aproveitar novas oportunidades.

DICA PARA O ANO
Escolha suas metas e concentre-se nelas. Com determinação e apoio, você poderá obter bons resultados este ano. Além disso, busque desenvolver suas habilidades e interesses. Este é um ano progressista e pleno de possibilidades.

O CAVALO DO FOGO

Este ano marca o início de uma nova década na vida do Cavalo do Fogo, e será significativo para ele. Os anos do Macaco passam rápido e trazem mudanças e oportunidades. Isso se encaixa bem com o Cavalo do Fogo, que é voltado para a ação. Para quaisquer Cavalos do Fogo que tenham se sentido prejudicados nos últimos anos ou que estejam guardando alguma mágoa pessoal, seu quinquagésimo ano poderá marcar o início de um novo capítulo. Este é o momento certo para tomar a iniciativa e seguir em frente.

No entanto, embora os aspectos sejam encorajadores, o Cavalo do Fogo precisará usar bem o tempo e se concentrar nas prioridades. Tentar fazer coisas demais em tempo de menos ou dispersar a atenção demais poderá limitar sua eficiência. Ele poderá ficar entusiasmado, mas, quanto mais focado for, melhor. Além disso, ele deverá procurar apoio. Com a ajuda dos outros, muito mais será realizado. Seu quinquagésimo ano poderá ser importante, mas exigirá foco, esforço e cooperação.

Em sua vida familiar, muita coisa estará prestes a acontecer. Tanto ele quanto os entes queridos serão afetados por mudanças e, com um possível trajeto novo para o trabalho e/ou horário de trabalho alternativo, rotinas talvez tenham de ser mudadas. No entanto, o que ocorrer poderá trazer benefícios inesperados, incluindo mais tempo para passar junto com familiares.

O Cavalo do Fogo também terá projetos que estará ansioso para implementar em casa. Por este ano já ser bastante ocupado, esses projetos poderão demorar mais, mostrando-se mais perturbadores do que o previsto. O Cavalo do Fogo precisará ser realista com relação ao que pode ser realizado em qualquer momento. Este será muito mais um ano para abraçar atividades práticas em conjunto e, caso surja um problema em alguma ocasião, isso precisará ser discutido, e conselhos adicionais deverão ser procurados conforme necessário.

No lar, este certamente será um ano movimentado, mas, em meio a toda essa atividade, os entes queridos do Cavalo do Fogo poderão estar especialmente entusiasmados em comemorar seu aniversário em alto estilo e preparar algumas surpresas para ele.

As viagens também serão destaque ao longo do ano, com muitos Cavalos do Fogo decidindo marcar o quinquagésimo aniversário com férias especiais. Ao planejar com antecedência, eles poderão descobrir que a viagem superará as expectativas. Além disso, poderá haver a oportunidade de visitar amigos e parentes que vivem longe ou tirar proveito de uma oferta especial. Com espírito aventureiro, o Cavalo do Fogo poderá ficar bem satisfeito este ano.

O Cavalo do Fogo também apreciará compartilhar muitas de suas atividades com seu círculo de amigos íntimos. Além disso, seus interesses, tanto os antigos quanto os novos, frequentemente incluirão um elemento social importante. Alguns Cavalos do Fogo poderão inscrever-se em um curso, sociedade ou academia, ou se envolver mais com a comunidade, mas, seja lá o que decidirem fazer, ao se mostrarem ativos e colocarem as ideias em prática, poderão angariar muitas conquistas pessoais durante o ano. Os Cavalos do Fogo que estão se sentindo solitários e/ou tiveram alguma dificuldade pessoal deverão sair mais, incluindo frequentar clubes e outros locais próximos. Para alguns, um encontro casual poderá tornar-se especialmente significativo. Os anos do Macaco poderão trazer surpresas. Março, maio, julho e o período de outubro a início de novembro poderão ser épocas mais intensas em termos de atividade social, mas, na maior parte do tempo, haverá o que fazer, lugares para ir e ideias a serem colocadas em prática.

Com sua natureza ambiciosa, o Cavalo do Fogo, com frequência, desejará progredir no trabalho, sentindo que este é um ano propício para aproveitar melhor seu potencial. Muitos Cavalos do Fogo estarão bem posicionados para se candidatar a vagas no atual local de trabalho e poderão esperar avanços importantes.

Outros sentirão que é o momento certo para fazer um movimento mais decisivo e buscar uma mudança de empregador. Para esses Cavalos do Fogo, e aqueles que estão à procura de um emprego, o ano do Macaco poderá abrir possibilidades interessantes. Ao se manterem informados das ofertas e das empresas que estão recrutando em sua área, muitos poderão encontrar um cargo novo com potencial para o futuro. Determinados e versáteis, muitos Cavalos do Fogo abraçarão a oportunidade para mostrar a si mesmos que são capazes de assumir outras responsabilidades. Março, o período de maio a início de julho e outubro poderão trazer novidades encorajadoras, mas este será muito mais um ano para se manter alerta e agir assim que as oportunidades surgirem.

O progresso no trabalho também poderá ajudá-lo financeiramente, mas, com as despesas, que provavelmente serão consideráveis, incluindo planos pessoais empolgantes e possibilidades de viagem, o Cavalo do Fogo precisará controlar o orçamento. Ele também precisará ser meticuloso com documentos. Este é um ano de boa gestão financeira e planejamento para o futuro.

Em geral, o ano do Macaco será rico em possibilidades, e a determinação e o entusiasmo do Cavalo do Fogo permitirão que ele se beneficie disso. No entanto, ele precisará concentrar-se em suas prioridades e contar com ajuda das pessoas. Durante todo o ano, ele se sentirá grato por esse apoio, bem como buscará momentos especiais com a família e os amigos íntimos. Haverá também a oportunidade para muitos Cavalos do Fogo fazerem avanços importantes no trabalho e encontrarem grande satisfação no que fazem. Neste ano de oportunidades, o ambicioso e determinado Cavalo do Fogo poderá marcar esta nova década em sua vida como um início gratificante e potencialmente significativo.

DICA PARA O ANO

Decida quais são seus objetivos e, em seguida, aja. Com motivação, determinação e o apoio de outras pessoas, você conseguirá fazer muito este ano. Além disso, valorize aqueles que estão ao seu redor. Eles poderão ajudá-lo de maneiras importantes.

O CAVALO DA TERRA

O Cavalo da Terra é um pensador. Ele apreciará olhar para frente e fazer planos. E o ano do Macaco lhe oferecerá diversas oportunidades. Como o ditado nos lembra: "Muitos caminhos levam ao céu" e, por se mostrar flexível e determinado, o Cavalo da Terra poderá progredir em sua jornada este ano.

Isso será especialmente verdadeiro na vida profissional. Tendo em vista os projetos e as atividades de que muitos Cavalos da Terra participaram recentemente, muitas vezes haverá a chance de assumir responsabilidades maiores. Ajustes consideráveis poderão mostrar-se necessários, sobretudo com a introdução de novos procedimentos e metas, mas muitos Cavalos da Terra apreciarão a oportunidade de aperfeiçoar o que já fazem e de subir na carreira. Isso poderá marcar uma etapa importante em seu processo de desenvolvimento contínuo.

Ao longo do ano, o Cavalo da Terra trabalhará em estreita colaboração com os colegas e, se for o caso, conhecerá outras pessoas ligadas a seu ramo de atividade. Ao participar ativamente do que acontece ao seu redor, ele poderá não apenas ajudar sua situação atual, como também fazer conexões potencialmente úteis. Os benefícios do que ele poderá fazer este ano não deverão ser subestimados.

A maioria dos Cavalos da Terra permanecerá com o atual empregador, embora desempenhando um papel consideravelmente maior. No entanto, para aqueles que sentirem que suas perspectivas poderão melhorar se mudarem para outro lugar, bem como para aqueles que estão à procura de emprego ou ansiosos por colocar a carreira em uma direção completamente diferente, o ano do Macaco trará possibilidades instigantes. As mudanças poderão, por vezes, surpreender, mas, ao se manterem atentos e darem seguimento às suas ideias, muitos desses Cavalos da Terra aproveitarão uma chance que há muito vinham esperando. Às vezes, contatos e amigos serão capazes de informar sobre empresas que estarão recrutando e oportunidades que merecerão ser exploradas. Março, o período de maio a início de julho e outubro poderão trazer novidades importantes no trabalho.

Os progressos obtidos no ambiente de trabalho também poderão levar ao aumento dos rendimentos. No entanto, por ter muitas despesas, o Cavalo da Terra precisará vigiar os gastos e, idealmente, reservar uma quantia para certas necessidades e para a realização de seus projetos. Além disso, se firmar quaisquer novos contratos, deverá conferir as obrigações e questionar os itens que não estiverem claros. Este não será um ano para se mostrar negligente ou assumir riscos. Cavalos da Terra, fiquem atentos e administrem bem seus recursos.

Um dos pontos fortes do Cavalo da Terra é que ele tem uma mente curiosa e, durante o ano do Macaco, poderá ficar entusiasmado com um novo interesse, ideia ou atividade. Ao reservar tempo para dar seguimento à questão (e é importante que ele se permita "tempo para si mesmo" neste ano movimentado), poderá ficar fascinado com as oportunidades que surgirão. Se gostar de companhia, seria bom avaliar a possibilidade de se afiliar a um grupo com interesses idênticos ou participar de eventos especiais. Desenvolver os interesses pessoais poderá fazer muito bem ao Cavalo da Terra este ano. Além disso, ele deverá tomar nota das instalações recreativas disponíveis nas proximidades. O ano do Macaco poderá oferecer uma variedade de coisas para se fazer.

Muitas das atividades do Cavalo da Terra poderão incluir um elemento social agradável, e ele apreciará a oportunidade de conhecer outras pessoas e ampliar a rede social. Algumas das pessoas que ele conhecer este ano poderão ter boa experiência para ajudar na implantação de alguns projetos que ele estará planejando e ele se sentirá agradecido pelos conselhos recebidos.

Na vida familiar, o Cavalo da Terra também verá muita atividade e será preciso mostrar-se flexível no que diz respeito a certos arranjos. Com tanta coisa acontecendo, é importante fazer momentos de pausa no turbilhão familiar. Os interesses comuns e as viagens poderão ser especialmente gratificantes.

Tanto o Cavalo da Terra quanto seus entes queridos terão ideias para por em prática e compras a fazer. Uma ação conjunta trará os melhores resultados e, embora o Cavalo da Terra possa ficar ansioso para concluir certas tarefas e tomar certas decisões, será preciso reservar tempo suficiente para que alguns erros não sejam cometidos.

Também poder haver uma questão que causará ansiedade ao Cavalo da Terra durante todo o ano. Será necessário dedicar tempo e paciência, mas o carinho e a ajuda do Cavalo da Terra poderão ser de valor inestimável.

Para os Cavalos da Terra que são pais, o apoio que darão aos filhos também poderá ser importante. Seja ajudando com os estudos ou interesses, ou auxiliando na tomada de decisões, a capacidade do Cavalo da Terra para aconselhar e incentivar poderá fazer diferença considerável.

Em geral, o ano do Macaco será movimentado e, muitas vezes, agradável para o Cavalo da Terra. No trabalho, haverá oportunidades para progredir e desenvolver suas habilidades, muitas vezes de maneiras novas. Os interesses pessoais também poderão ser gratificantes, com novas ideias e atividades abrindo possibilidades recompensadoras. O Cavalo da Terra também será ajudado pelas relações positivas que tem com aqueles que estão ao seu redor. O ano do Macaco é pleno de possibilidades, e os esforços do Cavalo da Terra durante seu transcurso terão valor tanto no presente quanto no futuro. Será um ano favorável e interessante.

DICA PARA O ANO

Esteja alerta a oportunidades para desenvolver suas habilidades. O que surgir neste ano poderá beneficiá-lo, inclusive, de maneira inesperada. Além disso, valorize as boas relações que tem com os outros, pois o incentivo e a assistência deles poderão ser importantes.

CAVALOS FAMOSOS

Roman Abramovich, Neil Armstrong, Rowan Atkinson, Samuel Beckett, Ingmar Bergman, Leonard Bernstein, Joe Biden, Helena Bonham Carter, David Cameron, James Cameron, Jackie Chan, Ray Charles, Chopin, Nick Clegg, sir Sean Connery, Billy Connolly, Catherine Cookson, Elvis Costello, Kevin Costner, James Dean, Clint Eastwood, Thomas Alva Edison, Harrison Ford, Aretha Franklin, Bob Geldof, Samuel Goldwyn, Billy Graham, Rita Hayworth, Jimi Hendrix, François Hollande, Janet Jackson, R. Kelly, Calvin Klein, Ashton Kutcher, Jennifer Lawrence, Lênin, Annie Lennox, Pixie Lott, sir Paul McCartney, Nelson Mandela, Angela Merkel, Ben Murphy, sir Isaac Newton, Louis Pasteur, Dennis Quaid, Gordon Ramsay, Rembrandt, Ruth Rendell, Jean Renoir, Theodore Roosevelt, Helena Rubinstein, Alex Salmond, Adam Sandler, David Schwimmer, Martin Scorsese, Kristen Stewart, Barbra Streisand, Kiefer Sutherland, Patrick Swayze, John Travolta, Usher, Vivaldi, Robert Wagner, Emma Watson, Billy Wilder, Brian Wilson, o duque de Windsor (Eduardo VIII), Caroline Wozniacki, Jacob Zuma.

A CABRA

1º de fevereiro	de 1919 a 19 de fevereiro	de 1920 *Cabra da Terra*
17 de fevereiro	de 1931 a 5 de fevereiro	de 1932 *Cabra do Metal*
5 de fevereiro	de 1943 a 24 de janeiro	de 1944 *Cabra da Água*
24 de janeiro	de 1955 a 11 de fevereiro	de 1956 *Cabra da Madeira*
9 de fevereiro	de 1967 a 29 de janeiro	de 1968 *Cabra do Fogo*
28 de janeiro	de 1979 a 15 de fevereiro	de 1980 *Cabra da Terra*
15 de fevereiro	de 1991 a 3 de fevereiro	de 1992 *Cabra do Metal*
1º de fevereiro	de 2003 a 21 de janeiro	de 2004 *Cabra da Água*

A PERSONALIDADE DA CABRA

*Em meio às complexidades da vida,
o que é especial é a capacidade de compreender.*

A Cabra nasce sob o signo da arte. Ela é criativa, tem muita imaginação e sabe apreciar as coisas boas da vida. Tem um temperamento calmo e prefere viver em um ambiente tranquilo e livre de pressões. Detesta qualquer tipo de discórdia ou desentendimento e não gosta de se limitar à rotina ou aos horários rígidos. A Cabra não é do tipo que se apressa contra a própria vontade. No entanto, apesar da aparente serenidade com relação à vida, ela é um tanto perfeccionista, e quando começa a trabalhar em um projeto tem certeza de que fará o melhor.

Ela normalmente prefere trabalhar em equipe a atuar por conta própria. A Cabra gosta de ter o apoio e o incentivo dos outros, e se tiver de agir sozinha, ficará muito preocupada e tenderá a encarar as situações com certo pessimismo. Sempre que puder, a Cabra deixará as decisões mais importantes a cargo dos outros, enquanto se concentra em atividades específicas. Se, entretanto, ela se sentir bastante segura com relação a determinada questão ou se de alguma forma tiver de defender sua posição, agirá com muita firmeza e determinação.

A Cabra é muito persuasiva e costuma usar seu poder de sedução para conseguir o que deseja. No entanto, pode hesitar em expor seus verdadeiros sentimentos, e se puder ser mais franca, conseguirá obter melhores resultados.

Ela tem, em geral, um comportamento discreto e de certa forma introspectivo. Mas na companhia daqueles de quem gosta a Cabra costuma se tornar o centro das atenções. Tende a ser muito animada e divertida; a simpática anfitriã em festas. Sempre que fica na berlinda, sua adrenalina começa a fluir, e ela apresenta um desempenho brilhante, especialmente quando pode, de alguma forma, usar suas habilidades criativas.

De todos os signos do zodíaco chinês, a Cabra é, provavelmente, o de maior talento artístico. Seja nas artes dramáticas, na literatura, na música ou nas artes plásticas, a Cabra desempenha um papel importante e duradouro. Ela é uma criadora inata e se realiza mais nas artes que em qualquer outra área. Mas, mesmo como artista, a Cabra apresenta melhor desempenho quando trabalha em equipe do que ao atuar sozinha. Ela precisa de inspiração e de boa orientação. Mas quando encontra seu *métier*, consegue obter muito prestígio e reconhecimento.

Além do amor pelas artes, a Cabra costuma ser muito religiosa, e se interessa profundamente pela natureza, pelos animais e pela vida rural. A Cabra é também uma atleta, e muitas Cabras se destacaram bastante em atividades esportivas.

Embora a Cabra não seja propriamente materialista nem muito interessada por finanças, em geral é favorecida em questões financeiras e raramente terá dificuldade para se manter. Ela é, porém, um tanto indulgente e tende a gastar todo o dinheiro assim que o recebe, em vez de fazer reservas para o futuro.

A Cabra normalmente sai de casa ainda jovem, mas sempre mantém fortes vínculos com os pais e com os outros membros da família. Ela também é um tanto nostálgica e reconhecida por guardar recordações de infância e *souvenirs* de lugares que visitou. Sua casa não é muito arrumada, mas ela sabe onde está tudo, e também é muito limpa.

A vida afetiva é especialmente importante para a Cabra, e ela terá muitos relacionamentos antes de se casar. Embora seja bastante versátil, prefere viver em um ambiente seguro e estável. A Cabra irá perceber que se relaciona melhor com os nascidos sob os signos do Tigre, do Cavalo, do Macaco, do Javali e do Coelho. Ela também pode ter um bom relacionamento com o Dragão, a Serpente, o Galo e com outra Cabra. Mas irá considerar o Búfalo e o Cão um tanto sérios demais. Também não apreciará muito o comportamento econômico do Rato.

A mulher Cabra dedica todo o tempo e energia às necessidades da família. Ela tem muito bom gosto na decoração de sua casa e costuma usar suas excelentes habilidades artísticas na produção de peças de vestuário para si própria e para os filhos. Cuida muito bem da aparência e costuma ser muito atraente. Embora não seja das pessoas mais organizadas, com seu temperamento simpático e senso de humor agradável, ela causa ótima impressão em todos os lugares aonde vai. Também cozinha muito bem e costuma encontrar grande satisfação na jardinagem e em outras atividades ao ar livre.

A Cabra faz amizades com muita facilidade, e as pessoas se sentem muito à vontade em sua companhia. Ela é dócil e compreensiva. E embora possa, às vezes, ser um tanto teimosa, se receber o devido apoio e incentivo poderá levar uma vida alegre e feliz. Quanto mais ela puder usar suas habilidades criativas, mais feliz será.

OS CINCO TIPOS DE CABRA

Além dos 12 signos do zodíaco chinês existem cinco elementos que influenciam cada signo, acentuando ou atenuando suas características. Os efeitos dos cinco elementos sobre a Cabra estão descritos a seguir, juntamente com os anos em que os elementos exercem sua influência. Dessa forma, todas as Cabras nascidas em 1931 e 1991 são Cabras do Metal, todas as nascidas em 1943 e 2003 são Cabras da Água e assim por diante.

CABRA DO METAL: 1931, 1991

Esta Cabra é dedicada e consciensiosa em tudo o que faz e é capaz de obter muito êxito na profissão que escolher. Apesar do comportamento ousado, pode ser uma pessoa muito preocupada. É aconselhável que discuta suas preocupações com os outros, em vez de guardar tudo para si. Ela é muito fiel à família e aos superiores, e costuma ter poucos, mas ótimos amigos. Tem muito bom gosto para as artes e normalmente também tem muito talento para algum tipo de atividade artística. Ela é, em muitos casos, uma colecionadora de antiguidades, e sua casa costuma ser muito bem-decorada.

CABRA DA ÁGUA: 1943, 2003

A Cabra da Água é muito benquista e tem incrível facilidade para fazer novos amigos. Ela é muito boa em detectar oportunidades, mas nem sempre tem a coragem necessária para aproveitá-las. Gosta de se sentir segura tanto em casa como no trabalho, e não gosta muito de mudanças. É objetiva, tem ótimo senso de humor e costuma lidar muito bem com crianças.

CABRA DA MADEIRA: 1955

Esta Cabra é generosa e prestativa. Ela normalmente tem um grande círculo de amizades e se envolve em diversas atividades. Tem um temperamento muito leal, mas pode, às vezes, ceder com extrema facilidade às exigências dos outros. É aconselhável que adote uma atitude um pouco mais firme. Normalmente, é favorecida em questões financeiras e, assim como a Cabra da Água, costuma lidar muito bem com crianças.

CABRA DO FOGO: 1967

Esta Cabra, normalmente, sabe o que deseja alcançar na vida e costuma usar o poder de sedução e a personalidade persuasiva para atingir seus objetivos. Ela pode, às vezes, se deixar levar pela imaginação, e tende a ignorar assuntos que não a agradam. É um tanto extravagante nos gastos e precisa tomar mais cuidado com questões financeiras. Tem uma personalidade forte e ativa, tem muitos amigos e adora participar de festas e eventos sociais.

CABRA DA TERRA: 1919, 1979

Esta Cabra é prestativa e zelosa. Ela é bastante fiel aos familiares e amigos e invariavelmente causa ótima impressão nos lugares aonde vai. É confiável e conscienciosa no trabalho, mas tem dificuldade para fazer economia e não gosta de se privar de nenhum luxo que preza. Tem interesse por várias áreas de atividade e é muito culta. Em geral, encontra grande satisfação em acompanhar as atividades de vários membros da família.

PREVISÕES PARA A CABRA EM 2016

O ano da Cabra em si (de 19 de fevereiro de 2015 a 7 de fevereiro de 2016) terá sido um ano atarefado e agitado para a própria Cabra. Para obter o máximo, ela teve de manter a concentração. A Cabra tem interesses bastante diversos e muitas ideias, mas, se dividir a atenção em muitas direções, sua eficiência pode ser reduzida. No que resta de seu próprio ano, ela deverá decidir sobre as prioridades e se concentrar nelas.

As muitas Cabras que passaram por mudanças no trabalho durante o próprio ano deverão buscar familiarizar-se com suas funções nos meses finais e se estabelecer em seu novo papel. Para aquelas que estão à procura de um emprego ou que anseiam por uma mudança, algumas boas possibilidades poderão surgir, com novembro e o início de janeiro muitas vezes se mostrando significativos. Os anos da Cabra as incentivam a fazerem melhor uso de seus talentos, mas elas precisarão se promover, em vez de se retrair. Neste momento, a sorte favorece os corajosos e empreendedores.

A vida familiar e social da Cabra também verá muita coisa acontecer no final do ano e, mais uma vez, ela deverá tentar planejar com antecedência e distribuir os eventos ao longo dos meses. As semanas finais poderão ser especialmente atarefadas. Para as Cabras solteiras e as recém-apaixonadas, o fim de seu próprio ano poderá ser emocionante e agitado.

Com tanta coisa acontecendo, os gastos da Cabra serão consideráveis, e talvez maiores do que o previsto. Ela deverá prestar atenção às despesas. Com um estilo de vida agitado, ela também precisará dedicar alguma atenção a seu bem-estar, reservando tempo para descansar após alguns períodos de movimentação intensa. Tal como acontece tanto em seu próprio ano, a atenção redobrada fará diferença.

O ano do Macaco começa em 8 de fevereiro e será um bom período para a Cabra. No entanto, embora os aspectos se mostrem favoráveis, o ano poderá conter armadilhas para os incautos. Este não será o momento para a Cabra abusar muito da sorte, ou da boa vontade de que desfrutou até então. Os anos do Macaco necessitarão de carinho e atenção, mas, em troca, oferecerão oportunidades especiais.

A Cabra precisará estar muito atenta às suas relações com as pessoas. Ao longo do ano, precisará estar acessível e se comunicar bem. Supor que os outros conhecem seus pensamentos e sentimentos poderá levar à confusão e à decepção. Além disso, se, em quaisquer momentos atarefados, ela parecer distraída ou der pouca atenção ao que está acontecendo, isso poderá ser mal interpretado e minar o entendimento que ela compartilha com aqueles à sua volta. As Cabras precisarão ficar especialmente atentas a isso, pois mal-entendidos ou falhas na comunicação poderão causar problemas este ano. Cabras, tomem cuidado.

A Cabra também deverá pensar em dedicar atenção ao estilo de vida. Embora ela possa ter muitas demandas sobre seu tempo, deverá não se ocupar a ponto de deixar de aproveitar o prazer que as atividades recreativas poderão trazer. Para as Cabras ansiosas por conhecer outras pessoas, este será um excelente ano para ingressar em grupos, matricular-se em cursos e participar de atividades compartilhadas. Os anos do Macaco incentivam a participação.

Na vida familiar da Cabra, mais uma vez, a boa comunicação será importante. Com várias mudanças em curso (inclusive na rotina), suas implicações precisarão ser discutidas e a flexibilidade, demonstrada. Embora a Cabra possa ter esperanças específicas para o ano, incluindo reformas na casa e algumas compras que ela fará questão de efetuar, às vezes algumas exigências mudarão ou haverá sugestão de alternativas, e ela precisará estar atenta a isso. Os anos do Macaco não são necessariamente bem definidos e, várias vezes ao longo do ano, a Cabra precisará rever seus planos.

No entanto, embora o ano apresente certa fluidez, haverá progressos significativos, e o tempo reservado aos interesses compartilhados poderá ser de valor inestimável. Abril, julho, agosto e dezembro poderão ser meses favoráveis e movimentados com as possibilidades de realizar viagens empolgantes.

Esses também serão bons meses para socializar, e a Cabra terá pessoas para conhecer e lugares para ir durante todo o ano. Quando acompanhada, no entanto, ela precisará mostrar-se aberta e não partir do pressuposto de que os outros já conhecem seus pontos de vista. Se não tomarem cuidado, poderão ocorrer mal-entendidos. Cabras, tomem nota disso!

No trabalho, muitas Cabras se beneficiarão de mudanças encorajadoras. Como resultado de decisões organizacionais, deslocamentos de colegas e outras mudanças, oportunidades de repente poderão surgir e a Cabra se encontrará bem colocada para se beneficiar. Às vezes, as posições assumidas envolverão mudança considerável em suas responsabilidades (e a mudança de cidade para alguns), mas essas Cabras apreciarão os novos desafios.

A maioria das Cabras terá a oportunidade de fazer progressos importantes com o empregador atual, mas algumas poderão ser atraídas por posições em outros lugares. A ênfase do ano do Macaco é no desenvolvimento profissional e, ao se manter alerta, a Cabra poderá alcançar sucessos impressionantes. Isso também se aplica às Cabras que estão à procura de emprego. Se fizerem perguntas, se mantiverem-se informadas das vagas em sua área e, se for o caso, se aproveitarem alguns cursos de reciclagem ou de formação, o cargo que muitas dessas Cabras tanto esperam lhes será oferecido. Essa poderá ser uma mudança considerável no que elas já vêm fazendo, mas poderá introduzi-las a um tipo de trabalho que lhes convirá bem e no qual poderão vir a ser muito bem-sucedidas. A importância do ano do Macaco não deverá ser subestimada. Abril, maio e o período de julho a início de setembro serão marcados por mudanças potencialmente importantes.

No entanto, a Cabra precisará tomar cuidado com as questões financeiras. Seu estilo de vida agitado, os compromissos já assumidos e novas ideias farão deste um ano caro e ela precisará manter vigilância constante sobre os gastos. Se assumir novos compromissos, deverá conferir os termos com cuidado e manter toda a papelada, incluindo garantias e apólices, em ordem. Riscos, pressa ou suposições (sempre um perigo para as Cabras nos anos do Macaco) poderão criar dificuldades para elas. Cabras, fiquem atentas.

No final do ano, a Cabra poderá olhar para trás e ficar espantada com todas as mudanças ocorridas. Ao aproveitar ao máximo as oportunidades, ela poderá ganhar muito este ano. Precisará adaptar-se, mas o que fizer agora poderá ter valor importante a longo prazo. Este também será um ano para ficar alerta e consciente em suas relações com as pessoas. Trata-se de um momento para compartilhar, participar e, mais importante, comunicar. Ao prestar atenção aos aspectos mais complicados do ano, porém, a Cabra poderá beneficiar-se de oportunidades e progressos muitas vezes fortuitos.

A CABRA DO METAL

Este será um ano ativo e interessante para a Cabra do Metal, permitindo que ela faça avanços significativos e atinja algumas metas pessoais. No entanto, embora os aspectos sejam encorajadores, ela precisará se mostrar versátil. Os anos do Macaco exigirão flexibilidade. Além disso, para qualquer Cabra do Metal que possa iniciar o ano insatisfeita com sua posição atual, este será um momento para apagar o que passou e se concentrar no presente. As oportunidades deste ano não deverão ser subestimadas.

A situação profissional da Cabra do Metal poderá ser marcada por algumas mudanças especialmente encorajadoras. As Cabras do Metal que estão seguindo determinada carreira ou que se encontram no mesmo cargo há algum tempo poderão ser encorajadas por colegas mais antigos a aprimorar suas habilidades e expandir suas responsabilidades. Poderá aparecer a oportunidade de realizar treinamentos ou a chance de atuar como representante de alguém e, se surgir uma vaga, a Cabra do Metal poderá ser encorajada a se candidatar. As habilidades e o comprometimento de muitas Cabras do Metal poderão ser recompensados este ano. Os anos do Macaco também poderão trazer surpresas e, para aqueles que assumirem mais responsabilidades no início do ano, novas oportunidades poderão surgir mais adiante, em 2016. Às vezes o que é oferecido poderá (temporariamente) tirar a Cabra do Metal de sua zona de conforto, mas também lhe dará a oportunidade de aprender e provar a si mesma em uma nova função.

A maioria das Cabras do Metal fará progressos importantes no atual local de trabalho, mas, para aquelas que se sentem insatisfeitas e que gostariam de enfrentar um novo desafio, bem como para as que estão à procura de trabalho, o ano do Macaco poderá oferecer grandes possibilidades. Ao falar com agências de emprego e avaliar várias opções, muitas conquistarão uma vaga que lhes dará oportunidade com um novo empregador. Poderá ser ligeiramente diferente daquilo que imaginavam, mas os anos do Macaco poderão mover-se de maneiras curiosas, porém fortuitas, e muitas Cabras do Metal acharão seu lugar atual a base ideal para construir seu futuro. Os períodos de abril a início de junho e de julho a início de setembro poderão oferecer oportunidades importantes.

Ao longo do ano, a Cabra do Metal deverá trabalhar em estreita colaboração com seus colegas e se mostrar ativa em qualquer equipe. Algumas podem ser introvertidas e, às vezes, inseguras, mas ao se manterem visíveis, contribuindo e em contato com os outros, elas poderão ajudar muito suas perspectivas. Além disso, muitas têm talento criativo e, se tiverem ideias que poderão ser úteis no local de trabalho, deverão apresentá-las. Os anos do Macaco favorecerão a inovação, então os talentos da Cabra do Metal poderão ser recompensados.

O progresso no trabalho, com frequência, levará ao aumento nos rendimentos. Contudo, por ter muitas despesas e projetos caros, a Cabra do Metal precisará vigiar os gastos e evitar a realização de diversas compras por impulso. Além disso, deverá examinar os termos de quaisquer transações de grande porte e guardar documentos importantes de forma segura. Lapsos e prejuízos poderão incomodá-la. Cabras do Metal, tomem nota disso!

Os interesses pessoais, no entanto, poderão ser motivo de satisfação. Caso existam habilidades específicas que a Cabra do Metal queira desenvolver ou um novo interesse que lhe agrade, valeria a pena considerar a possibilidade de consultar especialistas ou procurar instrução.

As Cabras do Metal que levam uma vida sedentária durante grande parte do dia também acharão útil agregar algum exercício à rotina, bem como ficar atenta à qualidade de sua dieta. Dedicar atenção ao bem-estar e ao equilíbrio de seu estilo de vida poderá fazer notável diferença este ano.

Com seu amplo círculo social, haverá muitas oportunidades para a Cabra do Metal sair para se divertir, e o final de março, abril, meados de junho e de agosto e dezembro poderão ser épocas especialmente animadas. Mudanças de trabalho e interesses também poderão levar a Cabra do Metal a conhecer algumas pessoas novas que poderão tornar-se importantes. No entanto, por mais que esteja requisitada, ela precisará ficar alerta. Problemas de comunicação e mal-entendidos poderão ser uma característica dos anos do Macaco. Cabras do Metal, prestem atenção nisso.

Esse conselho também se estende aos relacionamentos íntimos. Com tanta coisa acontecendo, por vezes a Cabra do Metal ficará preocupada ou fazer algumas suposições. Isso poderá criar momentos difíceis e, se a Cabra do Metal se sentir estressada, cansada ou insegura a qualquer instante, será melhor que diga isso abertamente, em vez de manter seus pensamentos para si mesma.

Isso também é importante, levando em conta as esperanças e os projetos que ela terá para o ano. Este poderá ser um período emocionante, mas a boa comunicação é imprescindível.

Os anos do Macaco são construtivos e, com empenho e flexibilidade, a Cabra do Metal poderá aproveitá-lo bem. É hora de seguir em frente com os planos e desenvolver os pontos fortes. A Cabra do Metal precisará adaptar-se conforme as situações exigirem, mas muita coisa poderá resultar do que for realizado este ano. Ela valorizará as boas relações que mantém com muitos que estão ao seu redor e poderá concretizar alguns projetos importantes, muitas vezes com seus entes queridos. Em geral, será um ano encorajador que poderá mostrar-se valioso a longo prazo.

DICA PARA O ANO

Aproveite ao máximo suas habilidades e procure avançar. O empenho positivo poderá levar a resultados positivos. Além disso, dedique alguma atenção ao seu estilo de vida e desfrute as atividades recreativas. Mais importante: comunique-se bem com os outros.

A CABRA DA ÁGUA

Com suas muitas ideias, abordagens interessantes e perspectivas criativas, a Cabra da Água desfrutará as possibilidades oferecidas por este ano do Macaco. No entanto, para se beneficiar plenamente, ela precisará ser ativa e se envolver com os acontecimentos. Este não será um ano para ficar à margem ou se atrasar. Em vez disso, a Cabra da Água deverá tomar a iniciativa. Como diz o provérbio chinês, "Sem boas ações, não há recompensa", e as boas ações da Cabra da Água este ano poderão trazer recompensas consideráveis.

Para a Cabra da Água nascida em 1943, este poderá ser um ano especialmente interessante. Ela, muitas vezes, terá uma variedade de ideias e projetos que gostaria de colocar em prática, talvez relacionados à sua casa, ao seu jardim (se houver) ou a interesses pessoais. Ela se sentirá inspirada, mas precisará focar suas energias com sabedoria. Ser ambiciosa demais ou começar muitas atividades ao mesmo tempo não só trará aumento da pressão, como também conduzirá a resultados menos satisfatórios. Neste ano encorajador, a Cabra da Água precisará focar, priorizar e utilizar o tempo de forma eficaz.

Ela também deverá procurar a opinião de outras pessoas. Dessa forma, poderá não apenas ganhar com o apoio que oferecem, como também poderá discutir suas decisões e gerar, assim, certa esperança e impulso útil às atividades. Idealmente, ela não deverá agir sozinha este ano.

Os anos do Macaco também são cheios de surpresa e, por vezes, quando projetos já se encontrarem em fase de implementação, imprevistos proveitosos poderão ajudar. O acaso poderá ter maior destaque este ano. Além disso, poderão surgir novas opções, sobretudo quando compras estiverem envolvidas. A Cabra da Água precisará estar atenta e se adaptar de maneira apropriada. Poderá haver algumas reviravoltas curiosas este ano, mas, muitas vezes, elas favorecerão a Cabra da Água.

Em casa, projetos criteriosamente planejados poderão ser especialmente gratificantes, com novos equipamentos muitas vezes trazendo melhorias bem-vindas. A Cabra da Água também poderá deliciar-se com a compra de alguns itens simples, porém esteticamente agradáveis, que adicionarão estilo e cor aos principais cômodos. Seu toque hábil poderá muitas vezes fazer uma diferença notável.

Os interesses pessoais também poderão trazer-lhe prazer considerável e ela poderá sentir-se inspirada a fazer mais. Para os tipos criativos, haverá ideias para serem exploradas e talentos para serem aproveitados, além de muitos eventos para participar. Sempre que possível, a Cabra da Água deverá juntar-se a outras pessoas e, se já não for membro de um grupo de interesse ou comunidade, deverá pensar em se afiliar a uma entidade desse tipo. Os anos do Macaco serão favoráveis à participação e muita coisa poderá ser obtida como resultado disso. Para as Cabras da Água que estão sozinhas, as reuniões do grupo a que se afiliarem agora poderão tornar-se algo que aguardarão com ansiedade e, com o passar do tempo, valorizarão.

Abril, julho, agosto e dezembro poderão ser marcados por ocasiões sociais prazerosas e, durante todo o ano, a Cabra da Água gostará de encontrar os amigos e ter a chance de falar sobre as últimas novidades. Muita coisa poderá resultar dessas conversas, mas, sempre que certos arranjos estiverem envolvidos, deverá haver um acordo claro entre as partes que estiverem presentes. Os mal-entendidos ocorrerão com frequência exagerada nos anos do Macaco, e ter certeza será melhor do que fazer suposições.

Essa necessidade de boa comunicação também se aplicará à vida doméstica da Cabra da Água. Às vezes, as Cabras da Água acreditam que os outros sabem o que elas estão pensando ou que estão familiarizados com seus planos, mas esse nem sempre será o caso. Cabras da Água, fiquem atentas a isso e mantenham-se abertas e comunicativas.

A Cabra da Água participará de alguns eventos familiares agradáveis este ano, com as realizações de parentes mais jovens muitas vezes sendo fonte de orgulho considerável. Muitas também apreciarão fazer visitas e ficar com entes queridos que vivem longe. Julho e dezembro poderão ser meses movimentados em muitos lares de Cabras da Água.

Também haverá boas chances para a Cabra da Água viajar este ano, talvez sem aviso prévio. Ao tirar vantagem das oportunidades que surgirão em seu caminho, muitas vezes ela visitará (e às vezes revisitará) alguns pontos turísticos impressionantes.

Com algumas compras caras e muitas atividades, este ano ela precisará monitorar os gastos e conferir cuidadosamente a papelada, inclusive os termos de quaisquer operações importantes. Este será um período de vigilância.

Para a Cabra da Água nascida em 2003, o ano do Macaco também oferecerá muitas possibilidades. Com sua mente curiosa, a jovem Cabra da Água poderá considerar novas atividades criativas especialmente atraentes e, muitas vezes, ganhará confiança quando começar a realizar mais. Se estiver particularmente interessada em fazer, tentar ou adquirir alguma coisa, deverá conversar com os outros. Se estiver aberta, terá mais possibilidades.

A natureza aventureira de muitas Cabras da Água jovens também será satisfeita este ano. Haverá oportunidades de viagem e, para aquelas que gostam de estar ao ar livre, atividades emocionantes para desfrutar.

No âmbito educacional da Cabra da Água, este será um período propício à dedicação e à aprendizagem. Ao se empenhar (inclusive em matérias que não apresentam grande encanto), ela poderá fazer avanços significativos. Este não será um ano para desperdiçar. Quanto mais a Cabra da Água se envolver com o que estará acontecendo ao seu redor, mais ganhará. Além disso, em virtude de a comunicação ser tão importante este ano, ela deverá conversar com as pessoas em sua casa sobre suas atividades atuais, bem como acerca de quaisquer áreas de dificuldade. Opiniões, assistência e conselhos farão a diferença. Cabras da Água jovens, tomem nota disso.

O ano do Macaco poderá ser um ano de satisfação para as Cabras da Água nascidas em 1943 ou 2003. Será um ano propício a agir e aproveitar ao máximo as oportunidades. Com uma mentalidade positiva do tipo "posso fazer", muito poderá ser realizado. Ao longo do ano, a Cabra da Água, contudo, precisará envolver as outras pessoas e receber comentários e apoio. Falta de comunicação ou independência em demasia poderão gerar dificuldade. Cabras da Água, prestem atenção nisso. Em geral, porém, o ano do Macaco será encorajador. Poderá ser uma época afortunada, embora exija esforço, ação e bom uso do tempo.

DICA PARA O ANO

Desenvolva suas ideias e desfrute seus interesses e talentos especiais. Os anos do Macaco encorajarão e inspirarão, podendo trazer resultados agradáveis e, às vezes, surpreendentes. Além disso, seja franca a respeito de suas ideias e projetos. Apoio e conselhos poderão fazer grande diferença.

A CABRA DA MADEIRA

O ano do Macaco se moverá em ritmo acelerado e trará mudanças e oportunidades. E, embora muitas das Cabras da Madeira possam sentir-se confortáveis na situação atual, poucas permanecerão intocadas pelos acontecimentos do ano. Este será um momento interessante, porém atarefado.

No trabalho, muitas Cabras da Madeira precisarão enfrentar desdobramentos novos e muitas vezes inesperados. Subitamente, colegas de longa data poderão partir e/ou as responsabilidades da Cabra da Madeira poderão mudar à medida que novas metas forem definidas. Algumas semanas poderão ser inquietantes, mas, por estar preparada para se adaptar e aproveitar ao máximo as situações que surgirem, muitas Cabras da Madeira terão a oportunidade de assumir novas funções (muitas vezes mais lucrativas).

A Cabra da Madeira também será ajudada pelas boas relações de trabalho que mantém com muitas pessoas ao seu redor. Várias coisas poderão acontecer nos bastidores e, também, alguns colegas influentes poderão apoiar a Cabra da Madeira sem seu conhecimento.

Muitas Cabras da Madeira se beneficiarão de vagas no lugar de trabalho atual, mas haverá algumas que ficarão ansiosas por fazer uma mudança. Para essas Cabras da Madeira e aquelas que estão atualmente à procura de emprego, o ano do Macaco poderá abrir possibilidades interessantes. Ao ampliar o escopo do que estão dispostas a considerar e ao se manterem atentas às vagas, muitas poderão encontrar uma posição que será uma mudança interessante, permitindo que usem suas competências de novas maneiras. Conversar com colegas e amigos poderá ser útil e oportunidades possivelmente surgirão de formas às vezes até mesmo surpreendentes, razão pela qual a Cabra da Madeira precisará manter-se alerta e agir rapidamente. Abril, maio e julho a início de setembro poderão ser marcados por possibilidades interessantes.

Neste ano movimentado, as despesas da Cabra da Madeira poderão ser consideráveis, portanto ela precisará manter vigilância constante sobre as despesas e, quando fizer compras grandes, comparar opções e termos. Quanto mais controle tiver, melhor será. Ela também precisará ser minuciosa com toda a papelada importante e buscar esclarecimentos se tiver perguntas ou dúvidas. Os anos do Macaco não são anos para se mostrar negligente ou fazer suposições.

Os interesses pessoais poderão, no entanto, evoluir bem, com a Cabra da Madeira gerando diversas possibilidades novas. Eventos especiais realizados em sua área, cursos ou grupos de atividade também poderão ser de seu interesse. Por estar alerta e receptiva e participar do que está acontecendo ao seu redor, a Cabra da Madeira poderá injetar um elemento novo e interessante em seu estilo de vida. Aquelas cujos interesses e atividades recreativas foram deixados de lado nos últimos anos deverão procurar abordar isso e preservar algum "tempo para si". Isso poderá ser benéfico de muitas maneiras.

As viagens — muitas vezes, sem aviso prévio — também poderão ser agradáveis este período. A Cabra da Madeira, muitas vezes, ficará inspirada pelos lugares que visitar.

Ao longo do ano, também apreciará o contato que terá com os amigos e a oportunidade que isso lhe oferecerá para falar sobre acontecimentos recentes. A experiência de alguns de seus amigos poderá mostrar-se especialmente relevante para sua própria situação.

Além disso, o ano do Macaco poderá dar origem a certas ocasiões sociais animadas, algumas comemorações, das quais a Cabra da Madeira não apenas desfrutará, como também extrairá benefícios, uma vez que poderá fazer alguns amigos potencialmente importantes este ano. Abril, julho, agosto e dezembro poderão ser meses agradáveis do ponto de vista social.

A vida familiar da Cabra da Madeira também verá muita coisa acontecer este ano. As Cabras da Madeira e as pessoas próximas a ela frequentemente serão afetadas por mudanças súbitas, sobretudo no trabalho. Como consequência, esta será uma época de reajustes. No entanto, com uma boa cooperação, muito poderá ser ganho, e alguns sucessos merecidos serão conquistados. Em meio a tanta atividade, a Cabra da Madeira deverá encorajar o compartilhamento de interesses e apresentar suas próprias ideias e quaisquer preocupações. Boa comunicação e abertura serão especialmente necessárias este ano para evitar mal-entendidos ou momentos de confusão. Cabras da Madeira, tomem nota disso.

O ano do Macaco oferecerá opções consideráveis para a Cabra da Madeira, mas ela precisará avaliar suas oportunidades. Caso relute ou hesite por muito tempo, as chances poderão ser desperdiçadas. Esta será a hora certa para usar seus talentos, colocar em prática suas ideias e aproveitar ao máximo as situações. Ela será auxiliada por aqueles que estão ao seu redor, mas deverá lembrar-se de que a franqueza e a boa comunicação serão de importância vital este ano. O compartilhamento, a discussão e a participação serão a chave nesse sentido, permitindo à Cabra da Madeira desfrutar melhor este ano tão interessante.

DICA PARA O ANO

Seja receptivo. Dê sequência ao que faz e esteja preparado para se adaptar. Além disso, procure fazer melhor uso de seus interesses e talentos especiais. Este é um momento encorajador. Aprecie-o e use-o bem.

A CABRA DO FOGO

O elemento do fogo aumenta a iniciativa e a determinação de um signo, e isso é muito verdadeiro no caso da Cabra do Fogo. Ambiciosa, entusiasmada e com muitas ideias, ela gosta de aproveitar ao máximo o que está acontecendo ao seu redor. E, embora haja altos e baixos inevitáveis em sua vida, ela tem qualidades que poderão levá-la longe. O ano do Macaco oferecerá boas perspectivas.

No trabalho, muitas Cabras de Fogo terão passado por mudanças consideráveis nos últimos anos, algumas, inclusive, em um ritmo desconcertante. Embora alguns desdobramentos a tenham preocupado muito, aquilo pelo qual ela passou lhe proporcionará experiência considerável. Em 2016, ela será capaz de aproveitar isso. Em muitos casos, sua bagagem fará dela a candidata ideal para as vagas que surgirão ao longo do ano e, no processo, ela será capaz de desenvolver suas habilidades um tanto especializadas.

A maioria das Cabras do Fogo progredirá com o empregador atual, mas, para aquelas que estão insatisfeitas ou atualmente à procura de emprego, este poderá ser um ano de possibilidades interessantes. Ao se manterem informadas sobre vagas em sua área, estas Cabras poderão saber sobre um cargo em um tipo de trabalho diferente que oferecerá potencial para desenvolvimento. Algumas aprendizagens e ajustes de rotina poderão fazer-se necessários, mas os anos do Macaco encorajarão o desenvolvimento profissional, e o que é realizado no presente poderá influenciar o futuro de muitas Cabras do Fogo. Abril, maio e o período do final de junho a início de setembro poderão ser marcados por novidades interessantes, mas, ao longo do ano, ela deverá agir com rapidez quando tomar conhecimento de uma vaga que lhe agrade.

A experiência, a reputação e a versatilidade da Cabra do Fogo frequentemente a capacitarão a progredir e impressionar durante este ano, mas ela precisará trabalhar em estreita colaboração com seus colegas. Boa comunicação e presença ativa em qualquer cargo novo serão muito importantes. Felizmente, o comprometimento da Cabra do Fogo ajudará.

A ênfase no progresso e no desenvolvimento também se aplica a seus interesses. Ao abraçar o espírito inovador do ano, ela poderá ter grande prazer naquilo que faz. Sobretudo para a Cabra do Fogo criativa, o ano do Macaco poderá ser inspirador. Às vezes, novas atividades recreativas ou um programa de condicionamento físico poderão dar prazer e, se a Cabra do Fogo puder se encontrar com outros entusiastas, isso dará mais ímpeto a determinadas atividades. Aquelas que deixaram certos interesses de lado por causa do estilo de vida ocupado deverão tentar remediar essa situação, se possível.

Existe também um elemento de boa sorte neste ano do Macaco, e a Cabra do Fogo, muitas vezes, estará em posição favorável para se beneficiar. Isso poderá se aplicar a oportunidades de viagens (algumas surgindo sem aviso prévio), e a Cabra do Fogo poderá também ser convidada para ocasiões especiais ou ser atraída por eventos locais. Existe uma espontaneidade no ano do Macaco que acrescentará interesse e sentido.

Em vista do estilo de vida muitas vezes ocupado da Cabra do Fogo, este será um ano caro. Portanto, ela precisará controlar os gastos e, na medida do possível, permanecer dentro do orçamento. O excesso de compras não planejadas poderá forçar um corte em alguns planos mais adiante. Além disso, ao lidar com a papelada, ela precisará ser eficiente. Este não será um ano para assumir riscos ou mostrar-se negligente.

Com sua ampla gama de interesses, a Cabra do Fogo se dá bem com muitas pessoas, e o ano do Macaco será marcado por uma grande variedade de ocasiões sociais. Amigos a apresentaram a outras pessoas e, como resultado, ela descobrirá que seu círculo social estará se ampliando e que algumas das pessoas que ela conhece agora estarão muito sintonizadas com seu jeito de pensar e de ser. Para as solteiras, o ano do Macaco poderá trazer possibilidades de romance significativas. Abril, julho, agosto, dezembro de 2016 e o mês de janeiro de 2017 poderão ser períodos animados e interessantes. No entanto, embora muitas ocasiões sejam boas para ela, a Cabra do Fogo precisará mostrar clareza quando fizer planos ou expressar seus pontos de vista. Problemas de comunicação poderão ocorrer este ano, e poderão ser embaraçosos. Cabras do Fogo, tomem nota disso.

A vida doméstica da Cabra do Fogo também será marcada por bastante atividade e, em vista dos compromissos assumidos pelos membros de sua família, precisará haver boa cooperação entre todos. Com frequência, as Cabras do Fogo (e outras) estarão inspiradas e determinadas a levar adiante determinados projetos e aquisições. Estes, no entanto, precisarão ser bem discutidos e orçados, dedicando-se bastante tempo a eles. Se coisas demais forem tentadas em qualquer momento, a pressão, a pressa ou a confusão poderão prejudicar certas atividades.

Em meio aos planos e projetos, a Cabra do Fogo desfrutará de alguns momentos de diversão com os membros da família. O ano do Macaco conterá uma agradável mistura de atividades, e as opiniões e considerações da Cabra do Fogo serão, mais uma vez, muito apreciadas. O inverno será uma época especialmente ativa.

Muita coisa poderá acontecer este ano e haverá oportunidades para a Cabra do Fogo fazer melhor uso de seus interesses e habilidades. Ela precisará tomar a iniciativa e agir com determinação, mas tudo que fizer agora poderá beneficiá-la no presente e também prepará-la para oportunidades futuras. Ela será incentivada pelo apoio daqueles que a cercam e, no ambiente familiar e no social, o ano será ativo e importante. No entanto, embora este seja um ano animador, exigirá comprometimento, franqueza e comunicação. Cabras do Fogo, fiquem atentas e desfrutem deste ano gratificante.

DICA PARA O ANO

Esteja preparado para aproveitar as oportunidades, embora possam exigir ajustes e aprendizagem. O que surgir agora acontecerá por uma razão e, muitas vezes, será em seu benefício. Além disso, valorize as relações com aqueles que estão ao seu redor e desfrute do que este ano do Macaco tornará possível. Você tem muito a oferecer.

A CABRA DA TERRA

Há um provérbio chinês que nos exorta a "jogar uma linha grande para pegar um peixe grande". Isso significa: "Adote um plano a longo prazo para conseguir algo grande." A Cabra da Terra deverá lembrar-se dessas palavras neste ano importante. Ao aproveitar tudo ao máximo e procurar desenvolver seus conhecimentos e habilidades, ela poderá beneficiar-se tanto hoje quanto no futuro.

Uma característica interessante deste ano do Macaco serão as oportunidades inesperadas que surgirão. Às vezes, parecerá que uma influência invisível está trabalhando nos bastidores, pois, sempre que a Cabra da Terra implementa suas ideias, o acaso, de alguma forma, entra para auxiliar. No entanto, para aproveitar sua situação ao máximo, ela precisará esforçar-se, mesmo que isso, algumas vezes, signifique aventurar-se para fora da zona de conforto.

No trabalho, o ano do Macaco poderá proporcionar mudanças aceleradas. Às vezes, se houver mudança no quadro de funcionários ou novos sistemas forem introduzidos, mais responsabilidades serão atribuídas à Cabra da Terra. Algumas semanas exigirão mais, porém, por se concentrar no que precisará ser feito e estar disposta a aprender (e fazer ajustes), ela poderá melhorar sua reputação e perspectivas. Nas dificuldades é que residirão as oportunidades, como já se disse muitas vezes.

As mudanças trazidas pelo ano do Macaco também poderão realçar os pontos fortes da Cabra da Terra e mostrar onde reside sua força. Os anos do Macaco serão esclarecedores e poderão influenciar as carreiras de muitas Cabras da Terra.

Para as Cabras da Terra que estão insatisfeitas onde estão e que gostariam de enfrentar um novo desafio, bem como para aquelas que estão à procura de emprego, o ano do Macaco poderá ser um momento importante. Ao avaliar diferentes maneiras em que poderiam desenvolver suas habilidades e obter conselhos adequados, muitas dessas Cabras da Terra poderão ser alertadas para uma vaga que oferecerá boas perspectivas de ascensão profissional. Fazer a descoberta exigirá persistência, mas os anos do Macaco poderão trazer oportunidades relevantes. Abril, maio e o período do final de junho a início de setembro serão marcados por novidades importantes.

O progresso obtido no trabalho melhorará a renda de muitas Cabras da Terra, mas os gastos ainda requererão disciplina. Sem cuidados, as despesas poderão muito facilmente aumentar e, assim, as compras feitas por impulso serão lamentadas no futuro. A Cabra da Terra também precisará exercer vigilância com a papelada financeira, conferindo detalhes e guardando os documentos em segurança. Lapsos poderão causar prejuízo. Cabras da Terra, tomem nota disso.

Embora ela seja muito exigida em seu tempo, é também importante que os interesses e as atividades recreativas não sejam deixados de lado. Isso porque não só ajudarão a manter seu estilo de vida em bom equilíbrio, como também alguns interesses lhe darão a chance de fazer mais exercício e ter acesso a oportunidades sociais, incentivando-a a explorar certas ideias. Oportunidades interessantes poderão surgir este ano e, se a Cabra da Terra sentir-se tentada por um evento especial, um curso ou uma atividade nova, deverá dar sequência. Os anos do Macaco incentivarão a participação, bem como colocarão em destaque alguns dos talentos da Cabra da Terra.

Este ano do Macaco também poderá trazer surpresas, inclusive oportunidades inesperadas de viagem e/ou participação em eventos. Boa parte das atividades das Cabras da Terra também incorporará um elemento social importante e, no ano do Macaco, poderá dar origem a algumas ocasiões animadas. A natureza amável da Cabra da Terra fará dela companhia popular e, para as que estiverem se sentindo solitárias ou que tenham passado por uma decepção pessoal no passado recente, o ano poderá acender alguma faísca (e romance) de volta a sua vida. O final de março e os meses de abril, julho, agosto e dezembro poderão ser épocas interessantes do ponto de vista social e boas para conhecer pessoas novas.

A vida familiar da Cabra da Terra também será marcada por muita atividade, sobretudo, porque os compromissos e as rotinas estão suscetíveis a mudanças. Além disso, assim que os projetos práticos forem iniciados, alguns desenvolvimentos poderão ocorrer, podendo alterar as perspectivas e levar outras ideias e abordagens a serem consideradas. Da mesma maneira que muitas outras coisas neste ano, a Cabra da Terra precisará estar preparada para se adaptar e tirar o melhor proveito das situações e dos recursos como são.

Haverá também, no entanto, sucessos familiares a serem comemorados. Não apenas o progresso da própria Cabra da Terra agradará os entes queridos, como também parentes próximos terão os próprios sucessos e marcos para comemorar. Os momentos passados juntos como uma unidade também serão apreciados e farão bem a todos.

Assim como ocorre em todos os anos, às vezes poderão surgir problemas. E, quando isso acontecer, muitas vezes serão causados por falta de comunicação ou conclusões precipitadas. A Cabra da Terra deverá evitar fazer suposições ou achar que os outros sabem tudo de seus planos e pontos de vista. Ela deverá ser franca e clara se quiser evitar possíveis mal-entendidos. Cabras da Terra, fiquem atentas a isso.

Em geral, o ano do Macaco será promissor para a Cabra da Terra, mas exigirá empenho e atenção para desenvolver habilidades e pontos fortes. O que for feito agora poderá ser fundamental para os sucessos muitas vezes consideráveis que a esperam. Também haverá muitas ocasiões agradáveis neste ano movimentado. Será um tempo que incentivará o crescimento pessoal e profissional, oferecendo também ganhos a longo prazo.

DICA PARA O ANO

Dedique-se ao desenvolvimento de suas habilidades e pontos fortes. Você tem um futuro promissor e os esforços feitos agora poderão prepará-lo para as oportunidades que o esperam. Além disso, esteja atento aos outros e certifique-se de se comunicar com clareza. O esforço adicional poderá fazer diferença importante este ano.

CABRAS FAMOSAS

Pamela Anderson, Jane Austen, lord Byron, Vince Cable, Coco Chanel, Nat "King" Cole, Jamie Cullum, Robert de Niro, Catherine Deneuve, Charles Dickens, Vin Diesel, Ken Dodd, sir Arthur Conan Doyle, Douglas Fairbanks, Will Ferrell, Jamie Foxx, Noel Gallagher, Bill Gates, Robert Gates, Mel Gibson, Whoopi Goldberg, Mikhail Gorbachev, John Grisham, Oscar Hammerstein, George Harrison, Billy Idol, Julio Iglesias, sir Mick Jagger, Steve Jobs, Norah Jones, Nicole Kidman, sir Ben Kingsley, Matt le Blanc, Christine Lagarde, John le Carré, Franz Liszt, James McAvoy, sir John Major, Michelangelo, Joni Mitchell, Rupert Murdoch, Randy Newman, Sinead O'Connor, Michael Palin, Aaron Paul, Eva Peron, Pink, Marcel Proust, Keith Richards, Flo Kida, Julia Roberts, William Shatner, rainha Silvia da Suécia, Gary Sinise, Jerry Springer, Lana Turner, Mark Twain, Rudolph Valentino, Vangelis, Barbara Walters, John Wayne, Justin Welby, rei Willem-Alexander dos Países Baixos, Bruce Willis.

O MACACO

20 de fevereiro	de 1920	a	7 de fevereiro	de 1921	*Macaco do Metal*
6 de fevereiro	de 1932	a	25 de janeiro	de 1933	*Macaco da Água*
25 de janeiro	de 1944	a	12 de fevereiro	de 1945	*Macaco da Madeira*
12 de fevereiro	de 1956	a	30 de janeiro	de 1957	*Macaco do Fogo*
30 de janeiro	de 1968	a	16 de fevereiro	de 1969	*Macaco da Terra*
16 de fevereiro	de 1980	a	4 de fevereiro	de 1981	*Macaco do Metal*
4 de fevereiro	de 1992	a	22 de janeiro	de 1993	*Macaco da Água*
22 de janeiro	de 2004	a	8 de fevereiro	de 2005	*Macaco da Madeira*

A PERSONALIDADE DO MACACO

> Quanto mais estivermos abertos às possibilidades,
> mais possibilidades se abrem.

O Macaco nasce sob o signo da fantasia. Ele tem muita imaginação, é curioso e adora acompanhar tudo o que acontece à sua volta. Nunca hesita em dar apoio ou tentar resolver os problemas dos outros. Gosta de se sentir útil e seus conselhos são invariavelmente sensatos e confiáveis.

Ele é inteligente e culto, e está sempre ávido por aprender. Tem excelente memória, e muitos Macacos revelam-se ótimos linguistas. O Macaco também é um orador convincente e adora participar de debates. Ele é amistoso, seguro de si e pode, por isso, ser muito persuasivo. E normalmente consegue convencer com facilidade as pessoas sobre seus pontos de vista — é por isso que o Macaco apresenta, em geral, um ótimo desempenho na política e em qualquer atividade em que tenha de fazer pronunciamentos para grandes audiências. Ele também costuma se sair bem na área de recursos humanos ou departamento pessoal, no magistério, em marketing e em vendas.

O Macaco pode, entretanto, ser sagaz, malicioso e, em alguns casos, até mesmo desonesto. Ele não perde uma só oportunidade de obter ganhos imediatos ou de sobrepujar seus adversários. Tem tanto poder de sedução e malícia que as pessoas somente percebem suas reais intenções depois que ele consegue alcançar o que deseja. Mas, apesar de sua engenhosidade, o Macaco corre o sério risco de enganar inclusive a si próprio. Confia tanto em suas habilidades que raramente leva em consideração os conselhos de outras pessoas, e não se dispõe a aceitar ajuda. O Macaco gosta de ajudar os outros, mas prefere confiar no próprio bom senso ao tratar de seus assuntos.

Outra característica do Macaco diz respeito ao desembaraço e à facilidade com que costuma resolver os problemas. Ele tem o dom de tirar a si próprio (e os outros) das situações mais difíceis. O Macaco é um mestre da autopreservação.

Considerando suas diversas habilidades, o Macaco é capaz de reunir grandes somas em dinheiro. Mas gosta de gozar a vida e não pensará duas vezes antes de gastar seu dinheiro em férias exóticas ou com algum luxo de que há muito deseja usufruir. Pode, entretanto, sentir muita inveja se alguém consegue adquirir ou conquistar algo que ele deseja.

O Macaco é um autêntico pensador, e, apesar de adorar ter alguém a seu lado, preza muito sua independência. Ele precisa ter a liberdade de agir como quiser, e muitos Macacos se sentem infelizes quando presos ou limitados por muitas restrições. Da mesma forma, quando algo se torna enfadonho ou monótono, ele logo perde o interesse e desvia sua atenção para outro assunto. O Macaco não tem muita persistência, e isso pode dificultar seu progresso. Ele também se distrai com muita facilidade, e essa é uma tendência que todos os Macacos deverão procurar superar. O Macaco deverá se concentrar em uma atividade de cada vez, e, se proceder dessa forma, com certeza progredirá muito na vida.

Ele é muito organizado. E embora algumas vezes possa ter um comportamento um tanto desordenado, terá invariavelmente algum plano em mente. Nas raras vezes em que seus planos não se concretizam, ele balança com calma os ombros e considera o ocorrido como experiência adquirida. O Macaco dificilmente comete duas vezes o mesmo erro, e durante toda a vida irá se dedicar a várias atividades.

O Macaco gosta de causar boa impressão e, em geral, tem muitos seguidores e admiradores. Ele atrai muitas pessoas por sua boa aparência, seu senso de humor ou simplesmente por inspirar muita confiança.

Os Macacos normalmente se casam jovens, e para que esse casamento tenha sucesso sua companheira deve lhe dar tempo suficiente para se dedicar às suas várias atividades de interesse e a oportunidade de satisfazer sua paixão por viagens. O Macaco precisa ter uma vida diversificada e costuma se relacionar especialmente bem com os nascidos sob os sociáveis e expansivos signos do Rato, do Dragão, do Javali e da Cabra. O Búfalo, o Coelho, a Serpente e o Cão também irão se encantar com a engenhosidade e a expansividade do Macaco. Mas é provável que ele irrite o Galo e o Cavalo. E o Tigre não terá muita paciência com suas artimanhas. Um relacionamento entre dois Macacos também será bem-sucedido — eles irão se entender e um ajudará o outro em seus vários empreendimentos.

A mulher Macaco é inteligente, muito observadora e sagaz conhecedora do caráter humano. Seus pontos de vista e opiniões são bastante valorizados, e, com sua personalidade persuasiva, ela invariavelmente consegue alcançar o que deseja. A mulher Macaco se interessa por vários assuntos e se dedica a diversas atividades. Ela preza muito sua aparência, veste-se com elegância e gosta de cuidar especialmente dos cabelos. Também pode ser uma mãe zelosa e dedicada, e terá muitos amigos sinceros e leais.

Se o Macaco puder controlar seu desejo de participar de tudo o que acontece à sua volta e se concentrar em uma atividade de cada vez, poderá alcançar o que deseja na vida. E quando sofre alguma decepção, tende a se recuperar rapidamente. O Macaco tem o dom da sobrevivência, e sua vida é normalmente muito movimentada e animada.

OS CINCO TIPOS DE MACACO

Além dos 12 signos do zodíaco chinês existem cinco elementos que influenciam cada signo, acentuando ou atenuando suas características. Os efeitos dos cinco elementos sobre o Macaco estão descritos a seguir, juntamente com os anos em que os elementos exercem sua influência. Dessa forma, todos os Macacos nascidos em 1920 e 1980 são Macacos do Metal, todos os nascidos em 1932 e 1992 são Macacos da Água e assim por diante.

MACACO DO METAL: 1920, 1980

O Macaco do Metal é muito obstinado. Ele se dedica a tudo o que faz com muita determinação e em geral prefere trabalhar de forma independente a atuar em equipe. É ambicioso, sagaz e ousado, e não tem medo de trabalhos árduos. É muito astuto em questões financeiras e normalmente investe bem seu dinheiro. Apesar de sua natureza independente, o Macaco do Metal adora participar de festas e eventos sociais e é muito carinhoso e atencioso com aqueles a quem estima.

MACACO DA ÁGUA: 1932, 1992

O Macaco da Água é versátil e determinado, tendo ótima percepção. Ele também tem mais disciplina que alguns dos outros tipos de Macaco e costuma trabalhar para alcançar um objetivo específico, em vez de se distrair com outros interesses. Nem sempre expõe suas reais intenções, e, quando questionado, pode ser extremamente evasivo. Não aceita críticas com facilidade. Mas pode ser muito persuasivo, e, em geral, consegue facilmente convencer os outros a concordar com seus planos. É um profundo conhecedor da natureza humana e se relaciona muito bem com as pessoas.

MACACO DA MADEIRA: 1944, 2004

Este Macaco é eficiente, metódico e extremamente atencioso. Ele tem muita imaginação e está sempre tentando capitalizar novas ideias ou aprender novos ofícios. Às vezes, seu entusiasmo pode prejudicá-lo. E ele pode ficar muito abalado quando algo não corre como esperava. No entanto, o Macaco da Madeira tem forte espírito aventureiro, não tem medo de correr riscos e adora viajar. Ele também é muito estimado pelos seus amigos e companheiros.

MACACO DO FOGO: 1956

O Macaco do Fogo é inteligente, tem muita vitalidade e conquista facilmente o respeito dos outros. Ele tem muita imaginação e se interessa por vários assuntos, mas isso pode, algumas vezes, desviar sua atenção de tarefas mais úteis e proveitosas. É um bom competidor e gosta de se envolver em tudo o que acontece à sua volta. Pode ser um tanto teimoso quando não consegue o que deseja e, às vezes, tenta doutrinar aqueles que são menos determinados que ele. O Macaco do Fogo é um indivíduo ativo, benquisto e extremamente fiel à sua companheira.

MACACO DA TERRA: 1968

O Macaco da Terra é, em geral, estudioso e culto, e tende a ocupar posição de destaque na carreira escolhida. Ele é menos expansivo que alguns dos outros tipos de Macaco e prefere se dedicar a atividades mais calmas e estáveis. Tem princípios bastante elevados, é muito atencioso e pode ser extremamente generoso com os menos afortunados. Costuma ter êxito em questões financeiras e pode se tornar muito abastado na idade avançada. Exerce influência tranquilizadora sobre aqueles que o cercam e é muito respeitado e benquisto por todos. No entanto, é especialmente cauteloso com aqueles a quem permite compartilhar sua privacidade.

PREVISÕES PARA O MACACO EM 2016

O ano da Cabra (de 19 de fevereiro de 2015 a 7 de fevereiro de 2016) terá sido de altos e baixos para o Macaco e, em seus meses restantes, ele precisará ter cuidado.

Com o provável aumento dos gastos, ele precisará prestar atenção em suas despesas e tomar cuidado com possíveis riscos, evitando, ao mesmo tempo, a tentação de fazer muitas compras por impulso. Os gastos poderão facilmente se tornar maiores do que previstos forçando possíveis economias mais adiante. Macacos, tomem nota disso.

No trabalho, progressos surpreendentes são possíveis, e alguns Macacos terão a chance de desempenhar novas funções ou se beneficiar de treinamentos ou de outras iniciativas. Com excelentes oportunidades aguardando o Macaco no próximo ano, o progresso que ele fizer agora poderá ser significativo mais tarde. Novembro poderá trazer novidades encorajadoras.

Tanto no âmbito social quanto no doméstico, muita coisa acontecerá. Mais uma vez, surpresas poderão aguardá-lo, incluindo oportunidades de passar algum tempo com pessoas que o Macaco não vê há muito tempo. No entanto, embora ele possa divertir-se com isso, precisará ser diplomático. Uma observação poderá ser mal-interpretada, uma diferença de opinião poderá surgir ou alguém poderá decepcionar o Macaco de alguma forma. Ele é, em geral, habilidoso ao lidar com os relacionamentos pessoais, mas nos últimos meses do ano da Cabra poderão acontecer momentos em que sua paciência será posta à prova.

Por ser uma época muito agitada, o Macaco também deverá cuidar de seu bem-estar. Exigir demais de si mesmo, sem o descanso adequado, poderá deixá-lo suscetível a resfriados e algumas enfermidades de menor gravidade. Com as viagens sob um aspecto favorável, se ele conseguir tirar férias nos últimos meses do ano, isso poderá fazer-lhe muito bem.

Quando milhões em todo o mundo celebrarem a entrada do ano do Macaco, em 8 de fevereiro, muitos Macacos se empolgarão com o espetáculo e estarão entusiasmados com o próprio ano. E será realmente um ano bastante promissor. Para muitos Macacos, sobretudo aqueles que estão decepcionados com seu progresso recente ou que se sentem insatisfeitos, o ano representará um momento de virada.

Para aproveitar seu ano ao máximo, contudo, o Macaco precisará decidir sobre o que deseja ver acontecer. Com projetos a serem implementados, ele não apenas será mais capaz de direcionar suas energias, como também estará mais atento às possibilidades.

Ele também se beneficiará pelo apoio que vai receber no decorrer do ano. No entanto, para tirar proveito plenamente, ele precisará mostrar-se aberto e receptivo. A cooperação será um fator importante neste período, e os Macacos não deverão agir de forma isolada.

No trabalho, este é um ano de grandes possibilidades. Oportunidades de promoção, há muito tempo aguardadas, poderão aparecer e, para alguns Macacos, a chance de mudar de cidade poderá surgir. Alguns Macacos perceberão mudanças que acreditam ter um potencial emocionante. Ao se manterem informados, muitos poderão reconhecer uma oportunidade ou adquirir habilidades e desenvolvê-las. Os anos do Macaco são dinâmicos e, para os empenhados e empreendedores, *será rico em possibilidades*.

Para os Macacos que estão infelizes em sua ocupação atual, bem como para aqueles que estão à procura de emprego, este é um ano de reavaliação. Ao analisar diferentes maneiras de usar suas habilidades e se manter atento a eventuais vagas, muitos desses Macacos terão a oportunidade que tanto esperam. Em alguns casos, será necessário fazer ajustes consideráveis, mas as portas que se abrirão para vários Macacos este ano poderão acabar sendo significativas. Além disso, ao mostrar comprometimento com o novo cargo, esses Macacos poderão descobrir outras oportunidades que se tornarão disponíveis em breve. Os anos de Macaco são encorajadores, e fevereiro, abril, maio e setembro trarão algumas novidades especialmente interessantes.

Haverá também alguns Macacos que, levando em conta seus conhecimentos e experiência, estarão pensando em estabelecer um negócio próprio. Esses Macacos deverão procurar assessoria profissional, bem como informar-se sobre programas governamentais que poderão ajudá-los. Com um bom suporte, muitos serão capazes de colocar suas ideias em prática.

O progresso alcançado no trabalho ajudará financeiramente, e alguns Macacos encontrarão suporte para complementar a renda por meio de uma ideia empreendedora. Esse crescimento convencerá muitos a darem seguimento a seus planos e a compras que já vinham sendo consideradas há algum tempo. Aqui, a natureza astuta do Macaco poderá ser vantajosa, e ele será capaz de identificar várias ofertas atraentes. Além disso, se for capaz, deverá pensar em fazer uma reserva de longo prazo, talvez contratando um plano de previdência privada ou iniciando uma poupança. Nos próximos anos, ele poderá agradecer por haver tomado essas medidas agora.

Em muitos aspectos, o Macaco ficará animado com a fartura de oportunidades que seu próprio ano oferece, incluindo uma variedade de atividades recreativas. Para os entusiastas dos esportes e do ar livre, momentos emocionantes podem acontecer. Alguns Macacos também considerarão esse ano um período de melhoria pessoal e iniciarão programas de condicionamento físico, introduzirão mudanças na dieta ou reservarão algum tempo para o estudo pessoal. Ao colocar em prática suas ideias, esses Macacos não apenas ficarão satisfeitos com o que fazem, como também serão capazes de colher benefícios consideráveis.

Haverá também oportunidades para viajar e, se houver um destino que o Macaco faça questão de visitar ou um evento especial que lhe agrade, deverá buscar informações a respeito. Ao fazer planos, ele descobrirá que suas esperanças têm grande probabilidade de serem realizadas.

Ele também será muito solicitado socialmente. Não só muitos procurarão sua companhia, como também alguns amigos íntimos poderão compartilhar certas confidências. Aqui, a empatia e a capacidade de considerar situações de diferentes perspectivas poderão ajudá-lo. No entanto, o apoio precisará ser mútuo, e o Macaco deverá estar preparado para discutir as próprias ideias e procurar conselhos sempre que necessário.

Na maior parte do ano, haverá pessoas para ver e lugares para ir, mas maio, junho, setembro e dezembro poderão ser marcados por uma atividade social mais intensa.

Para quem estiver solteiro, um encontro casual poderá rapidamente se tornar um romance significativo e, para os Macacos que tiveram uma decepção pessoal no passado recente, novas atividades e novas pessoas poderão recolocar significado em suas vidas.

A vida familiar do Macaco também poderá ser bastante agitada. O Macaco poderá desejar fazer melhorias ambiciosas em sua casa e precisará discuti-las e buscar cooperação. Este é um ano que favorece os esforços coletivos.

O Macaco também poderá sugerir atividades para todos os gostos, e suas sugestões poderão fazer uma diferença definitiva este ano. Sendo este seu próprio ano, ele também poderá ter um marco ou uma ocasião especial para comemorar. Abril, agosto e outubro poderão ser meses particularmente ativos no lar.

O ano do Macaco apresenta grandes possibilidades para o próprio Macaco. É hora de colocar as ideias em prática, reforçar os pontos fortes e aproveitar ao máximo as oportunidades. Ele terá muito a seu favor este ano, e seu empenho e astúcia poderão ser bem recompensados. Seu ano é a época propícia para fazer as coisas acontecerem. E muitos Macacos terão um sucesso admirável.

O MACACO DO METAL

Há um provérbio chinês que nos lembra, "Grande é aquele que entende seu tempo", e o Macaco do Metal perspicaz perceberá que este ano terá potencial para ser significativo. Não apenas seu signo animal rege o ano, como também ele se sentirá pronto para seguir em frente.

No entanto, para tirar o máximo proveito do ano, o Macaco do Metal precisará estabelecer boas ligações com os outros, falar sobre suas ideias e angariar apoio. Manter seus pensamentos para si mesmo (como alguns Macacos do Metal costumam fazer) ou agir sozinho são atitudes que podem reduzir sua eficiência. Este ano, a união faz a força e, com os outros ajudando e torcendo por ele, esse Macaco poderá ser muito mais bem-sucedido.

Novidades importantes poderão aparecer no trabalho. Vários Macacos do Metal desejarão aproveitar melhor seus pontos fortes, e o acaso poderá dar uma ajuda. Assim que o ano do Macaco começar, se não um pouco antes, possivelmente surgirão oportunidades para o Macaco do Metal avançar na carreira. Colegas que ocupam cargos mais altos talvez sejam promovidos, abrindo vagas, ou ele mesmo poderá identificar um cargo atraente em outro lugar. Ao expressar interesse, ele poderá dar início a movimentos importantes. Além disso, à medida que os outros perceberem seu desejo de progredir, colegas influentes poderão oferecer apoio. As sugestões de outras pessoas poderão ajudar bastante o Macaco do Metal ao longo do ano.

Muitos Macacos do Metal assumirão um papel maior no cargo atual, mas, para aqueles que acreditam que podem se aprimorar mudando de trabalho ou que estejam à procura de emprego, o ano do Macaco poderá trazer possibilidades concretas. Ao ficarem atentos às vagas e considerar outras maneiras de usar sua capacidade, esses Macacos do Metal poderão se estabelecer em um setor diferente e, frequentemente, próspero. Em sua busca, também deverão procurar os conselhos de pessoas especializadas. Eles poderão receber ajudas cruciais. Fevereiro, o período de abril ao início de junho e setembro poderão trazer evoluções significativas.

Os progressos alcançados no trabalho farão com que muitos Macacos do Metal aumentem seus rendimentos ao longo do ano, e alguns também se beneficiarão com um bônus ou um presente especial. No entanto, embora estejam previstas algumas melhorias, o Macaco do Metal precisará ser disciplinado; caso contrário, tudo que receber a mais poderá ser rapidamente gasto, e nem sempre da maneira mais vantajosa. Idealmente, o Macaco do Metal deverá planejar as compras grandes com cuidado e comparar termos e opções. Além disso, se puder, deverá reservar algum dinheiro para necessidades específicas ou para o futuro. Neste ano favorável, ele precisará aproveitar bem seus recursos.

O Macaco do Metal tem interesses variados e se divertirá com a riqueza das ideias e atividades em oferta. Sobretudo para os Macacos do

Metal criativos, este poderá ser um momento de inspiração. Ao desenvolver seus talentos, eles poderão desfrutar de resultados inesperados. Alguns Macacos do Metal também poderão ficar instigados por um novo programa de condicionamento físico. Os Anos do Macaco incentivam o desenvolvimento pessoal de todos os tipos.

O Macaco do Metal sociável também participará de vários eventos. Maio, junho, setembro e dezembro poderão ser meses especialmente animados. Qualquer Macaco do Metal que tiver apresentado alguma dificuldade pessoal no passado recente descobrirá que, ao sair e aproveitar o que estiver disponível nas redondezas, poderão recuperar a alegria. Para alguns, poderá surgir um romance que mudará suas vidas.

A vida familiar do Macaco do Metal também será agitada. Haverá realizações para celebrar e uma sensação de comemoração em certas partes do ano. Ao compartilhar esperanças e discutir suas decisões, o Macaco do Metal e seus entes queridos descobrirão que o apoio mútuo poderá tornar a vida doméstica muito especial este ano.

No entanto, embora muita coisa possa fluir bem, por vezes o Macaco do Metal precisará moderar sua natureza zelosa e resistir à tentação de iniciar muitas tarefas ao mesmo tempo. Ele estará ansioso para apresentar ideias e realizar melhorias, mas, se quiser evitar se colocar sob pressão, precisará estabelecer prioridades. O tempo de qualidade também poderá ser prejudicado pelo excesso de atividades. Manter um estilo de vida bem equilibrado ajudará.

Em geral, o ano do Macaco será um período de grandes possibilidades para o Macaco do Metal. Ele precisará aproveitar suas oportunidades, mas, com objetividade, determinação e o apoio dos outros, poderá fazer importantes (e merecidos) avanços. Os interesses pessoais poderão trazer-lhe bastante prazer, e ele também terá a oportunidade de aprimorar suas habilidades e pontos fortes. A única condição é não dispersar suas energias. Se tomar cuidado com essa tendência, poderá fazer deste um ano agradável e bem-sucedido.

DICA PARA O ANO

Procure apoio. Você tem determinação e reúne as habilidades necessárias para alcançar sucesso este ano, mas não poderá fazer tudo sozinho. Além disso, aproveite as relações com aqueles ao seu redor.

O MACACO DA ÁGUA

No início do ano do Macaco, o Macaco da Água provavelmente terá grandes expectativas—e alguns planos bem-definidos. Ele, muitas vezes, estará disposto a aproveitar as mudanças recentes e a fazer o melhor uso possível de seu potencial. E sua personalidade e determinação farão muita coisa acontecer neste ano importante e, com frequência, especial.

As relações do Macaco da Água com os outros estarão sob um aspecto especialmente favorável e, para aqueles que apreciam o romance, haverá muito a planejar e compartilhar. Alguns estabelecerão relacionamentos duradouros ou casarão durante o ano. Para esses Macacos de Água, este poderá ser um ano de muitas emoções. Não só haverá sucessos individuais a serem desfrutados, como também planos conjuntos a serem considerados. O Macaco da Água, muitas vezes, tem um grande prazer em ver esses planos tomarem forma e, em alguns casos, a sorte também poderá desempenhar papel relevante.

Para os Macacos da Água que começarem o ano sozinhos, mudanças em sua situação poderão criar oportunidades para conhecer pessoas novas e, em alguns casos, construir um novo círculo social. Novidades emocionantes poderão estar à sua espera. Para qualquer Macaco da Água que tenha passado por um aborrecimento recente, talvez o fim de um relacionamento, o ano do Macaco será um tempo para esquecer o passado e se concentrar no presente. Novos interesses, novas possibilidades e novas pessoas poderão surgir e, ao mergulharem nos muitos eventos e atividades do ano, esses Macacos da Água poderão melhorar bastante sua condição.

O período de maio ao início de julho e os meses de setembro e dezembro poderão ser importantes, tanto para conhecer pessoas novas quanto para desfrutar de alguns momentos animados. No entanto, esses aspectos estarão tão acentuados que a seta do cupido poderá atingi-lo a qualquer momento. Os anos do Macaco são famosos pelas surpresas.

Além disso, alguns dos amigos mais próximos do Macaco da Água poderão ter motivos para comemorar, e ele ajudará com os preparativos e desfrutará de tudo que acontecer. No nível pessoal, poderá ser muito requisitado.

O Macaco da Água também poderá estar inspirado. Novas ideias, equipamentos e oportunidades poderão encorajá-lo a desenvolver seus interesses pessoais, e resultados interessantes poderão surgir daí.

Certos interesses também poderão levar a viagens e, se o Macaco da Água estiver participando de eventos, fazendo turismo ou visitando locais de interesse, muitas vezes será surpreendido e ficará encantado com o que será capaz de fazer. Agosto e setembro poderão ser meses especialmente movimentados.

No trabalho, este é um ano de mudanças importantes. Os Macacos da Água que estiverem consolidados em seu cargo frequentemente se sentirão prontos para assumir responsabilidades maiores, e seus superiores poderão incentivá-los, organizar treinamentos ou dar-lhes a oportunidade de ampliar a experiência de alguma outra maneira. As possibilidades *surgirão*, seja no atual emprego do Macaco da Água, ou em outros lugares, e, até o final do ano, muitos terão feito avanços importantes, bem como aumentado consideravelmente a bagagem profissional.

Para os Macacos da Água descontentes em seu trabalho atual, bem como para aqueles que estão à procura de emprego, o ano do Macaco poderá abrir possibilidades novas. Mais uma vez, pessoas que conhecerem o Macaco da Água e reconhecerem seu potencial poderão ajudar, alertando-o para vagas, sugerindo possibilidades ou recomendando-o. Consultores profissionais também poderão fornecer informações úteis e, por estarem ativos e atentos, muitos desses Macacos da Água conseguirão um cargo que lhes oferecerá potencial de desenvolvimento. Fevereiro, abril e o período do início de junho a setembro poderão trazer possibilidades encorajadoras.

O progresso no trabalho o ajudará financeiramente, mas este será um ano de muitos gastos para o Macaco da Água. Com seu estilo de vida ativo, além das compras que desejará fazer e das reservas que desejará guardar para adquirir certos itens, ele precisará controlar os gastos. Se firmar novos contratos, também deverá conferir os termos e as condições com cuidado. Este será um ano para ser meticuloso e gerir bem seus recursos.

No geral, o ano do Macaco será movimentado e interessante para o Macaco da Água. No trabalho, haverá boas oportunidades para aprender e progredir, e esse também poderá ser um momento inspirador para os interesses pessoais. O entusiasmo e a criatividade do Macaco da Água poderão instigá-lo, e haverá sucessos a serem desfrutados. No nível pessoal, ele será beneficiado pelo apoio daqueles que estão ao seu redor, e os assuntos do coração poderão tornar este um momento especial. O

Macaco da Água terá muito a seu favor e dependerá dele aproveitar seus pontos fortes e talentos especiais para tirar vantagem.

DICA PARA O ANO

Acredite em si mesmo. Muita coisa é possível, mas você precisará assumir a responsabilidade e dar seguimento às suas ideias. Com determinação, poderá fazer deste um ano agradável e bem-sucedido, e com recompensas que poderão ser grandes.

O MACACO DA MADEIRA

O Macaco da Madeira tem uma natureza curiosa, e este ano do Macaco lhe oferecerá ideias, atividades e oportunidades para se deliciar.

No início do ano do Macaco, o Macaco da Madeira nascido em 1944 deverá refletir um pouco sobre os planos que gostaria de realizar ao longo do ano. Sejam eles relacionados a reformas em casa, interesses pessoais ou visitas a um lugar especial, ao estabelecerem metas a serem alcançadas, os Macacos da Madeira descobrirão que não apenas poderão realizar mais, como também que o acaso poderá fazer com que seus planos avancem durante o ano.

A natureza atenta do Macaco da Madeira também poderá ajudar. Às vezes, ao considerar as opções, ele poderá fortuitamente encontrar a própria informação de que precisa ou identificar uma oferta especial. Ele também deverá ser aberto e receptivo. Se revelar suas ideias, outros poderão fazer sugestões úteis ou oferecer assistência de alguma forma.

Em casa, ele poderá ter ideias bem-definidas sobre o que gostaria que acontecesse. Pode ser que certos itens domésticos precisem ser trocados e, se investigar as opções, o Macaco da Madeira ficará muito satisfeito com as compras feitas e os benefícios obtidos. Muitos Macacos da Madeira também ficarão satisfeitos com os projetos que realizarem, talvez descartando o excesso de objetos em certos cômodos, reorganizando alguns aposentos ou mudando a decoração. Aqui o senso de estilo do Macaco da Madeira virá à tona. Alguns poderão até mesmo decidir se mudar. Apesar de todo o transtorno, eles apreciarão as vantagens que o novo lar oferece. Como muitos Macacos da Madeira descobrirão, este é um ano propício para colocar as ideias em prática e fazer melhorias.

Ao longo do ano, o Macaco da Madeira será bem auxiliado por aqueles que estão à sua volta, e a contribuição deles poderá dar um impulso importante às ideias que ele tem em mente. Seu entusiasmo, muitas vezes contagioso, também o ajudará a colocar em andamento muitos de seus planos.

Além das muitas atividades práticas do ano, o Macaco da Madeira apreciará passar algum tempo com os entes queridos. Os interesses compartilhados poderão ser especialmente prazerosos, assim como as visitas a eventos nas proximidades e a alguns locais de seu interesse. O ano do Macaco oferecerá muita coisa a fazer, e o Macaco da Madeira, com frequência, gostará de participar.

Como sempre, ele também acompanhará as atividades dos familiares com grande interesse e, levando em conta as decisões e os planos ambiciosos que alguns parentes mais jovens terão em mente, ele estará pronto para oferecer apoio. Nesse aspecto, sua capacidade de empatia será bastante apreciada e suas palavras terão um peso considerável.

O Macaco da Madeira também aproveitará as oportunidades que o ano do Macaco trará. Uma viagem poderá ser uma tentação especial. Ele também estará disposto a colocar em prática vários planos. Em alguns casos, uma ideia ou projeto levará a outro, e o Macaco da Madeira ficará agradavelmente ocupado. Alguns Macacos da Madeira poderão sentir-se tentados a fazer cursos em lugares perto de sua casa ou se afiliar a grupos com os mesmos interesses que ele. Ao aproveitar ao máximo o que estiver disponível, tornará este um momento muito recompensador.

Por causa de compras e planos de maior porte e, para alguns, por causa de despesas associadas a mudanças, ele precisará acompanhar de perto os gastos e estar atento a quaisquer obrigações que assuma. Se tiver perguntas ou dúvidas, deverá resolvê-las antes de prosseguir. Embora este seja um ano favorável, não é propício a fazer suposições ou improvisar. Além disso, se o Macaco da Madeira tiver qualquer preocupação, deverá procurar conselhos. Este não será o momento de ficar guardando angústias para si mesmo.

Para o Macaco da Madeira nascido em 2004, este período poderá ser movimentado e interessante. À medida que for avançando em sua educação, esses Macacos da Madeira apreciarão a oportunidade de desenvolver seus conhecimentos e habilidades. Novas aptidões também poderão ser destacadas, e o empenho do Macaco da Madeira jovem poderá fazer com que ele tenha um progresso impressionante.

Com um ano tão rico em possibilidades, estes Macacos da Madeira, no entanto, precisam ser francos. Sempre que tiverem ideias ou preocupações, deverão assegurar-se de que sejam conhecidas. Os familiares e educadores ficarão felizes em dar apoio e conselhos. Além disso, embora o Macaco da Madeira jovem possa, às vezes, sentir-se fora de sua zona de conforto e perplexo diante das expectativas colocadas diante dele, será justamente por ficar sob pressão que aprenderá mais e descobrirá seus pontos fortes. Macacos da Madeira, tomem nota disso.

Seja nascido em 1944 ou em 2004, o Macaco da Madeira descobrirá que o ano do Macaco será um período propício para colocar suas ideias em prática e aproveitar as oportunidades. Uma vez que os planos tenham sido iniciados, apoio— e sorte — poderá acrescentar um impulso útil e tornar possível a realização de muitas coisas. Atividades e interesses compartilhados também poderão evoluir bem e, com muitos Macacos da Madeira se sentindo inspirados, haverá ideias em grande quantidade. Se, a qualquer momento, surgirem ansiedades, o Macaco da Madeira deverá ser franco e buscar conselhos, mas, no fim das contas, este será um ano favorável, e ele participará de uma ampla gama de atividades e desfrutará das recompensas que muitas vezes surgirão.

DICA PARA O ANO

Coloque seus planos em prática. Este poderá ser um ano muito gratificante para você. Esteja aberto às oportunidades e aproveite bem seus dons especiais.

O MACACO DO FOGO

Este é o ano do Macaco do Fogo e será um ano importante para ele. Não só porque marca seu sexagésimo ano, mas também porque trará muitas novidades relevantes. Haverá decisões importantes a serem tomadas, planos a serem implementados e alguns momentos muito especiais para desfrutar.

Praticamente todos os aspectos da vida do Macaco do Fogo sofrerão mudanças significativas e, ao longo do ano, ele precisará envolver outras pessoas no que está acontecendo. Embora, por ser um Macaco típico, ele seja introvertido, caso compartilhe seus pensamentos poderá beneficiar-se da assistência e do apoio daqueles que estão ao seu redor. O processo de diálogo também poderá desencadear outras ideias. Em algumas ocasiões a mente do Macaco do Fogo trabalhará bastante este ano, à medida que novas ideias forem surgindo ou quando ele descobrir outros caminhos a serem explorados. O ano do Macaco do Fogo oferecerá grandes oportunidades para o próprio Macaco do Fogo, mas, para tirar bom proveito, ele precisará estar ativo, consciente e envolvido.

Uma área que será foco de muita atenção é o trabalho. Alguns Macacos do Fogo decidirão se aposentar agora ou reduzir seus compromissos profissionais. Talvez eles estejam avaliando isso há algum tempo e apreciarão o tempo livre que passarão a ter, bem como a diminuição das pressões recentes.

Para aqueles que permanecerem no cargo atual, o ano também poderá ser significativo. Tendo em vista a experiência que muitos acumularam, frequentemente haverá oportunidade para se concentrar em tarefas específicas e direcionar seus esforços de determinada maneira. Como os anos do Macaco são inovadores, também poderá haver projetos novos a serem supervisionados. As habilidades do Macaco do Fogo serão apreciadas em muitos locais de trabalho este ano.

Também existem Macacos do Fogo com instinto empreendedor, e alguns poderão decidir comercializar suas habilidades em trabalhos autônomos ou dar seguimento a uma ideia inovadora. Com bons conselhos e avaliação criteriosa, eles poderão ver seus planos se desenvolverem de forma encorajadora.

Para os Macacos do Fogo que estão à procura de emprego, também poderão aparecer oportunidades interessantes a serem seguidas. Contatos e especialistas em recrutamento poderão ser úteis e, com apoio e determinação, esses Macacos do Fogo poderão conquistar novas posições que, muitas vezes, se adequarão às suas aptidões e atenderão a seus requisitos perfeitamente. O início do ano do Macaco, abril, maio e setembro poderão trazer oportunidades e decisões importantes a serem consideradas.

As finanças também estão em aspecto favorável, e alguns Macacos do Fogo se beneficiarão do vencimento de uma aplicação financeira, de um pagamento adicional ou de um presente. Isso deixará muitos tentados a colocar em prática uma variedade de planos, incluindo viagens, que talvez estejam contemplando há algum tempo. No entanto, embora este seja um ano favorável no aspecto financeiro, o Macaco do

Fogo precisará refletir bastante sobre as transações mais caras e tomar cuidado com as decisões precipitadas; caso contrário, o que conseguir a mais poderá ser rapidamente gasto, e nem sempre da melhor maneira. Os Macacos do Fogo que se aposentarem deverão também passar um tempo analisando cuidadosamente seu orçamento e suas necessidades, e quaisquer mudanças que talvez precisem fazer. Este será um momento propício ao bom planejamento e controle. Além disso, embora seja cansativo, formulários e documentos exigirão muita atenção.

Como os anos do Macaco são ricos em possibilidades, alguns Macacos do Fogo poderão ficar intrigados com atividades novas ou decidir estabelecer um desafio pessoal. Sobretudo no caso daqueles que se aposentarem ou que não se dedicaram a atividades recreativas nos últimos tempos, este será muito mais um ano para tirar "tempo para si mesmo" e perseguir interesses pessoais. Isso não só poderá acrescentar um equilíbrio precioso ao estilo de vida do Macaco do Fogo, como também outros benefícios poderão advir daí, e talvez mais exercício físico ou os talentos naturais do Macaco do Fogo poderão vir a ser reconhecidos e recompensados.

As viagens também estarão sob aspecto favorável, e muitos Macacos do Fogo tirarão férias especiais para marcar o sexagésimo ano. Ao analisar com antecedência possíveis destinos, eles poderão ver alguns planos empolgantes tomarem forma. Além disso, muitos desfrutarão de alguns intervalos mais curtos, inclusive alguns que ocorrerão no final do ano.

Embora o Macaco do Fogo conheça muitas pessoas, em geral tem um círculo fechado de amigos, muitos dos quais conhece há bastante tempo. Durante o ano, ele terá prazer em se reencontrar com eles e conversar sobre as novidades, bem como valorizará o apoio recebido. Se tiver preocupações a qualquer momento, ele poderá dar especial valor ao ouvido atento de um amigo.

Além disso, qualquer Macaco do Fogo que esteja se sentindo solitário, talvez como resultado de uma mudança recente de circunstâncias, deverá procurar sair mais ao longo do ano. Talvez seja interessante participar de algum grupo nas redondezas, tornar-se mais envolvido em sua comunidade ou dedicar tempo a uma causa.

As ações positivas poderão ter um valor pessoal importante, bem como apresentar o Macaco do Fogo a pessoas com interesses semelhantes. Alguns poderão fazer amigos novos importantes este ano, e, para os solteiros, seu próprio ano poderá ser ainda mais emocionante por trazer possibilidades de romance. Maio, junho, setembro e dezembro poderão trazer boas oportunidades sociais.

Em casa, o Macaco do Fogo goza de aspecto favorável, e seus entes queridos, muitas vezes, desejarão comemorar seu sexagésimo aniversário em grande estilo. Ele poderá ser surpreendido por alguns dos preparativos e ficará emocionado com o afeto demonstrado. Além do próprio aniversário, poderá ficar feliz com o progresso de alguns parentes mais jovens e com as novidades deles ao longo do ano, as quais, muitas vezes, darão origem a novas celebrações. O ano do Macaco do Fogo conterá alguns momentos muito especiais em família.

Por causa do interesse por tecnologias novas, ele também poderá decidir atualizar alguns dos equipamentos de sua casa, comprando aparelhos mais eficientes e econômicos ou realizando alguma manutenção nos que já tem. Embora determinado, ele deverá evitar se precipitar e deverá reservar algum tempo para investigar as opções e os custos envolvidos. Com cuidado, algumas decisões importantes poderão ser tomadas, e as mudanças, postas em prática.

Em geral, o ano do Macaco do Fogo poderá ser especial para o próprio. Ele se sentirá mais inspirado do que já esteve e mais capaz de determinar o que quer fazer. Oportunidades importantes surgirão, e ele também será ajudado por algumas instâncias de boa sorte. Quando tomar alguma decisão ou iniciar a implementação de algum plano, as circunstâncias muitas vezes o ajudarão de forma significativa. E, em seu sexagésimo ano, o amor e a amizade daqueles que o rodeiam significarão muito para ele. Muitos Macacos do Fogo apreciarão bastante seu ano — das experiências que ele trará e das oportunidades que se abrirão.

DICA PARA O ANO

Você tem uma natureza questionadora: abrace aquilo que seu ano terá a oferecer. Dê seguimento às suas ideias e, se novos interesses o tentarem, informe-se a respeito. Divirta-se, dê algum tempo para si e use seus pontos fortes. Além disso, valorize aqueles que você ama. Eles não só estarão dispostos a apoiá-lo, como também poderão ajudá-lo a tornar seu ano ainda mais especial e bem-sucedido.

O MACACO DA TERRA

Existe um provérbio chinês que diz: "Aqueles que acumularem boas ações prosperarão", e isso se aplica especialmente ao Macaco da Terra em 2016. Nos últimos anos, ele passou por muita coisa e, embora tenha tido alguns bons resultados, também teve algumas decepções. Neste ano auspicioso, a experiência, a reputação e a boa vontade por ele acumuladas lhe permitirão prosperar.

Além disso, sendo este um ano do Macaco, muitos Macacos da Terra se sentirão inspirados e estarão dispostos a desenvolver suas ideias e melhorar sua situação. Quando começarem a explorar as possibilidades, algum progresso logo surgirá.

No trabalho, os aspectos são especialmente encorajadores. Com a experiência acumulada por muitos Macacos da Terra, haverá chances de progredir e de assumir um papel que envolva mais conhecimento especializado. Sobretudo para aqueles que trabalham em uma grande organização ou estão em um setor específico de uma indústria, haverá várias oportunidades a serem seguidas e, ao se manterem atentos à abertura de vagas e conversar com seus contatos, muitos desses Macacos da Terra encontrarão uma nova possibilidade ou serão treinados para assumir outro cargo ideal. Em 2016, muitos se encontrarão no lugar certo, na hora certa e com experiência suficiente. Serão as realizações acumuladas que permitirão que muitos prosperem.

Embora a maioria dos Macacos da Terra decida avançarem na carreira, também haverá aqueles que se sentirão prontos para enfrentar novos desafios. Para esses, bem como para aqueles que estão à procura de emprego, novamente o ano do Macaco poderá trazer mudanças importantes. Um dos pontos fortes do Macaco é a versatilidade e, por estarem preparados para considerar diferentes tipos de trabalho, muitos Macacos da Terra se verão desempenhando um papel novo e apreciando essa oportunidade. Os eventos deste ano poderão tomar alguns rumos curiosos, mas parecerá que o que surgiu estava destinado a acontecer. Fevereiro, abril, maio e setembro poderão trazer novidades encorajadoras.

O progresso no trabalho, com frequência, levará a um aumento da renda, e alguns Macacos da Terra poderão beneficiar-se de um pagamento ou presente adicional. Para muitos, este poderá ser um ano de melhora financeira. Como resultado, frequentemente o Macaco da Terra decidirá realizar ideias e fazer compras que ele cogitava há algum tempo. Para obter o melhor valor, no entanto, ele deverá dedicar tempo para avaliar as diferentes opções e buscar conselhos. Além disso, não deverá atrasar documentos e deverá procurar manter apólices importantes em dia e arquivar recibos e garantias meticulosamente. Erros ou extravios poderão prejudicá-lo. Macacos da Terra, tomem nota!

O Macaco da Terra tem muitos interesses e, ao longo do ano, novas atividades recreativas poderão atraí-lo. Por ser criativo, ele também poderá ter ideias que desejará colocar em prática. Os anos do Macaco proporcionarão o desenvolvimento de habilidades, e o Macaco da Terra poderá desfrutar de alguns sucessos notáveis.

O ano do Macaco também poderá trazer algumas oportunidades de viagem consideráveis, e se o Macaco da Terra sentir-se atraído por um evento relacionado a seus interesses ou se houver um lugar para o qual gostaria muito de ir, deverá informar-se a respeito. Algumas de suas viagens poderão ser especialmente deslumbrantes.

Ele também apreciará o contato que terá com seus amigos e poderá ganhar muito ao discutir suas ideias com eles. O ano também será marcado por alguns eventos sociais importantes. Um amigo íntimo poderá desfrutar de uma comemoração especial, e os interesses compartilhados também poderão levar a algumas ocasiões animadas. O período de maio ao início de julho, setembro e dezembro trarão atividade social intensa, e os Macacos da Terra solitários e solteiros poderão encontrar alguém que logo poderá tornar-se significativo.

Em casa, o Macaco da Terra também estará ocupado, e as ideias e os planos deverão ser discutidos a fundo, e tempo suficiente deverá ser alocado para a realização de tarefas práticas. Com muitos compromissos e algumas interrupções, talvez alguns projetos demorem mais do que o previsto.

Em meio a toda essa atividade, também haverá muito a ser apreciado. O Macaco da Terra e outros membros da família poderão desfrutar de alguns sucessos bem merecidos, e os interesses compartilhados e viagens também poderão tornar-se ocasiões significativas. Os anos do Macaco poderão ser ricos em coisas para fazer e lugares para visitar, e abril, agosto e outubro poderão ser meses especialmente movimentados.

Em geral, o ano do Macaco poderá ser bastante gratificante para o Macaco da Terra, mas ele deverá ter iniciativa. Com determinação, entusiasmo, seus pontos fortes e o apoio dos outros, ele possivelmente realizará muita coisa e conseguirá fazer avanços merecidos. Tanto os feitos atuais quantos os do passado ajudarão seu progresso neste período. Os interesses pessoais poderão evoluir de maneira interessante, e novas ideias e atividades muitas vezes servirão de inspiração. No entanto, o mais importante serão as boas relações que o Macaco da Terra mantém com aqueles que estão ao seu redor. A família e os amigos ficarão felizes em ajudá-lo a fazer deste um ano agradável e de sucesso.

DICA PARA O ANO

Seja franco. Com sugestões e apoio, muito mais poderá favorecê-lo. Você tem muito a oferecer, mas não pode fazer tudo sozinho. Fique atento a isso e desfrute deste ano gratificante e encorajador.

MACACOS FAMOSOS

Gillian Anderson, Jennifer Aniston, Christina Aguilera, Patricia Arquette, lady Ashton, J. M. Barrie, José Manuel Barroso, Kenny Chesney, Joe Cocker, Colette, John Constable, Patricia Cornwell, Daniel Craig, Joan Crawford, Miley Cyrus, Leonardo da Vinci, Timothy Dalton, Bette Davis, Danny de Vito, Celine Dion, Michael Douglas, Mia Farrow, Carrie Fisher, F. Scott Fitzgerald, Ian Fleming, Paul Gauguin, Ryan Gosling, Jake Gyllenhaal, Jerry Hall, Tom Hanks, Harry Houdini, Charlie Hunnam, Hugh Jackman, P. D. James, Katherine Jenkins, Júlio César, Buster Keaton, Alicia Keys, Gladys Knight, Taylor Lautner, George Lucas, Bob Marley, Kylie Minogue, V. S. Naipaul, Lisa Marie Presley, Debbie Reynolds, Little Richard, Mickey Rooney, Diana Ross, Tom Selleck, Wilbur Smith, Rod Stewart, Jacques Tati, Elizabeth Taylor, Dame Kiri Te Kanawa, Justin Timberlake, Harry Truman, Venus Williams.

O GALO

8 de fevereiro	de 1921	a	27 de janeiro	de 1922	*Galo do Metal*
26 de janeiro	de 1933	a	13 de fevereiro	de 1934	*Galo da Água*
13 de fevereiro	de 1945	a	1º de fevereiro	de 1946	*Galo da Madeira*
31 de janeiro	de 1957	a	17 de fevereiro	de 1958	*Galo do Fogo*
17 de fevereiro	de 1969	a	5 de fevereiro	de 1970	*Galo da Terra*
5 de fevereiro	de 1981	a	24 de janeiro	de 1982	*Galo do Metal*
23 de janeiro	de 1993	a	9 de fevereiro	de 1994	*Galo da Água*
9 de fevereiro	de 2005	a	28 de janeiro	de 2006	*Galo da Madeira*

A PERSONALIDADE DO GALO

> Com um destino definido
> e uma vontade firme,
> desfraldo minhas velas
> aos ventos da fortuna.

O Galo nasce sob o signo da franqueza. Ele tem uma personalidade brilhante e animada e é meticuloso em tudo o que faz. É muito organizado e, sempre que possível, gosta de planejar suas várias atividades com antecedência.

Ele é muito inteligente e, em geral, bastante culto. O Galo tem ótimo senso de humor e é um orador talentoso e persuasivo. Adora participar de debates. Não hesita em falar o que pensa e é muito franco em seus pontos de vista. No entanto, não tem muito tato e pode facilmente ferir a própria reputação ou ofender as pessoas com algum comentário ou uma atitude impensada. O Galo também é muito inconstante e deve evitar agir seguindo seus impulsos.

O Galo tem normalmente um comportamento bastante digno e certo ar de segurança e autoridade. Sabe lidar muito bem com questões financeiras e, como em tudo o que faz, organiza suas operações monetárias com muita habilidade. Seleciona bem seus investimentos e é capaz de conseguir muita riqueza. A maioria dos Galos economiza ou aplica seu dinheiro com sabedoria, mas alguns fazem exatamente o oposto e são verdadeiros esbanjadores. Felizmente, o Galo tem grande capacidade para adquirir bens materiais e raramente encontra dificuldades para se manter.

Outra característica do Galo diz respeito ao seu hábito de levar sempre consigo um bloco de anotações ou viver cercado de pedacinhos de papel. Ele tem o costume de escrever lembretes para si próprio ou anotar fatos importantes para não esquecer — o Galo não tolera ineficiência e conduz todas as atividades a que se dedica de forma ordenada, precisa e metódica.

O Galo é normalmente muito ambicioso, mas pode ser um tanto irrealista em algumas de suas metas. Às vezes, ele se deixa levar pela imaginação, e embora não goste que interfiram no que faz, é aconselhável que preste um pouco mais de atenção ao ponto de vista dos outros. Também não gosta de críticas, e quando alguém questiona seus conceitos ou se intromete em suas atividades, o Galo expõe claramente sua opinião. Também pode ser um tanto egocêntrico e teimoso com relação a questões relativamente sem importância. Mas, para compensar, é honesto e digno de confiança, e essas qualidades são muito apreciadas por todos.

Os Galos nascidos entre as 5 e as 7 horas, ou entre as 17 e as 19 horas, tendem a ser os mais extrovertidos. Mas todos os Galos gostam de levar uma vida social ativa e adoram participar de festas e grandes eventos sociais. O Galo, normalmente, tem um grande círculo de amizades e incrível facilidade de estabelecer contato com pessoas influentes. Ele costuma ser sócio de vários clubes e comunidades e se envolver em diversas atividades. Tem grande interesse pelo meio ambiente, por causas humanitárias e por tudo o que está relacionado ao bem-estar das pessoas. O Galo é muito atencioso e fará o que puder para ajudar os menos afortunados.

Ele também encontra muita satisfação em atividades como jardinagem ou horticultura. E embora possa passar no jardim ou na horta menos tempo do que gostaria, seu jardim é invariavelmente muito bem-cuidado e sua horta é extremamente produtiva.

O Galo tem, em geral, uma aparência muito distinta, e se seu trabalho permitir, vestirá um uniforme oficial com muito orgulho e dignidade. Ele adora ser o centro das atenções. Costuma apresentar ótimo desempenho nas áreas de recursos humanos ou departamento pessoal, ou em qualquer atividade que o coloque em contato com a mídia. Também pode ser excelente professor.

A mulher Galo leva uma vida diversificada e interessante. Ela se envolve em várias atividades e chega, às vezes, a se admirar com o que consegue realizar. A mulher Galo tem pontos de vista bastante firmes e, assim como o homem de seu signo, não hesita em falar o que pensa ou em dizer aos outros como acha que as coisas devem ser feitas. Ela é extremamente eficiente e muito organizada. Sua casa está sempre muito arrumada e limpa. A mulher Galo tem bom gosto em termos de vestuário e, em geral, usa roupas elegantes, mas muito práticas.

O Galo normalmente tem uma família bastante grande e, como pai (ou mãe), se interessa ativamente pela educação dos filhos. É muito fiel à sua companheira e irá perceber que se relaciona perfeitamente bem com os nascidos sob o signo da Serpente, do Cavalo, do Búfalo e do Dragão. Também pode se relacionar bem com o Rato, o Tigre, a Cabra e o Javali, se eles não interferirem muito em suas várias atividades. Mas é provável que dois Galos juntos discutam e se irritem um com o outro. Devido à sua sensibilidade, o Coelho irá considerar o Galo um tanto indelicado. O Galo poderá se aborrecer com as artimanhas e a curiosidade do Macaco e também terá dificuldade para se relacionar com o Cão.

Se o Galo puder controlar sua inconstância e procurar ter mais tato e tomar mais cuidado com o que fala, poderá progredir bastante na vida. Ele é capaz e talentoso, e invariavelmente deixará uma impressão ótima e duradoura em quase todos os lugares em que estiver.

OS CINCO TIPOS DE GALO

Além dos 12 signos do zodíaco chinês existem cinco elementos que influenciam cada signo, acentuando ou atenuando suas características. Os efeitos dos cinco elementos sobre o Galo estão descritos a seguir, juntamente com os anos em que os elementos exercem sua influência. Dessa forma, todos os Galos nascidos em 1921 e 1981 são Galos do Metal, todos os nascidos em 1933 e 1993 são Galos da Água e assim por diante.

GALO DO METAL: 1921, 1981

O Galo do Metal é um trabalhador dedicado e atencioso. Ele sabe exatamente o que deseja alcançar na vida e conduz suas atividades de forma positiva e determinada. Pode, às vezes, parecer agressivo, e é aconselhável que procure chegar a um acordo com as pessoas, em vez de se manter tão rígido em suas concepções. É muito objetivo e astuto em questões financeiras. É também fiel a seus amigos e costuma dedicar boa parte de sua energia em prol do bem comum.

GALO DA ÁGUA: 1933, 1993

Este Galo é muito persuasivo e consegue facilmente a colaboração dos outros. Ele é inteligente, culto e adora participar de debates. Parece ter inesgotável fonte de energia e se dispõe a trabalhar de forma exaustiva para alcançar o que deseja. No entanto, pode perder muito tempo se preocupando com detalhes insignificantes. É receptivo, tem ótimo senso de humor e é muito respeitado por todos.

GALO DA MADEIRA: 1945, 2005

O Galo da Madeira é honesto, confiável e muito exigente consigo mesmo. É ambicioso, porém se dispõe mais a trabalhar em equipe do que alguns dos outros tipos de Galo. Normalmente, consegue sucesso na vida, mas tem a tendência de se envolver em questões burocráticas ou de tentar realizar várias tarefas ao mesmo tempo. Interessa-se por vários assuntos, gosta de viajar e é muito atencioso e zeloso com seus familiares e amigos.

GALO DO FOGO: 1957

Este Galo é extremamente obstinado. Ele tem ótimas qualidades de liderança, é muito organizado e eficiente no trabalho. Por meio de seu elevado caráter consegue, em geral, alcançar seus objetivos. Mas tem a tendência de ser muito franco e direto e nem sempre considerar a opinião dos outros. Se o Galo do Fogo puder aprender a ser mais diplomático, poderá realizar muitos de seus sonhos.

GALO DA TERRA: 1969

Este Galo é muito sagaz e inteligente. Ele é extremamente eficiente, tem ótima percepção e é muito astuto nos negócios e em questões financeiras. Também é persistente, e quando estabelece um objetivo dificilmente se desvia dele. O Galo da Terra trabalha de forma exaustiva e é muito estimado por seus amigos e companheiros. Normalmente, encontra grande satisfação nas artes e se interessa pelas atividades dos vários membros de sua família.

PREVISÕES PARA O GALO EM 2016

Uma característica marcante do Galo é a determinação. Ele se dedica às suas atividades com muita garra. E seus esforços no ano da Cabra (de 19 de fevereiro de 2015 a 7 de fevereiro de 2016) resultaram em alguns momentos interessantes. É certo que algumas partes do ano poderão ter frustrado o Galo e trazido incertezas, mas, no geral, terá sido um tempo gratificante, e os últimos meses serão movimentados e variados.

No trabalho, muitos Galos precisarão enfrentar um aumento na carga de trabalho e, embora as pressões sejam grandes, isso poderá colocar em destaque a natureza eficiente do Galo e melhorar sua reputação. Setembro e janeiro poderão ser meses significativos, com oportunidades surgindo para alguns Galos.

Com tanta coisa acontecendo no final do ano, o Galo precisará manter um rígido controle sobre as despesas e, idealmente, sobre o orçamento. Os gastos poderão ser maiores do que o previsto, sobretudo, porque muitos Galos terão oportunidades adicionais de viagem nessa época.

Haverá também aumento das atividades sociais, com agosto e dezembro sendo meses especialmente movimentados. O ano da Cabra poderá injetar um pouco de espontaneidade na vida, com algumas festas-surpresa. O Galo sociável se divertirá bastante.

Na vida doméstica, a flexibilidade se fará necessária, uma vez que o Galo e seus entes queridos precisarão lidar com diversos compromissos, assim como com muitos planos. Alguém próximo poderá ter notícias emocionantes para compartilhar na temporada de festas.

O ano do Macaco começa em 8 de fevereiro, e será um ano atribulado para o Galo. Algumas situações poderão ser problemáticas, e o Galo poderá sentir-se desconfortável com certas mudanças. Ele gosta de tomar as próprias decisões, mas, às vezes, poderá encontrar-se em um dilema incomum sobre o melhor rumo a tomar. Os anos do Macaco tenderão a ser difíceis para o Galo, mas poderão deixar um legado significativo. O próximo ano será o ano do próprio Galo, e o que ele realizar agora poderá prepará-lo para as oportunidades consideráveis que terá pela frente.

Por ser bem organizado, o Galo gosta de manter controle sobre o que está acontecendo e seguir um plano. Haverá, contudo, situações durante o ano que o deixarão preocupado. No entanto, ele não deverá automaticamente pensar no pior. Em vez disso, deverá verificar os fatos e esperar até que tudo se esclareça. As mudanças trazidas pelo ano do Macaco nem sempre serão simples, mas poderão trazer oportunidades para o Galo.

Isso será verdadeiro, sobretudo, na área profissional. Muitos locais de trabalho serão afetados por mudanças rápidas. Reestruturações, mudanças de pessoal e estilos de gestão, bem como novas políticas ou produtos, poderão resultar em uma volatilidade considerável. Nesses momentos, o Galo deverá manter o foco em sua função e se adaptar conforme necessário. Ao se mostrar disposto a aceitar as mudanças, ele poderá beneficiar-se das vagas que, eventualmente, surgirem. Além disso, se algum treinamento adicional estiver disponível, se houver oportunidades de transferência ou se o Galo vir uma vaga em outro lugar, deverá dar seguimento. Ampliar sua experiência agora poderá aumentar as opções mais tarde.

Para os Galos que estão insatisfeitos em sua situação atual e para aqueles que se encontram à procura de emprego, o ano do Macaco também poderá abrir algumas possibilidades interessantes. Ao se manterem atentos às vagas e não fecharem a mente para algo diferente, muitos Galos poderão conquistar um cargo em um novo tipo de trabalho. Ajustes consideráveis poderão fazer-se necessários, e as primeiras semanas talvez sejam mais exigentes, mas este poderá ser um aspecto importante para oportunidades futuras.

Maio, junho, setembro e dezembro poderão revelar-se meses importantes para o trabalho, mas, durante todo o ano, o Galo deverá aproveitar ao máximo quaisquer formas de aumentar sua experiência e aprimorar suas habilidades. Também poderá ajudar a si mesmo ao montar uma rede de contatos e trabalhar em estreita colaboração com os colegas. Usando o talento para comunicação, ele poderá impressionar muitas pessoas este ano, inclusive algumas com considerável influência.

O progresso profissional poderá trazer um aumento modesto em seus rendimentos, mas a vigilância financeira será importante este ano. Não só muitos Galos enfrentarão despesas adicionais, incluindo necessidades da família e reparos em equipamentos, como também o Galo precisará ter cuidado ao firmar quaisquer contratos. Os termos deverão ser conferidos, as dúvidas discutidas e, se for o caso, será necessário contar com assessoria profissional. No âmbito financeiro, este será um ano propício ao rigor e ao bom controle.

Outra área que requer maior atenção é a vida doméstica do Galo. O Galo precisará estar certo de que seus muitos compromissos não estão prejudicando a vida familiar. Um bom equilíbrio no estilo de vida será especialmente importante este ano.

Além disso, com as mudanças que estão em curso em seu próprio ambiente de trabalho e com outros membros da família igualmente ocupados, será importante haver abertura e disponibilidade para ajudarem uns aos outros. Quanto melhor for a comunicação, mais facilmente as situações (e as mudanças) poderão ser abordadas.

Também será importante que os aspectos mais agradáveis da vida familiar não sofram devido à atividade geral. Interesses comuns, ocasiões especiais e oportunidades para viajar poderão ser muito apreciados, com o inverno sendo marcado por eventos bastante animados.

Alguns problemas poderão surgir na forma de equipamentos danificados, de questões relacionadas à manutenção que exigem atenção ou de adiamento de atividades práticas. Aqui, mais uma vez, as dificuldades precisarão ser discutidas a fundo. Por mais irritantes que sejam, após os reparos ou as trocas terem sido feitas, e as soluções, encontradas, o resultado será positivo. Alguns problemas poderão ser bênçãos disfarçadas, levando a ações ou a compras que, de outra forma, não seriam feitas.

Assim como o Galo deverá dedicar alguma atenção a sua casa, também deverá fazê-lo em relação a si mesmo este ano. Por ser consciencioso, ele exige muito de si mesmo e precisará dedicar um tempo para relaxar e se divertir. Aqui, interesses e atividades recreativas poderão ter um efeito tônico e, em alguns casos, apresentar a vantagem adicional de ainda serem um exercício. Os anos do Macaco também poderão abrir novas possibilidades. Com frequência, os programas de condicionamento físico agradarão. Dando seguimento às suas ideias, o Galo poderá apreciar e talvez se beneficiar do que faz.

Outro aspecto importante do ano do Macaco é a forma como leva o Galo a entrar em contato com outras pessoas. Muitos Galos descobrirão que seu círculo social se ampliará este ano, e, particularmente, algumas pessoas novas o animarão. Para os solteiros, haverá possibilidades de romance. Abril, maio, agosto e setembro poderão testemunhar atividade social intensa.

Em geral, o ano do Macaco desafiará o Galo. Algumas pressões e expectativas serão colocadas sobre ele, mas, por enfrentar os desafios e aproveitar todas as oportunidades para aumentar sua experiência, ele poderá impressionar alguns e melhorar suas perspectivas, sobretudo, para o ano seguinte. No que diz respeito ao trabalho, o ano será exigente, porém instrutivo. Nas questões financeiras, o Galo precisará permanecer disciplinado, e também precisará garantir que seu jeito agitado não interfira na vida familiar nem afete o equilíbrio de seu estilo de vida. Felizmente, o Galo costuma ser muito consciente de suas responsabilidades e, com a habilidade costumeira, poderá emergir do ano com a realização de grandes progressos.

O GALO DO METAL

Há um provérbio chinês que nos lembra: "Uma viagem longa não é empecilho para alguém com aspirações elevadas", e isso se aplica bem ao Galo do Metal. Determinado, ambicioso e cheio de autoconfiança, ele trabalha arduamente, adquirindo experiência aos poucos. Durante o ano, ele continuará a fazer progressos e, no processo, a ganhar maior conhecimento de suas capacidades.

No entanto, embora este seja um ano construtivo, não será, necessariamente, um período fácil. O Galo do Metal resoluto gosta de realizar as atividades em seu próprio estilo, mas, no ano do Macaco, mais flexibilidade será aconselhável. Ser apegado a determinadas formas de fazer as coisas poderá custar oportunidades ao Galo do Metal.

Em 2016, ele precisará estar alerta a situações que surgirem de repente e aceitar as mudanças.

Para muitos Galos do Metal estabelecidos em determinado ramo da economia, o ano do Macaco poderá marcar um momento importante na carreira. Haverá oportunidades para muitos assumirem novas funções e, se estiver em uma organização de grande porte, mudar para outro departamento. Em ambos os casos, haverá muito a aprender. No entanto, as responsabilidades que muitos Galos do Metal assumirem agora poderão colocar em destaque pontos fortes que serão incentivados a desenvolver nos anos seguintes. Para muitos, o que ocorrer agora poderá contribuir para o sucesso futuro.

Isso também se aplica aos Galos do Metal que sentem já terem conseguido tudo que podem em sua situação atual e estão prontos para realizar mudanças substanciais, assim como àqueles que estão em busca de emprego. O processo de procura de emprego demorará, mas dará a esses Galos do Metal a chance de refletir sobre seus pontos fortes e explorar diferentes possibilidades de trabalho. Se elegíveis, alguns poderão aproveitar treinamentos ou cursos de reciclagem. Com persistência, muitos descobrirão que portas importantes estão se abrindo. Enquanto esses Galos do Metal estão se estabelecendo no novo cargo, as pressões poderão ser consideráveis, mas, com determinação, eles poderão formar uma plataforma para se desenvolver. O período de maio ao início de julho, setembro e dezembro poderão ser marcados por mudanças encorajadoras, mas este será um ano que passará rápido e, assim que o Galo do Metal identificar uma vaga, deverá agir antes que a oportunidade se esvaia.

Além disso, este é um ano excelente para o desenvolvimento pessoal e, se o Galo do Metal sentir que poderá ser útil adquirir uma habilidade ou qualificação adicional, deverá reservar tempo para fazê-lo. Isso poderá revelar-se um investimento útil no futuro.

O Galo do Metal também poderá beneficiar-se com os interesses pessoais. Não só poderão ajudá-lo a relaxar e contribuir para seu bem-estar geral, como ainda lhe permitirão aproveitar a oportunidade de explorar novas ideias.

Também poderá ser útil dispensar maior atenção ao seu bem-estar e estilo de vida este ano. Seja melhorando a qualidade de sua dieta ou obtendo conselhos sobre formas de exercício apropriadas, muitos Galos do Metal poderão beneficiar-se com a introdução de mudanças positivas no estilo de vida.

Nas questões financeiras, o Galo do Metal precisará ter cuidado. Durante o ano, os compromissos poderão aumentar, com o surgimento de despesas adicionais e custos relativos a consertos. Em consequência, o Galo do Metal precisará manter controle dos gastos e permanecer disciplinado. Ele também deverá verificar os termos de qualquer novo contrato que assinar e ocupar-se da papelada prontamente. Este não será um ano propício a assumir riscos ou fazer suposições.

Outra área em que ele precisará estar atento é sua vida familiar. Às vezes, pressões no trabalho e outros compromissos poderão preocupá-lo e ocupar uma parte maior de seu tempo. Será necessário ter consciência disso e, se ele se sentir estressado ou tiver muito a fazer, deverá contar a outras pessoas. Dessa forma, aqueles que estão ao seu redor poderão compreendê-lo melhor e auxiliá-lo.

Encontrar um bom equilíbrio em seu estilo de vida poderá fazer uma diferença importante este ano e, se possível, o Galo do Metal deverá tentar tirar férias com os entes queridos. Mesmo que não viaje para muito longe, ele descobrirá que uma mudança de cenário é muito bem-vinda. O inverno e o final do ano poderão ser marcados por algumas possibilidades de viagem atraentes.

Embora o Galo do Metal possa ser seletivo na vida social este ano, apreciará o contato com os amigos e a oportunidade de compartilhar pontos de vista com pessoas em posições semelhantes à sua. Alguns amigos poderão revelar-se de especial valor. Abril, maio e o período de agosto ao início de outubro poderão ser marcados por oportunidades sociais interessantes.

Para o Galo do Metal solteiro, uma amizade já existente ou nova poderá florescer ao longo do ano. O romance abrilhantará a vida de muitos Galos do Metal.

No geral, o ano do Macaco será um passo importante para o Galo do Metal, uma vez que ele lhe dará a oportunidade de aumentar suas habilidades e experiência. "Uma viagem longa não é empecilho para alguém com aspirações elevadas", e o ano do Macaco equiparará, em muitos aspectos, o Galo do Metal para sua jornada, ajudando-o ao longo de sua trajetória ambiciosa. Em vista do estilo de vida movimentado, ele, contudo, precisará dedicar tempo de qualidade aos entes queridos. O apoio deles poderá ser valioso de muitas maneiras neste período construtivo.

DICA PARA O ANO

Mantenha seu estilo de vida em equilíbrio. Você poderá realizar muito este ano, mas reserve algum tempo para si mesmo e para aqueles que estão ao seu redor. Desfrute de seus interesses e valorize seus familiares, e você será bem recompensado.

O GALO DA ÁGUA

Os anos do Macaco são cheios de atividade e passam rapidamente. Ao longo dos próximos 12 meses, o Galo da Água passará por muitas experiências, e aquilo que ele realizar agora poderá determinar como serão os próximos anos. A importância desse ano do Macaco não deverá ser subestimada.

Alguns Galos da Água estarão envolvidos com o sistema educacional e, muitas vezes, atingindo os estágios finais de seus cursos. Para esses Galos da Água, este poderá ser um momento de pressão, com dissertações a serem concluídas, exames finais a serem prestados e muito a aprender. No entanto, por maiores que sejam as pressões, se mantiverem sua disciplina, muitos Galos da Água terão (e, muitas vezes, excederão) os resultados que esperavam. Outro fator de motivação serão as possibilidades que determinadas qualificações poderão criar. Como diz o provérbio chinês, "Siga os procedimentos corretos e aprecie o sucesso em tudo que fizer". Se o Galo da Água se esforçar nos estudos, encontrará a recompensa.

Para os Galos da Água empregados, este também poderá ser um ano importante. Muitas vezes, depois de terem provado seu valor em uma capacidade, esses Galos da Água estarão procurando aprimorar suas habilidades e melhorar a remuneração. Os anos do Macaco poderão abrir oportunidades importantes, mas dependerá do Galo da Água fazer com que as coisas aconteçam.

Os Galos da Água que trabalham em grandes organizações acharão que seu conhecimento da empresa poderá ser de grande ajuda à medida que os colegas forem deixando os cargos atuais. Se eles tentarem projetar-se, mesmo que, inicialmente, não sejam bem-sucedidos, sua positividade será lembrada e, em alguns casos, levará a ofertas de treinamento e responsabilidades adicionais. Muitos Galos da Água seriam capazes de ajudar mais a si mesmos se fossem mais atuantes no local de trabalho e estabelecessem uma rede de contatos. Como sabemos, quanto mais pessoas você conhecer, mais oportunidades tendem a surgir, e isso poderá ser muito verdadeiro para o Galo da Água este ano.

A maioria dos Galos da Água fará progressos importantes no local de trabalho atual, mas, para aqueles que acreditam haver perspectivas melhores em outro lugar ou que estão à procura de emprego, o ano do Macaco poderá trazer mudanças significativas. Embora o processo de procura de emprego possa ser difícil e competitivo, ao se manterem atentos a possíveis vagas e enfatizarem suas habilidades e experiências, muitos conseguirão uma oportunidade importante. E, após terem tido a oportunidade de se estabelecer e mostrar suas capacidades, muitas vezes serão incentivados a ir mais longe. O que o Galo da Água fizer agora poderá ser fundamental para as possibilidades empolgantes que estão pela frente, sobretudo em 2017.

Em vista da natureza movimentada do ano, será, contudo, importante que o Galo da Água dedique alguma consideração ao próprio bem-estar. Uma dieta equilibrada poderá auxiliar nos níveis de energia, assim como o exercício regular e adequado.

Os interesses e as atividades recreativas poderão também, frequentemente, ajudar o Galo da Água a descontrair, bem como ser uma boa forma de expressar seus talentos e ideias. Alguns interesses poderão, ainda, propiciar oportunidades de viagem e, para os aficionados da música e dos esportes, haverá eventos este ano que eles apreciarão muito. Os interesses pessoais poderão acrescentar um elemento importante e benéfico a este ano muitas vezes exigente.

Os Galos da Água também apreciarão a vida social. Haverá festas e outras celebrações (incluindo a sua própria) a serem desfrutadas e, para os Galos da Água que apreciam romance, haverá momentos maravilhosos a serem compartilhados. Para os solteiros, o ano do Macaco poderá trazer um encontro com alguém novo, muitas vezes em circunstâncias que parecerão ter sido fadadas a acontecer. Este poderá ser um ano importante para os assuntos do coração. Abril, maio e o período entre o final de julho e setembro poderão ser marcados por uma atividade social mais intensa.

Para o Galo da Água que mora com um parceiro, esse também poderá ser um momento emocionante. No entanto, o Galo da Água precisará estar atento e tomar cuidado para que outros compromissos não o deixem preocupado ou atrapalhem a vida familiar. A boa comunicação também é vital neste ano. Se conversar sobre suas preocupações e esperanças, o Galo da Água permitirá que pessoas próximas a ele fiquem mais conscientes de sua situação e mais capacitadas a ajudar.

Parentes mais velhos também estarão dispostos a oferecer apoio, e isso poderá ser muito útil em certas decisões ou planos que estão sendo considerados este ano.

Nas questões financeiras, este será um momento caro, e o Galo da Água precisará vigiar os níveis de seus gastos. Além disso, se firmar novos contratos, deverá conferir as obrigações e procurar conselhos, caso haja necessidade. Este é um ano para exercitar um bom controle.

Em geral, o ano do Macaco será um ano exigente. O Galo da Água estará disposto a trabalhar bem, e muita coisa dependerá de suas várias atividades. Isso poderá trazer momentos de pressão, mas, ao permanecerem focados, muitos Galos da Água ficarão satisfeitos com o que serão capazes de alcançar. O ano do Macaco poderá fornecer a muitos as habilidades e a plataforma necessárias para a realização de progressos adicionais. Em um nível pessoal, muitos Galos da Água desfrutarão das oportunidades sociais e românticas que este ano animado poderá oferecer, bem como se beneficiarão do apoio daqueles que os rodeiam. Com tanta coisa acontecendo, o Galo da Água precisará, porém, equilibrar tudo que fizer e reservar tempo para si mesmo. Este será um período bem movimentado, mas potencialmente significativo.

DICA PARA O ANO

Acredite em si mesmo. Neste ano, você terá a oportunidade de desenvolver habilidades que poderão levá-lo para muito longe. Esforce-se, pois aquilo que você fizer agora será, com frequência, um investimento sólido no futuro.

O GALO DA MADEIRA

Sempre prático, o Galo da Madeira se orgulha de ser bem organizado e eficiente e, durante o ano do Macaco, precisará controlar as emoções. Algumas obrigações poderão ser problemáticas e certas decisões talvez provoquem ansiedade. No entanto, embora o ano do Macaco tenha momentos de desafio, com o apoio e seu bom julgamento costumeiro, o Galo da Madeira poderá sair dele satisfeito com os resultados de seus esforços.

A necessidade de consultar opiniões será de importância fundamental neste ano. Apesar de o Galo da Madeira ter pontos de vista bem-definidos, precisará de apoio no que faz e deverá levar em conta os pontos de vista daqueles que estão ao seu redor. Caso contrário, alguns poderão sentir-se lesados por não terem sido devidamente consultados. Sobretudo na vida familiar do Galo da Madeira, o período favorecerá uma abordagem coletiva.

Ao longo do ano, muitos Galos da Madeira estarão interessados em realizar melhorias em sua casa, incluindo a substituição de equipamentos defeituosos, assim como reformas em determinadas áreas. Uma vez que o Galo da Madeira tenha uma ideia, ele se esforçará para implementá-la, mas os custos e as escolhas deverão ser avaliados com cuidado. Os planos originais tenderão a mudar no ano do Macaco e, se as opções forem avaliadas, as decisões finais muitas vezes poderão ser bem melhores. Isso se aplicará, sobretudo, à aquisição de equipamentos.

Para os Galos da Madeira que decidirem mudar ou fazer grandes reformas em sua casa, mais uma vez os planos nem sempre prosseguirão da forma ou no prazo previsto. Com ajuda e bons conselhos, no entanto, benefícios substanciais poderão ser obtidos.

Além de recorrer ao apoio de outros, o Galo da Madeira terá muitas chances de retribuir. Parentes mais jovens poderão precisar tomar decisões importantes e ficarão felizes com as opiniões e o apoio dele. Os Galos da Madeira que são avós redescobrirão que o tempo por eles dedicado será apreciado, bem como reforçará os vínculos com os entes queridos. O inverno e as semanas finais do ano poderão ser marcados por algumas ocasiões familiares especiais.

Com sua mente curiosa, o Galo da Madeira também apreciará seguir os próprios interesses. Se ele for membro de um grupo local ou decidir juntar-se a um, determinadas habilidades que já possui poderão ser incentivadas, e ele será levado a fazer mais. As atividades criativas estão em um aspecto especialmente favorável e poderão evoluir de maneira emocionante.

Além disso, o Galo da Madeira deverá manter-se informado sobre os eventos em sua área, bem como sobre as instalações e os recursos que poderá usar. As atividades locais também poderão ser uma excelente maneira de conhecer pessoas novas, sobretudo no caso daqueles Galos da Madeira que se sentem solitários. O período de final de março a maio e os meses de agosto e setembro poderão ser marcados por uma vida social mais intensa, embora, na maior parte do ano, ocorram muitas atividades a serem desfrutadas.

As viagens também poderão ser agradáveis, mas, embora o Galo da Madeira goste de planejar com antecedência, algumas viagens poderão ser decididas em cima da hora, aproveitando ofertas especiais ou convites recebidos. Mesmo assim, muitos Galos da Madeira adorarão suas viagens, inclusive algumas bem tardias no ano, e conhecerão alguns pontos turísticos impressionantes.

Por causa das possibilidades de viagem, além de compras caras para casa e de outras despesas, o Galo da Madeira precisará gerir bem seus recursos este ano. No caso de qualquer compra importante ou contrato novo, ele deverá conferir os termos com cuidado. A papelada também precisará ser tratada com cautela. Um equívoco poderá levar a uma burocracia prolongada. Galos da Madeira, tomem nota disso.

Para o Galo da Madeira nascido em 2005, o ano do Macaco será agitado, sobretudo porque ele poderá mudar de escola e começar uma nova etapa em sua educação. Este poderá ser um tempo difícil, mas, se aproveitar ao máximo as oportunidades, o Galo da Madeira jovem não apenas adquirirá novos conhecimentos valiosos, como também um entendimento novo sobre seus pontos fortes e habilidades. Este será um ano para ter a mente aberta e mostrar-se receptivo ao que estiver disponível.

Com grandes expectativas, entretanto, e, por vezes, disciplinas e ambientes novos para se acostumar, o Galo da Madeira jovem poderá, eventualmente, ficar ansioso ou sentir que está passando por dificuldades. Em vez de manter suas preocupações para si mesmo, será importante que fale com aqueles que estão próximos a ele e receba apoio.

Em nível pessoal, o Galo da Madeira jovem poderá fazer novas amizades significativas este ano, algumas das quais, inclusive, com a possibilidade de se tornarem duradouras. Sua natureza animada poderá fazer com que se torne uma companhia popular.

Seja nascido em 1945 ou 2005, o Galo da Madeira poderá considerar o ano do Macaco exigente. Haverá problemas e situações desafiadoras para resolver, e os projetos, por vezes, tomarão cursos diferentes daqueles previstos. Mas, ao recorrer a ajuda das outras pessoas, procurar conselhos e mostrar flexibilidade, o Galo da Madeira poderá não apenas encontrar soluções, mas também perceber que os problemas eram oportunidades disfarçadas. Ao longo do ano, é importante consultar os outros e estar consciente dos pontos de vista alheios. Sem a comunicação adequada, poderão surgir diferenças de opinião, e o apoio talvez não se faça tão presente. Este é um momento para entrar em contato com os outros, em vez de adotar uma postura independente. No entanto, com cuidado, o Galo da Madeira poderá tornar este ano gratificante e interessante.

DICA PARA O ANO

Esteja ciente do que acontece ao seu redor e faça ajustes apropriados. Com apoio e flexibilidade, você poderá conseguir mais. Além disso, use os recursos disponíveis e divirta-se ao desenvolver seus interesses e habilidades. Resultados animadores poderão se seguir.

O GALO DO FOGO

O elemento fogo reforça a determinação de um sinal, e o Galo do Fogo certamente tem uma natureza determinada. Sempre disposto a melhorar sua situação, ele é um executor, tem bom senso e usa bem suas habilidades. No entanto, em 2016 ele precisará manter o bom senso. Equívocos, suposições ou falta de comunicação pouco característicos poderão causar dificuldades.

Ao longo do ano, também será importante que o Galo do Fogo mantenha o estilo de vida em equilíbrio. Descuidar-se de uma área de sua vida poderá ter repercussões em outras. O Galo do Fogo precisará gerenciar bem o tempo, inclusive nos períodos de maior movimento, e preservar tempo de qualidade para os outros também, assim como cuidar do próprio bem-estar.

Essa necessidade de atenção também se aplicará à vida familiar. Embora, muitas vezes, faça malabarismos para lidar com tantos compromissos, ele precisará certificar-se de que esses não prejudicarão a vida familiar. Se ele der tempo para outras pessoas e compartilhar as dúvidas que estarão em sua mente, aqueles que estão ao redor dele frequentemente poderão aliviar algumas pressões. A vida doméstica e familiar poderá ser gratificante este ano, mas será necessário ter muito cuidado. Sobretudo os Galos do Fogo ocupados, fiquem atentos a isso.

Se possível, o Galo do Fogo deverá procurar tirar férias durante o ano. Um descanso e uma mudança de cenário poderão fazer-lhe muito bem. Algumas oportunidades de viagens especialmente interessantes poderão surgir nos meses de verão.

Durante 2016, os Galos do Fogo também estarão dispostos a ajudar parentes mais jovens e, ao dedicar tempo discutindo as decisões e opções que eles têm, poderão encorajá-los de maneira importante. Muitos deles nutrem grande respeito por seu bom senso e ficarão gratos por suas palavras.

É importante também que o Galo do Fogo não permita que a vida social se retraia durante o ano. As ocasiões sociais não apenas lhe darão a chance de compartilhar novidades, mas também de descontrair e se divertir um pouco. Abril, maio e o período de agosto ao início de outubro poderão ser marcados por oportunidades sociais interessantes. Os Galos do Fogo que estão solteiros ou que se encontram em um ambiente novo deverão aproveitar ao máximo as chances de conhecer pessoas novas. Suas ações serão gratificantes e, para alguns, este ano do Macaco também poderá trazer possibilidades de romance.

O Galo do Fogo também deverá dedicar alguma atenção ao próprio bem-estar. Em vista do estilo de vida exigente, ele deverá tentar assegurar que sua dieta seja bem equilibrada e, caso falte exercício regular, consultar um médico sobre um programa de condicionamento físico.

O tempo reservado aos interesses pessoais também poderá dar a ele a chance de descontrair. Para os fãs da jardinagem e os entusiastas do ar livre, o ano do Macaco poderá ser especialmente gratificante.

No trabalho, este será um ano agitado. Embora muitos Galos do Fogo tenham passado por mudanças no passado recente, preferindo simplesmente concentrar-se no cargo atual, as mudanças poderão afetar essa postura. Superiores poderão sair da organização, e o Galo do Fogo estará em boa posição para substituí-los, ou novas iniciativas, produtos e ideias poderão ser introduzidos e o Galo do Fogo poderá ser chamado a colocar em prática essas mudanças. Certas semanas poderão ser muito movimentadas, e o Galo do Fogo precisará tomar cuidado para que as pressões do trabalho não entrem em rota de colisão com outras áreas de sua vida. No entanto, embora este possa ser um ano exigente, muitos Galos do Fogo avançarão na carreira, progredindo, muitas vezes, para uma função mais especializada.

Os Galos do Fogo que estão à procura de emprego também descobrirão que, ao agirem rapidamente quando vislumbrarem uma oportunidade, muitas vezes poderão alcançar sucesso ao assumir uma posição nova e, em última análise, importante. O período do final de abril ao final de junho e os meses de setembro e dezembro poderão ser marcados por grandes mudanças.

Nas questões financeiras, o Galo do Fogo precisará prestar atenção e ser minucioso. Embora existam possíveis muitas questões em sua mente, negligenciar papéis importantes ou (de uma forma pouco típica) deixar alguns documentos se extraviarem poderá criar dificuldades para ele. Ele precisará estar atento à situação, controlar o orçamento e verificar o que não estiver claro. Este não é um ano para assumir riscos.

Em geral, o ano do Macaco dará ao Galo do Fogo a oportunidade de fazer melhor uso de seus talentos. No trabalho, muitos descobrirão que suas habilidades estão em demanda. A pressão poderá ser considerável, mas esses Galos do Fogo terão a chance de progredir. Ao longo do ano, apesar das muitas demandas sobre seu tempo, é importante que o Galo do Fogo mantenha o estilo de vida em equilíbrio e reserve tempo não só para si mesmo, mas também para os entes queridos. Com cuidado, este poderá ser um ano gratificante, mas boa parte do sucesso dependerá de gerir bem o tempo. Felizmente, por serem práticos e bem organizados, muitos Galos do Fogo lidarão bem com as exigências do ano do Macaco e sairão dele com algumas conquistas significativas a seu favor.

DICA PARA O ANO

Aprecie seus relacionamentos. A participação poderá tornar o ano mais gratificante. Valorize seus entes queridos e também dedique mais atenção ao próprio bem-estar. Acima de tudo, mantenha um estilo de vida equilibrado neste ano movimentado.

O GALO DA TERRA

Muita coisa poderá acontecer no ano do Macaco e, para o Galo da Terra, que gosta de certezas e de seguir planos cuidadosamente definidos, poderá haver alguns momentos difíceis. No entanto, embora 2016 traga desafios, dará origem a algumas oportunidades muito interessantes, bem como preparará o Galo da Terra para os sucessos substanciais que estão reservados para 2017.

Ao longo do ano, ele precisará manter-se informado sobre as mudanças que ocorrerão ao seu redor. Mergulhar tanto em suas próprias atividades a ponto de não tomar conhecimento de eventos e oportunidades poderá deixá-lo em desvantagem. Além disso, ele deverá prestar bastante atenção às opiniões dos outros. As abordagens muito independentes poderão levar a problemas. No ano do Macaco, consciência e boa comunicação são, portanto, valiosos.

Esses fatores serão ainda mais importantes porque o Galo da Terra terá a oportunidade de aprimorar seus conhecimentos e habilidades este ano. Isso, muitas vezes, virá por meio do trabalho, mas, se houver uma habilidade ou qualificação especial que ele considere útil obter, deverá dar seguimento. Uma possibilidade poderá logo levar a outra.

Os interesses pessoais também poderão ser motivo de gratificação este ano, e se o Galo da Terra se juntar a outras pessoas, poderá ser incentivado em suas atividades ao mesmo tempo que se divertirá. Além disso, os interesses e as atividades recreativas poderão ser boas alternativas para relaxar e equilibrar seu estilo de vida. Neste ano movimentado, será importante passar tempo com os outros e buscar equilíbrio positivo no estilo de vida.

Na vida familiar, este será um ano de muitas tomadas de decisão. Para o Galo da Terra e seu par, poderá haver escolhas relacionadas ao trabalho, bem como aquisições importantes para o lar a serem avaliadas. Parentes mais jovens também poderão estar em processo de tomar decisões sobre matérias, cursos e instituições de educação superior. Com tanta coisa acontecendo, a boa comunicação será especialmente importante. O seu bom senso e o talento para pensar no futuro serão apreciados.

No entanto, a preocupação, eventuais conflitos e os horários de trabalho prolongados poderão afetar a vida doméstica este ano e conduzir a possíveis tensões. Sempre que for viável, o Galo da Terra deverá dedicar tempo a interesses compartilhados e outras atividades agradáveis. Isso poderá fazer bem a todos.

Além disso, ele apreciará as oportunidades de viagem que surgirão, e as visitas a locais de seu interesse poderão ser especialmente atraentes. Mais uma vez, o Galo da Terra precisará ter em mente aquele equilíbrio indispensável no estilo de vida — e desfrutar as recompensas para as quais ele trabalha tão arduamente.

Ele também deverá manter contato regular com os amigos. Para muitos Galos da Terra, poderá haver comemorações e festas especiais para participar. Para os solteiros e aqueles que estão namorando, os assuntos do coração estarão em um aspecto favorável e poderão acrescentar brilho a este ano já tão movimentado. O período do final de março a maio, e agosto e setembro poderão ser marcados por muitas oportunidades sociais.

No trabalho, o Galo da Terra se orgulhará de sua eficiência e capacidade de organização, mas, apesar de seus melhores esforços, o ano do Macaco poderá trazer desafios. A falta de equipe de funcionários, mudanças de pessoal, o lento funcionamento da burocracia e os atrasos, tudo isso poderá ser exasperante. No entanto, nesses momentos é que as habilidades do Galo da Terra se destacarão e, por dar tudo de si mesmo e mostrar desenvoltura, ele poderá impressionar muitos e melhorar significativamente as perspectivas. Como resultado do que faz em situações muitas vezes desafiadoras, ele poderá ser recompensado com responsabilidades ainda maiores e uma remuneração mais alta ao longo do ano. O ano do Macaco exigirá esforços, mas também incentivará o desenvolvimento profissional.

Além disso, se houver disponibilidade de treinamento, o Galo da Terra deverá aproveitar. Ao aprimorar as habilidades e se manter informado acerca das novidades em seu setor, ele poderá ser alertado para outras possibilidades a serem consideradas no futuro próximo.

Para os Galos da Terra que estão à procura de um cargo em outro lugar, bem como para aqueles à procura de emprego, o ano do Macaco poderá dar origem a algumas chances interessantes. Ao considerarem diferentes formas de usar suas habilidades e se manterem atentos ao surgimento de vagas, muitos desses Galos da Terra poderão conquistar um cargo que oferecerá desafios novos. Às vezes, as primeiras semanas serão assustadoras, mas, após se ambientarem, muitos Galos da Terra apreciarão a oportunidade de mostrar seu valor em uma nova capacidade. Provavelmente 2017 trará um progresso muito mais substancial. Neste ano, maio, junho, setembro e dezembro poderão ser marcados por novidades encorajadoras.

Como consequência dos progressos alcançados no trabalho, frequentemente os rendimentos do Galo da Terra aumentarão, mas ele precisará manter estreita vigilância sobre as despesas e fazer ampla provisão para compras mais substanciais. Ele também deverá ser meticuloso ao lidar com a papelada legal. Os anos do Macaco não favorecerão os riscos ou a correria. Uma gestão financeira cuidadosa será imprescindível.

Em geral, o ano do Macaco será estressante, e o Galo da Terra precisará lidar com mudanças e muitas demandas conflitantes sobre seu tempo. Por ser consciencioso e eficiente, ele poderá preocupar-se com o ritmo das mudanças. No entanto, ele é previdente e poderá aprimorar suas habilidades, preparando-se para oportunidades no futuro. Desenvolver as habilidades poderá gerar benefícios consideráveis mais adiante. Ao longo do ano, ele também deverá manter estreita ligação com os outros e compartilhar tempo de qualidade com os familiares, bem como fazer uma pausa eventual em toda a sua atividade. Com um estilo de vida bem equilibrado, este poderá ser um ano movimentado e potencialmente importante para ele.

DICA PARA O ANO

Aproveite todas as oportunidades para aprimorar seus conhecimentos e habilidades. Além disso, certifique-se de dar total atenção aos entes queridos. Compartilhe ideias e aproveite o tempo juntos. Seu carinho será valorizado e fará diferença efetiva este ano.

GALOS FAMOSOS

Tony Abbott, Fernando Alonso, Beyoncé, Cate Blanchett, Barbara Taylor Bradford, Gerald Butler, sir Michael Caine, a duquesa de Cambridge (Kate Middleton), Enrico Caruso, Eric Clapton, Joan Collins, Rita Coolidge, Daniel Day Lewis, Minnie Driver, o duque de Edimburgo (Filipe, marido da rainha Elizabeth II), Gloria Estefan, Paloma Joan Rivers, Kelly Rowland, Paul Ryan, Jenny Seagrove, George Segal, Carly Simon, Britney Spears, Johann Strauss, Verdi, Richard Wagner, Serena Williams, Neil Young, Renée Zellweger.

O CÃO

28 de janeiro	de 1922	a	15 de fevereiro	de 1923	*Cão da Água*
14 de fevereiro	de 1934	a	3 de fevereiro	de 1935	*Cão da Madeira*
2 de fevereiro	de 1946	a	21 de janeiro	de 1947	*Cão do Fogo*
18 de fevereiro	de 1958	a	7 de fevereiro	de 1959	*Cão da Terra*
6 de fevereiro	de 1970	a	26 de janeiro	de 1971	*Cão do Metal*
25 de janeiro	de 1982	a	12 de fevereiro	de 1983	*Cão da Água*
10 de fevereiro	de 1994	a	30 de janeiro	de 1995	*Cão da Madeira*
29 de janeiro	de 2006	a	17 de fevereiro	de 2007	*Cão do Fogo*

A PERSONALIDADE DO CÃO

> Tenho meus valores
> e minhas crenças.
> Eles são meu farol
> em um mundo em eterna mutação.

O Cão nasce sob os signos da lealdade e da ansiedade. Ele normalmente tem concepções e pontos de vista bastante firmes, e é grande defensor das boas causas. Detesta qualquer tipo de injustiça ou desonestidade e fará tudo o que estiver ao seu alcance para ajudar os menos afortunados. Tem forte senso de imparcialidade e será digno e sincero em suas atitudes.

Ele é muito franco e direto. Não é de fazer rodeios e sempre fala claramente o que pensa. Também pode ser um tanto teimoso, mas se dispõe a ouvir o ponto de vista dos outros e irá procurar ser o mais justo possível em suas decisões. Ele estará pronto a dar conselhos sempre que necessário e será o primeiro a prestar ajuda em momentos difíceis.

O Cão inspira confiança em todos os lugares aonde vai e é muito admirado por sua integridade moral e determinação. É profundo conhecedor do caráter humano e capaz de fazer uma avaliação precisa de alguém que acabou de conhecer. Também tem muita intuição e consegue prever com antecedência o desenrolar dos acontecimentos.

Mas, apesar de ser gentil e amável, o Cão não é muito sociável. Ele detesta participar de grandes eventos sociais ou festas e prefere um almoço tranquilo com alguns amigos ou uma boa conversa à beira da lareira. O Cão gosta muito de conversar e costuma ser ótimo contador de histórias e anedotas.

Ele também é muito perspicaz e está sempre atento a tudo o que se passa à sua volta. Consegue manter a calma em momentos de crise, e embora seja um tanto temperamental suas explosões tendem a ser muito rápidas. O Cão é fiel e digno de confiança. Mas se alguém o decepciona ou magoa, dificilmente perdoa ou esquece.

O Cão tem, normalmente, muitos interesses. Ele prefere se especializar em algum assunto e se tornar autoridade em uma área escolhida a se dedicar superficialmente a várias atividades. O Cão costuma apresentar ótimo desempenho em ocupações em que sinta que está prestando um serviço às pessoas, e em geral se destaca em carreiras como assistência social, magistério e em profissões ligadas às áreas médica e jurídica. O Cão precisa, entretanto, se sentir motivado no trabalho. Ele tem enorme necessidade de perceber a finalidade de tudo o que faz, e se não a percebe, pode deixar a vida passar sem promover grandes realizações. Por outro lado, se tiver motivação, é quase certo que conseguirá alcançar seu objetivo.

Outra característica do Cão diz respeito à sua tendência de se preocupar demais ou encarar os fatos com certo pessimismo. Na maioria dos casos, essas preocupações são totalmente desnecessárias e criadas por ele mesmo. Embora isso possa ser difícil, a preocupação é um hábito que o Cão deverá superar.

O Cão não é materialista e não está muito preocupado em acumular riquezas. Desde que tenha o necessário para manter sua família e alimentar alguns luxos ocasionais, irá se sentir perfeitamente satisfeito. No entanto, quando tem alguma reserva excedente, o Cão tende a ser esbanjador e nem sempre aplica seu dinheiro da melhor maneira possível. Ele também não é um bom especulador, e é aconselhável que recorra à orientação de um profissional antes de se envolver em grandes investimentos de longo prazo.

Tem, em geral, muitos admiradores, mas não é uma pessoa de fácil convivência. No entanto, apesar de suas mudanças de humor e altas exigências, o Cão será fiel e atencioso com seu cônjuge e fará o que for possível para lhe proporcionar uma vida familiar tranquila. O Cão é capaz de se relacionar perfeitamente bem com os nascidos sob os signos do Cavalo, do Javali, do Tigre e do Macaco, e também pode estabelecer um relacionamento sadio e estável com o Rato, o Búfalo, o Coelho, a Serpente e com outro Cão. Mas irá considerar o Dragão brilhante demais. Também terá dificuldade para compreender a criatividade e a fértil imaginação da Cabra e é provável que fique extremamente irritado com a franqueza do Galo.

A mulher do signo do Cão é reconhecida por sua beleza. Ela tem uma natureza terna e zelosa, embora, quando ainda não conhece bem alguém, possa ser reservada e muito introspectiva. É muito inteligente e, apesar da aparência calma e tranquila, pode ser extremamente ambiciosa. Adora esportes e outras atividades ao ar livre, e tem a capacidade de encontrar verdadeiras pechinchas nos lugares mais improváveis. A mulher Cão também pode ser um tanto impaciente quando as coisas não correm como ela deseja.

O Cão costuma lidar muito bem com crianças e pode ser um pai muito amável e zeloso.

Não há nada que deixe o Cão mais feliz que ajudar alguém ou fazer algo em benefício dos outros. Se ele superar essa tendência à preocupação, levará uma vida bastante ativa e de grandes realizações — além disso, terá muitos amigos e fará muito bem às pessoas.

OS CINCO TIPOS DE CÃO

Além dos 12 signos do zodíaco chinês existem cinco elementos que influenciam cada signo, acentuando ou atenuando suas características. Os efeitos dos cinco elementos sobre o Cão estão descritos a seguir, juntamente com os anos em que os elementos exercem sua influência. Dessa forma, todos os Cães nascidos em 1910 e 1970 são Cães do Metal, todos os nascidos em 1922 e 1982 são Cães da Água e assim por diante.

CÃO DO METAL: 1910, 1970

O Cão do Metal é ousado, corajoso e franco e conduz tudo o que faz com muita resolução e determinação. Acredita plenamente em suas habilidades e não hesita em falar o que pensa ou em se dedicar a alguma causa justa. Pode, às vezes, ser um tanto sério e ficar ansioso e irritado quando as coisas não correm como planejou. Tende a ter interesses bastante específicos, e isso, certamente, o ajudará a ampliar suas perspectivas e a se envolver mais em atividades de grupo. O Cão do Metal é extremamente fiel aos amigos.

CÃO DA ÁGUA: 1922, 1982

O Cão da Água tem uma personalidade franca e expansiva. É excelente comunicador e consegue facilmente persuadir os outros a concordarem com seus planos. No entanto, tem uma natureza despreocupada e não é tão disciplinado ou cuidadoso como deveria ser em determinadas situações. Também não controla suas finanças como deveria, mas pode ser muito generoso com seus familiares e amigos e não deixará que lhes falte nada. O Cão da Água, normalmente, sabe lidar muito bem com crianças e tem um grande círculo de amizades.

CÃO DA MADEIRA: 1934, 1994

Este Cão é um trabalhador dedicado e atencioso, e normalmente causará ótima impressão em todos os lugares aonde for. Ele é menos independente que alguns dos outros tipos de Cão, e prefere trabalhar em equipe a atuar por conta própria. É benquisto, tem ótimo senso de humor e se interessa pelas atividades dos vários membros de sua família. É, em geral, atraído pelas coisas boas da vida e encontra muito prazer em coleções de selos, moedas, quadros e antiguidades. Também prefere viver no campo a morar na cidade.

CÃO DO FOGO: 1946, 2006

Este Cão tem uma personalidade alegre e expansiva e muita facilidade para fazer novos amigos. É um trabalhador honesto e atencioso, e gosta de participar ativamente de tudo o que se passa à sua volta. Também gosta de analisar novas ideias e, desde que tenha o apoio e os conselhos necessários, pode obter êxito em empreendimentos em que outros fracassariam. No entanto, tende a ser muito teimoso. Se puder superar isso, o Cão do Fogo poderá alcançar muita fama e riqueza.

CÃO DA TERRA: 1958

O Cão da Terra é muito talentoso e astuto. Ele é metódico e eficiente, sendo capaz de progredir bastante em sua profissão. Tende a ser um tanto reservado e circunspecto, mas é muito persuasivo e, em geral, consegue facilmente alcançar seus objetivos. É generoso e amável, estando sempre disposto a prestar ajuda quando necessário. Também é muito estimado por seus amigos e companheiros, e normalmente tem uma aparência austera.

PREVISÕES PARA O CÃO EM 2016

O Cão gosta de ordem e consistência, e pode ter se sentido pouco à vontade com algumas das novidades trazidas pelo ano da Cabra (de 19 de fevereiro de 2015 a 7 de fevereiro de 2016). Este poderá ser um tempo de volatilidade, e as mudanças causarão preocupação para o Cão. No entanto, embora possa ter enfrentado muitos desafios, também terá realizado bastante. Os meses restantes continuarão a ser movimentados.

Em sua casa, o Cão provavelmente executou alguns projetos ambiciosos e, para alguns, isso pode ter incluído uma mudança de residência. À medida que o ano vai chegando ao fim, muitos Cães estarão dispostos a concluir as atividades práticas, inclusive fazendo grandes compras. O Cão astuto poderá ter sorte para encontrar os itens certos em condições muitas vezes favoráveis. As liquidações de final de ano poderão render barganhas adicionais.

No entanto, tendo em vista o tempo considerável dedicado às atividades práticas e os muitos planos que precisarão ser feitos nesta época, o Cão precisará manter uma boa ligação com os entes queridos.

Também ocorrerá aumento nas atividades sociais e o Cão apreciará passar tempo com os amigos e voltar a encontrar algumas pessoas que ele não vê há um tempo. Dezembro e o início de janeiro poderão ser agitados, com algumas ocasiões surpreendentes e novidades relacionadas a um amigo.

No trabalho, o Cão poderá achar as pressões grandes e suas metas desafiadoras. No entanto, caso se empenhe ao máximo, poderá conseguir alguns sucessos notáveis. Outubro poderá ser marcado por novidades importantes.

Em geral, embora o ano da Cabra tenha sido exigente, muitos Cães terão se beneficiado do apoio de outras pessoas, bem como participado de eventos que significaram muito no aspecto pessoal.

O ano do Macaco, que começa em 8 de fevereiro, será um período encorajador para o Cão. Seu bom senso poderá ser-lhe útil este ano e, se agir com determinação, ele poderá alcançar alguns objetivos-chave. Como o poeta Virgílio observou, "A sorte favorece os audazes" e, neste ano do Macaco, a sorte favorecerá o Cão corajoso e empreendedor.

Uma das características do Cão é que ele confia muito em seu instinto e, assim que o ano do Macaco começar, ele sentirá que suas perspectivas estão melhorando. Sobretudo os Cães que se sentem insatisfeitos ou nutrem uma decepção deverão encarar o ano do Macaco como um tempo para mudança positiva.

No trabalho, o ano do Macaco dará ao Cão mais oportunidades de usar suas qualidades, e sua lealdade e habilidades serão reconhecidas. Os Cães que estão com o mesmo empregador ou no mesmo tipo de trabalho há algum tempo terão a chance de assumir responsabilidades maiores. Oportunidades adequadas para promoção também poderão surgir e, para aqueles que trabalham em grandes organizações, as transferências para outros cargos poderão ser tentadoras.

Os Cães que se sentem insatisfeitos e acomodados no trabalho devem aproveitar os aspectos favoráveis e procurar uma posição em outro lugar. Assim que começarem a fazer perguntas e a se registrarem em agências de emprego, eles poderão ser alertados para várias vagas que deverão ser consideradas. Estas poderão envolver uma mudança significativa de responsabilidades, mas é justamente disso que esses Cães necessitam.

Isso também se aplica aos Cães que estão à procura de emprego. Ao ampliar suas pesquisas, muitos poderão receber a oportunidade de se estabelecer em uma nova função. Para alguns, isso poderá significar sair da zona de conforto, mas os anos do Macaco são encorajadores.

Março, abril, setembro e novembro poderão ser marcados por novidades interessantes, mas oportunidades poderão surgir de repente e precisarão ser aproveitadas de imediato. O instinto do Cão poderá servi-lo bem este ano e, muitas vezes, ele perceberá quais vagas são adequadas a ele.

Outro fator favorável ao Cão será o apoio que receberá, inclusive de lugares inesperados. Colegas — alguns, inclusive, influentes — poderão recomendá-lo (às vezes sem seu conhecimento), e sua reputação e referências também melhorarão suas chances. Ele deverá aproveitar todas as possibilidades para construir uma rede de contatos, uma vez que seu jeito de ser e suas qualidades impressionarão muitos este ano.

O progresso no trabalho ajudará financeiramente, mas o ano do Macaco será um ano caro. É provável que os gastos na casa sejam consideráveis e, para alguns Cães que pensaram em se mudar no ano passado, agora uma troca de cidade é possível. As viagens também são muito indicadas neste período e, em vista de todas essas despesas, o Cão precisará fazer planejamento financeiro. Com cuidado, no entanto, ele ficará satisfeito com os muitos planos que será capaz de executar.

Além disso, é importante que ele dê alguma atenção ao próprio bem-estar este ano e, se necessário, avalie a qualidade de sua dieta e seu nível de exercício. Esforçar-se ao extremo, sem um descanso adequado, poderá deixá-lo suscetível a resfriados e outras doenças de menor gravidade. Neste ano encorajador, ele deverá tentar permanecer na melhor forma. Cães, fiquem atentos!

Os interesses pessoais poderão ajudar a manter o estilo de vida do Cão em equilíbrio, e o ano do Macaco fornecerá múltiplas ideias. Caso algo novo agrade o Cão, ele deverá tentar descobrir mais a respeito. Alguns Cães também estarão dispostos a aprimorar certas habilidades e a definir um novo desafio ou projeto. Este poderá ser um período inspirador.

Haverá também oportunidades de viagem interessantes e, se possível, todos os Cães deverão tentar tirar férias. Isso poderá dar-lhes um descanso muito necessário, bem como a oportunidade de visitar alguns locais interessantes. O fim do verão poderá ser marcado por boas possibilidades.

Embora o Cão seja muitas vezes seletivo na hora de socializar, possivelmente ocorrerá um eventual aumento de atividade este ano e ele poderá receber convites para festas e outras celebrações, bem como apreciar o contato com seu círculo de amigos íntimos. Fevereiro, março, junho e dezembro poderão ser meses movimentados e, para os Cães que estão sozinhos ou passaram por alguma dificuldade pessoal no passado recente, um novo conhecido poderá restaurar algum significado à sua vida. Do ponto de vista social, este poderá ser um momento gratificante e agradável.

Em seu ambiente familiar, o Cão continuará tendo planos ambiciosos, e, com frequência, uma ideia levará a outras. No entanto, será necessário dedicar bastante tempo às atividades práticas e, idealmente, elas deverão ser distribuídas ao longo do ano, em vez de serem realizadas todas de uma só vez.

Com sucessos pessoais e profissionais, boas possibilidades de viagem e ideias a serem colocadas em prática, o ano poderá ser marcado por vários pontos altos no plano familiar. A opinião do Cão será, mais uma vez, valorizada, e maio e setembro poderão ser especialmente movimentados e agradáveis.

Em geral, o ano do Macaco traz boas perspectivas para o Cão, mas muita coisa dependerá dele. Se for determinado, poderá haver muito progresso. O Cão será bem apoiado, gozando de uma vida doméstica e social intensa e, muitas vezes, especial. Contudo, em vista de tanta atividade, ele precisará cuidar de si, inclusive dedicando tempo aos interesses pessoais, e para desfrutar as interessantes oportunidades de viagem que surgirão. Se ele tomar a iniciativa e equilibrar seu estilo de vida, poderá fazer deste um ano tanto agradável quanto progressivo.

O CÃO DO METAL

O Cão do Metal é determinado e consciente, e coloca muito empenho em suas diversas atividades. Em 2016, seu comprometimento será bem recompensado. Este será um tempo de progresso e, muitas vezes, afortunado para ele.

Ao longo do ano, o Cão do Metal será incentivado por aqueles que estão ao seu redor. Sobretudo quando toma decisões ou avalia ideias, ele valorizará a ajuda que os entes queridos e os especialistas poderão oferecer. Durante o ano do Macaco, muitos torcerão por ele, para que conquiste o sucesso merecido. À medida que ele conhecer pessoas novas, sua maneira simples causará boa impressão e ele poderá estabelecer algumas conexões úteis. Tanto no trabalho quanto nos interesses pessoais, este é um excelente ano para fazer contatos e para promover sua imagem.

O Cão do Metal não é muito sociável, mas frequentemente ficará surpreso e encantado com as oportunidades sociais do ano do Macaco. Ao participar do que acontecerá à sua volta, ele viverá alguns momentos animados. Fevereiro e início de abril, junho e dezembro poderão ser marcados por atividade social mais intensa.

Os Cães do Metal que se sentem sozinhos deverão participar de atividades locais e aproveitar qualquer convite para sair. Ações positivas poderão recompensá-los bem. Para alguns, os assuntos do coração poderão acrescentar emoção ao ano. Para os relacionamentos pessoais, este poderá ser um momento movimentado e, muitas vezes, especial, podendo beneficiar o Cão do Metal que deseja sair mais, em vez de se manter isolado.

Na vida familiar, várias coisas estão por acontecer, inclusive uma mudança para alguns. Além disso, o Cão do Metal e seus entes queridos poderão enfrentar alterações na rotina. Alguns ajustes precisarão ser feitos, mas, com uma boa cooperação, os ganhos com as mudanças que estarão ocorrendo poderão ser muitos. Aqui, mais uma vez, o apoio dos familiares poderá ser fator de incentivo no ano do Cão do Metal.

Embora muitas vezes esteja ocupado com compromissos práticos, ele também descobrirá que interesses e viagens compartilhadas poderão ser agradáveis e farão muito bem aos relacionamentos. Maio, setembro e o final do ano poderão ser momentos ativos e de possíveis comemorações na casa do Cão do Metal.

O Cão do Metal também poderá desejar fazer progresso no trabalho. Quando surgirem novas vagas, frequentemente ele estará bem qualificado para se candidatar, e sua lealdade e comprometimento serão úteis no futuro. Os anos do Macaco favorecerão a iniciativa, com a oportunidade de vários Cães do Metal contribuírem com ideias e assumirem novos objetivos. Muitos colegas mais velhos valorizarão as habilidades do Cão do Metal, e seu envolvimento este ano poderá ter valor crescente. Março, abril, setembro e novembro poderão ser marcados por mudanças potencialmente significativas.

Para os Cães do Metal que se sentem limitados onde estão e gostariam de ocupar uma posição que oferecesse mais oportunidade, bem como para aqueles que estão à procura de emprego, o ano do Macaco oferecerá perspectivas interessantes. Ao se manter alerta para vagas, conversar com amigos e fazer contatos, esses Cães do Metal poderão tomar conhecimento de possibilidades novas ou encontrar maneiras diferentes de usar seus pontos fortes. Os anos do Macaco poderão abrir portas interessantes e, por estar disposto a se adaptar, o Cão do Metal poderá conquistar uma posição que se transformará em um progresso significativo na vida profissional. No entanto, ele precisará ser rápido em se apresentar como candidato e enfatizar sua experiência. Os anos do Macaco recompensam o esforço adicional.

Os progressos realizados no trabalho ajudarão financeiramente, mas, com os compromissos existentes do Cão do Metal, além das ideias para sua casa e das possibilidades de viagem interessantes, ele precisará vigiar os gastos e planejar com antecedência. Este é um tempo para a boa gestão financeira.

Embora o Cão do Metal possa ficar bastante ocupado este ano, deverá dedicar algum tempo às atividades recreativas. Estas poderão ajudá-lo a relaxar e a fazer uma pausa em outras atividades e preocupações.

Além disso, se faltar exercício regular, ele deverá tentar remediar essa situação e se aconselhar sobre atividades que possam ajudar. Da mesma forma, se ele tiver preocupações com a saúde, a qualquer momento deverá fazer os exames necessários. Ele deverá buscar estar em boa forma e desfrutar os resultados de seu trabalho.

O ano do Macaco é, de muitas formas, um ano gratificante para o Cão do Metal. No trabalho, haverá muitas chances de aproveitar melhor seus talentos, e o sucesso que ele desfruta agora não apenas será bem merecido, como também marcará uma etapa importante em sua carreira. Ele será incentivado pela confiança, pelo apoio e pela assistência daqueles que o rodeiam, e valorizará a vida familiar e o círculo íntimo de amigos. Viagens e novas amizades poderão acrescentar interesse a este período gratificante e, com iniciativa e determinação, o Cão do Metal poderá sair-se muito bem.

DICA PARA O ANO

Seja ativo. Explore as possibilidades e procure avançar. Com o apoio que você desfruta e com as chances que se tornarão disponíveis, este será um ano de muitas possibilidades. Aproveite o momento.

O CÃO DA ÁGUA

O ano do Macaco é repleto de possibilidades interessantes para o Cão da Água. Este ano poderá ser marcado por alguns eventos pessoalmente significativos e haverá momentos especiais para serem apreciados.

Os Cães da Água que seguem uma carreira específica deverão usar este ano para aprofundar sua experiência e migrar para um cargo com maiores responsabilidades. Com frequência, haverá abertura de vagas em seu lugar de trabalho atual e, por serem membros ativos da equipe e contribuírem com seus conhecimentos práticos, muitos Cães da Água farão um progresso impressionante.

Ele também poderá ampliar suas perspectivas ao aproveitar qualquer treinamento que esteja disponível, encontrar outras pessoas ligadas a seu ramo de atividade e, caso se mostre pertinente, afiliar-se a uma entidade profissional. Ao se envolver e promover seu perfil, ele será notado e terá o talento reconhecido.

Também haverá alguns Cães da Água que sentirão que poderão melhorar suas perspectivas ao se mudarem para outros empregadores. Caso estejam atentos a vagas em seu ramo de atividade, muitos farão o que poderá vir a ser uma transferência significativa. É certo que ajustes consideráveis poderão ser necessários, mas, com comprometimento e o desejo de ascender, muitos desses Cães da Água alcançarão um novo patamar na carreira.

Aqueles que estão à procura de emprego também deverão manter-se atentos às novidades em sua área, inclusive campanhas de recrutamento de grandes empregadores. Se forem ativos e informados, muitos terão a oportunidade de se estabelecer em uma área bastante diferente. Com relação ao trabalho, o ano do Macaco será encorajador, e o período do final de fevereiro a abril e os meses de setembro e novembro poderão ser importantes.

Os progressos alcançados no local de trabalho também ajudarão financeiramente, com muitos Cães da Água aumentando seus rendimentos e, algumas vezes, se beneficiando de um pagamento adicional ou presente. No entanto, ele precisará honrar diversos compromissos, terá planos a serem colocados em prática e (às vezes) depósitos a fazer. Para realizar tudo o que deseja, precisará continuar a ser disciplinado.

As viagens estarão em um aspecto favorável e, se possível, o Cão da Água deverá procurar viajar ao longo do ano. Para alguns, uma oferta especial poderá ser tentadora. O Cão da Água apreciará todos as folgas que conseguir este ano.

Apesar dos muitos compromissos, ele também deverá reservar tempo para os interesses pessoais. Estes não apenas poderão ajudá-lo a relaxar, mas também, por vezes, permitirão que ele utilize seus talentos de outras maneiras.

Além disso, se tiver um estilo de vida sedentário, ele poderá beneficiar-se de atividades que ofereçam a oportunidade de exercício adicional. Neste ano, o Cão da Água precisará dedicar alguma atenção ao próprio bem-estar. Se ele sentir, a qualquer momento, que não está em sua forma normal ou que a energia habitual está faltando, deverá procurar um médico.

Com a água como seu elemento, esse Cão é um grande comunicador, e muitas pessoas apreciam sua companhia e sua conversa interessante. Durante o ano, ele será muito solicitado, com eventos para assistir e amigos para encontrar. Também poderá prestar ajuda em um assunto pessoal delicado. Ele se reunirá com muitas pessoas novas este ano, algumas das quais, com o tempo, se tornarão parte de seu círculo social. Para os Cães da Água solteiros, um romance importante poderá surgir, de maneira inesperada porém gloriosa, este ano. O período de fevereiro a início de abril, o mês de junho, o início de julho e dezembro poderão ser marcados por intensa atividade social.

Este também será um ano importante na vida doméstica. Nas famílias de muitos Cães da Água, haverá um motivo de comemoração, talvez um nascimento, uma mudança de residência ou um sucesso pessoal ou profissional. O que quer que aconteça, o ano do Macaco verá a realização de alguns dos sonhos do Cão da Água. É certo que também haverá pressão, com algumas semanas agitadas, na medida em que seus planos estarão sendo colocados em prática, mas, em geral, o ano do Macaco será emocionante e, muitas vezes, significativo. Maio e setembro poderão ser marcados por atividade familiar intensa.

Com tanta coisa acontecendo, a capacidade do Cão da Água de se comunicar bem e entusiasmar os outros ajudará. E, quanto mais atividades puderem ser empreendidas em conjunto, melhor. Ocasionalmente, os parentes mais velhos poderão ajudar, inclusive ao doar seu tempo.

Em geral, o ano do Macaco será movimentado e, algumas vezes, exigente para o Cão da Água, mas também será um ano de oportunidades. As perspectivas de trabalho estão em aspecto favorável e, ao desenvolver suas habilidades e aproveitar as oportunidades que surgirem, o Cão da Água poderá fazer avanços significativos. Será necessário comprometimento, mas ele será ajudado pelas boas relações que mantém com muitos daqueles ao seu redor e, ao se manter envolvido no que está acontecendo e se comunicar em sua habitual maneira eficaz, será capaz de fazer muitos de seus planos avançarem. Diversos fatores trabalharão a seu favor este ano. Com o estilo de vida agitado, ele precisará dedicar alguma atenção ao bem-estar. Atividades recreativas poderão ajudá-lo a relaxar. Muitos Cães da Água terão celebrações e sucessos para desfrutar, e suas qualidades especiais poderão ser reconhecidas e recompensadas neste ano encorajador.

DICA PARA O ANO

Aprimore suas habilidades. Novos conhecimentos e capacidades poderão abrir portas importantes. Este é um ano para se desenvolver e avançar. Use-o bem e aproveite os frutos de seus esforços, agora e nos anos seguintes.

O CÃO DA MADEIRA

Um período movimentado e prazeroso espera o Cão da Madeira. Com sua energia característica, ele poderá alcançar muitas coisas, e suas realizações ajudarão a moldar os próximos anos. A importância deste ano animado não deverá ser subestimada.

Além dos aspectos positivos, vários fatores também trabalharão em favor do Cão da Madeira, entre eles a determinação e o desejo de mostrar seu valor. Ao avançar gradualmente rumo a seus objetivos e aproveitar as oportunidades, ele poderá se sair bem. Outro fator é sua capacidade de se relacionar bem com praticamente todo mundo. O Cão da Madeira estará alerta e consciente, e também será boa companhia — o que poderá fazê-lo conquistar apoio, não apenas de boa qualidade, mas também com influência. Em 2016, ele aprenderá muito sobre si mesmo e sobre suas capacidades.

Para os Cães da Madeira envolvidos no sistema educacional, este poderá ser um momento de pressão, com deveres a serem entregues e exames a serem feitos. Embora isso possa parecer assustador, haverá boas oportunidades para ele demonstrar sua capacidade, e, se trabalharem de forma consistente, muitos Cães da Madeira ficarão satisfeitos com os resultados alcançados. O ano do Macaco exigirá grandes esforços, mas as recompensas poderão ser significativas.

O ano do Macaco também poderá ter consequências importantes para alguns Cães da Madeira. Por meio de seus estudos, eles talvez descubram uma vocação ou uma especialidade que os atrairá. Tutores e outros profissionais também poderão oferecer sugestões a respeito de seu futuro. Mantendo-se alerta e aproveitando as possibilidades que ele sentirá como certas, esses Cães da Madeira poderão dar início a algo significativo.

No trabalho, o ano do Macaco também poderá conter grandes novidades para os Cães da Madeira. Vagas inesperadas poderão ocorrer, originadas pela saída de colegas e/ou pelo aumento da carga de trabalho. Haverá oportunidades para muitos Cães da Madeira assumirem responsabilidades adicionais ao longo do ano. De maneira significativa, as responsabilidades que alguns assumirem agora, ou o treinamento que fizerem, poderá indicar áreas nas quais irão se concentrar no futuro. As mudanças poderão ser oportunas e de enorme impacto este ano.

Para os Cães da Madeira que estão à procura de emprego, algumas vagas interessantes também poderão surgir, mas é provável que a concorrência seja feroz. O Cão da Madeira precisará ser persistente e mostrar iniciativa, inclusive chamando a atenção de potenciais empregadores para suas habilidades. Será necessário mostrar comprometimento, mas, uma vez que esses Cães da Madeira iniciem sua escalada profissional, terão a chance de mostrar seu valor, e as posições que assumirem agora influenciarão sua carreira futura. O período de março a início de maio e os meses de setembro e novembro poderão ser marcados por novidades encorajadoras.

O Cão da Madeira também apreciará o modo como poderá desenvolver seus interesses em 2016. Os anos do Macaco apresentam vitalidade e incentivarão a criatividade e a exploração do talento. A orientação especializada recebida por alguns Cães da Madeira este ano, relativa a um interesse ou uma habilidade, poderá abrir novos horizontes e deverá ser avaliada com atenção.

O ano do Macaco também favorecerá as viagens e haverá a possibilidade de muitos Cães da Madeira conhecerem lugares interessantes, além de passarem um tempo agradável com seus acompanhantes. Para os entusiastas do ar livre, o ano do Macaco poderá dar origem a algumas ocasiões emocionantes.

Com um estilo de vida tão movimentado, o Cão da Madeira terá, contudo, de manter rígido controle sobre sua situação financeira. Com disciplina, ele ficará satisfeito com o que será capaz de fazer, mas precisará prevenir-se de realizar muitas compras por impulso. O valor delas poderá facilmente se multiplicar. Além disso, se assumir algum novo compromisso financeiro, deverá conferir os termos e questionar qualquer ponto que não esteja claro. Da mesma forma, se alguma vez se encontrar em um dilema e desejar receber conselhos, deverá lembrar-se de que tem parentes mais velhos que, muitas vezes, estarão dispostos a ajudar.

O Cão da Madeira frequentemente trabalha muito e também deverá dar mais atenção ao próprio bem-estar, inclusive certificando-se de que sua dieta seja saudável e adequada, permitindo-se descansar depois de horários agitados. Se tiver quaisquer preocupações ou apresentar desconforto a qualquer momento, deverá procurar aconselhamento.

A vida social se encontrará sob um aspecto muito favorável este ano, e ele estará presente em diversas ocasiões diferentes, desfrutando da companhia dos bons amigos. Por conhecer alguns deles há bastante tempo, ele valorizará a confiança e os relacionamentos de que desfruta e os conselhos que poderão ser compartilhados. Com alguns Cães da Madeira mudando de cidade, talvez em virtude do fim de um curso ou do surgimento de uma oferta de trabalho, também haverá a chance de conhecer pessoas novas este ano, e amizades diferentes e, em alguns casos, relacionamentos significativos poderão ser construídos. O período de fevereiro a início de abril, o mês de junho e início de julho, bem como o mês de dezembro, poderão ser tempos especialmente animados.

Para os Cães da Madeira com um par, haverá projetos emocionantes a serem colocados em prática e esperanças a serem compartilhadas. Também poderá haver oportunidades inesperadas, inclusive convites para participar de celebrações (podendo haver várias este ano), viajar ou fazer algo ligado a um interesse compartilhado. Algumas compras grandes também poderão encantar o Cão da Madeira. Muito está destinado para acontecer neste ano, embora ele deva resistir à tentação de se envolver em uma grande quantidade de projetos (ou despesas) ao mesmo tempo. Este será um ano de ritmo moderado, que deverá ser apreciado na medida do possível.

Em geral, o ano do Macaco terá potencial considerável para o Cão da Madeira. Este será um período para se divertir, apreciar os amigos e os relacionamentos íntimos — e se esforçar. Resultados, qualificações e cargos profissionais, tudo isso requererá esforço. No entanto, o Cão da Madeira tem capacidade para se sair bem e esculpir um futuro de sucesso, e suas realizações agora poderão abrir o caminho.

DICA PARA O ANO

Trabalhe arduamente e ouça os conselhos que lhe serão dados. Isso poderá ser mais importante do que você imagina. Além disso, desfrute das relações com aqueles que estão ao seu redor. Muitos estarão dispostos a incentivá-lo, e sua opinião poderá fazer a diferença.

O CÃO DO FOGO

O Cão do Fogo estará não apenas celebrando o início de uma nova década de vida, como também realizando algumas esperanças e ambições este ano. Será um momento gratificante e construtivo para ele.

Um dos aspectos mais agradáveis do ano é como o Cão do Fogo será atraído para determinadas atividades. Isso poderá ser especialmente verdadeiro quando se trata dos próprios interesses. Muitos terão interesses pelos quais são especialmente apaixonados e apreciarão a forma como se desenvolverão durante o ano do Macaco. Para o Cão do Fogo criativo, pensamentos ou projetos novos poderão ser especialmente inspiradores. Poderá haver técnicas para experimentar e resultados encorajadores para comemorar. Os anos do Macaco favorecerão a inventividade, e muitos Cães do Fogo estarão inspirados.

Como este também é um ano de participação, quaisquer Cães do Fogo que queiram desfrutar a experiência de uma nova atividade ou de se socializar mais deverão se informar sobre os grupos de interesses e as atividades disponíveis em sua área. Ao agir positivamente, eles poderão descobrir uma nova ocupação que lhes dará prazer, assim como, possivelmente, um canal adicional para seus talentos. Alguns Cães do Fogo poderão mostrar-se reservados, mas este será um tempo para se envolverem e desfrutarem do que estará disponível. Solitário e talvez desanimado Cão do Fogo, tome nota disso e se envolva.

Da mesma forma, alguns Cães do Fogo poderão ter um sonho há muito acalentado, talvez de escrever um livro, gravar experiências ou visitar determinado lugar. Esta é a hora de levar esse sonho adiante, inclusive conversar a respeito com seus entes queridos. Muita coisa poderá tornar-se possível este ano, mas esses primeiros passos imprescindíveis precisarão partir do próprio Cão do Fogo.

Apesar de muitos se manterem ativos, deveriam também dedicar alguma atenção ao bem-estar, inclusive para a qualidade de sua dieta e o nível de exercício físico. Se o Cão do Fogo sentir que existe deficiências em qualquer dos dois campos, valerá a pena procurar aconselhamento profissional sobre a melhor maneira de proceder. Da mesma forma, se tiver alguma preocupação, deverá fazer um exame minucioso. A atenção para sua saúde poderá fazer a diferença este ano, inclusive para aumentar seus níveis de energia.

As viagens estarão sob aspecto bastante favorável, e muitos Cães do Fogo terão a chance de desfrutar de férias especiais. Ao planejarem com antecedência e se informarem sobre o destino, eles apreciarão ainda mais o tempo longe de casa. Aqui, novamente, alguns sonhos acalentados poderão ser realizados este ano.

O ano do Macaco também poderá dar origem a algumas ocasiões sociais animadas. Interesses novos ou existentes poderão incluir um elemento social interessante e, mais uma vez, o Cão do Fogo valorizará os amigos mais próximos. Agradavelmente, para alguns que talvez tenham sentido solidão nos últimos tempos, o ano do Macaco poderá trazer como presente um novo amigo importante. Os anos do Macaco poderão ser marcados por muitas novidades encorajadoras, inclusive na vida pessoal. Fevereiro, março, o período de junho a início de julho e dezembro poderão testemunhar atividades sociais mais intensas.

A vida familiar do Cão do Fogo também será especial este ano. Com frequência, seus entes queridos estarão dispostos a marcar seu septuagésimo aniversário, e algumas surpresas carinhosas poderão ter sido planejadas. Em muitos casos, o amor e a bondade mostrados ao Cão do Fogo o emocionarão profundamente.

Seu amor e carinho pelos parentes mais jovens também ficarão evidentes e, sempre que ele sentir que alguém está pressionado ou sofrendo para tomar uma decisão difícil, sua abordagem gentil, porém criteriosa, será de considerável valor. Este ano, a vida doméstica poderá ser especial, e o Cão do Fogo estará no centro de muita coisa que acontecerá.

Ele também apreciará o modo como alguns planos e esperanças poderão progredir e, se tiver projetos ou compras em mente, este poderá ser um bom ano para realizá-los. Envolver outras pessoas também ajudará seus planos a se concretizarem neste ano movimentado.

Com viagens, planos e interesses pessoais e atividades familiares, contudo, o Cão do Fogo precisará manter rígido controle sobre os níveis de despesas e, idealmente, fazer uma poupança prévia para dar conta de projetos mais substanciais. Este é um ano para a boa gestão do orçamento.

Para o Cão do Fogo nascido em 2006, o ano do Macaco oferecerá bastante escopo. Muitos Cães do Fogo jovens se divertirão com interesses e explorarão ideias e capacidades. Em sua educação, novas matérias ou equipamentos aos quais têm acesso poderão torná-los mais conscientes de suas habilidades. Nesse contexto, o ano do Macaco poderá ser tanto iluminador quanto enriquecedor.

O Cão do Fogo jovem também desfrutará da camaradagem daqueles que estão à sua volta, e um interesse específico dele provavelmente o levará a estabelecer contato com alguém que estará destinado a se tornar um amigo de longa data.

Se tiver nascido em 1946 ou 2006, o Cão do Fogo considerará o ano do Macaco um período incentivador, e caberá a ele aproveitá-lo mais. Ideias e pensamentos deverão ser colocados em prática, pois, uma vez que as atividades sejam iniciadas, poderão rapidamente ganhar impulso. No nível pessoal, o Cão do Fogo poderá esperar algumas possibilidades de viagem excelentes, bem como alguns momentos especiais com os entes queridos. Também poderá haver algumas surpresas. Será um ano interessante e pessoalmente gratificante.

DICA PARA O ANO

Dê seguimento às suas ideias. Não fique pensando nos próximos anos, "E se?" Este é um ano especial para você, e terá a chance de fazer as coisas especiais que você deseja. Aproveite.

O CÃO DA TERRA

Existe um provérbio chinês que recomenda: "Ice suas velas quando o vento for forte. Aproveite as oportunidades." Este conselho é muito apropriado para o Cão da Terra neste ano. Este é um momento favorável para ele e, ao aproveitar as oportunidades, ele poderá realizar muita coisa.

No trabalho, muitos Cães da Terra terão testemunhado mudanças consideráveis em anos recentes. Este ano lhes dará mais chance de se concentrar em sua área de especialidade. Alguns Cães da Terra poderão ser encarregados de metas específicas ou aproveitar oportunidades para serem deslocados para cargos que considerem mais satisfatórios. No ano do Macaco, muitos se sentirão em maior controle do que fazem e, como consequência, conseguirão aproveitar melhor suas qualidades e desfrutar de alguns sucessos bem merecidos.

Os Cães da Terra que se sentirem prontos para uma mudança mais substancial ou que procuram emprego descobrirão que, ao buscarem cargos que lhes interessem e enfatizarem suas habilidades para eventuais empregadores, sua determinação acabará rendendo resultados. Poderá levar algum tempo, mas, com frequência, as posições que assumirem neste ano lhes darão mais chances de usar certos pontos fortes. Como o Cão da Terra tantas vezes tem demonstrado, quando está inspirado e feliz em seu papel, rende mais. Março, abril, setembro e novembro poderão ser marcados por novidades encorajadoras.

Seja qual for sua situação de trabalho, o Cão da Terra também será ajudado por colegas (atuais e antigos) e, se precisar de determinadas informações ou desejar receber conselhos, é importante que os peça. Os Cães da Terra que estejam buscando mudança ou um emprego poderão encontrar algum conhecido que os alertará para uma possível vaga ou fará a apresentação de que eles precisam. Neste ano do Macaco, o respeito e a boa vontade dos quais muitos Cães da Terra desfrutam poderão fazer diferença importante.

O ano do Macaco também incentivará a exploração dos talentos e das ideias, e o Cão da Terra deverá procurar passar algum tempo desfrutando seus interesses pessoais. As atividades criativas estarão em destaque especial este ano, e alguns Cães da Terra poderão ficar entusiasmados com um projeto que estejam preparando ou com alguma atividade que tenham iniciado. Aqueles que levam vidas ocupadas ou deixaram os interesses pessoais de lado deverão procurar reservar algum tempo para si este ano. Eles poderão se beneficiar disso de várias maneiras.

O Cão da Terra também deverá dedicar alguma atenção à sua saúde e, se tiver alguma preocupação, deverá fazer um exame minucioso.

Fazer uma pausa no estilo de vida acelerado também ajudará e, com as viagens sob aspecto favorável, ele deverá tentar tirar férias. Alguns Cães da Terra poderão também ter a oportunidade de visitar um lugar que há muito queriam ver ou de assistir a um evento específico. O ano do Macaco possibilita algumas oportunidades interessantes de viagem.

Tendo em vista todos os seus planos e compromissos, o Cão da Terra, no entanto, precisará controlar os gastos e estabelecer um orçamento com antecedência. Este é um ano que premia a boa gestão financeira. Felizmente, a atitude disciplinada do Cão da Terra lhe permitirá colocar em prática muitas de suas esperanças e ideias.

Embora o Cão da Terra seja seletivo na socialização, o ano do Macaco poderá dar origem a alguns eventos animados e oferecer uma mistura agradável de coisas para fazer. O Cão da Terra poderá descobrir que certos interesses o apresentarão a novas pessoas e que alguns contatos úteis poderão ser feitos. Para os solteiros, o ano do Macaco poderá testemunhar aumento na atividade social. Os interesses e as atividades compartilhados poderão ser especialmente satisfatórios. O período de fevereiro a início de abril, junho e dezembro poderão ser épocas agradáveis.

A vida doméstica do Cão da Terra também deverá ser movimentada este ano. Haverá realizações a serem comemoradas e, seja celebrando o próprio progresso ou o de algum outro membro da família, o Cão da Terra desfrutará de alguns momentos especiais, muitas vezes tornados ainda mais significativos pelo esforço envolvido.

Com frequência, ele também dará início a alguns projetos ambiciosos em casa. No entanto, embora entusiasmado, ele precisará alocar bastante tempo para concluí-los. Algumas obras poderão ser maiores e mais perturbadoras do que o previsto. Maio e setembro poderão ser marcados por muita atividade na área familiar.

Em geral, o ano do Macaco é um período construtivo para o Cão da Terra e lhe dará a chance de aproveitar melhor seus pontos fortes. Seja no trabalho ou nos interesses pessoais, ele deverá concentrar-se nas áreas de que gosta, pois seu conhecimento e suas habilidades poderão recompensá-lo bem este ano. Novas ideias também poderão surgir e, em consequência, resultados interessantes virão. O Cão da Terra será encorajado pelo apoio daqueles que o rodeiam e pelo prazer em partilhar seu sucesso. Ao "içar sua vela quando o vento for forte", ele poderá alcançar um bom e merecido progresso.

DICA PARA O ANO

Com tanta coisa acontecendo este ano, dedique algum tempo para si mesmo. Desfrute seus interesses, o tempo compartilhado com as pessoas e as recompensas que você trabalha tão arduamente para conseguir.

CÃES FAMOSOS

Brigitte Bardot, Gary Barlow, Candice Bergen, Justin Bieber, Andrea Bocelli, David Bowie, George W. Bush, Kate Bush, Naomi Campbell, Peter Capaldi, Mariah Carey, rei Carl Gustaf XVI da Suécia, José Carreras, Paul Cézanne, Cher, sir Winston Churchill, Bill Clinton, Leonard Cohen, Matt Damon, Charles Dance, Claude Debussy, Judi Dench, Kirsten Dunst, Dakota Fanning, Joseph Fiennes, Robert Frost, Ava Gardner, Judy Garland, George Gershwin, Anne Hathaway, O. Henry, Victor Hugo, Barry Humphries, Holly Hunter, Michael Jackson, Al Jolson, Jennifer Lopez, Sophia Loren, Andie MacDowell, Shirley MacLaine, Melissa McCarthy, Madonna, Norman Mailer, Barry Manilow, Freddie Mercury, Nicki Minaj, Liza Minelli, Simon Pegg, Elvis Presley, Tim Robbins, Andy Roddick, Susan Sarandon, Claudia Schiffer, dr. Albert Schweitzer, Sylvester Stallone, Robert Louis Stevenson, Sharon Stone, Donald Sutherland, madre Teresa de Calcutá, Uma Thurman, Donald Trump, Voltaire, Lil Wayne, príncipe William, Shelley Winters.

O JAVALI

16 de fevereiro	de 1923	a	4 de fevereiro	de 1924	*Javali da Água*
4 de fevereiro	de 1935	a	23 de janeiro	de 1936	*Javali da Madeira*
22 de janeiro	de 1947	a	9 de fevereiro	de 1948	*Javali do Fogo*
8 de fevereiro	de 1959	a	27 de janeiro	de 1960	*Javali da Terra*
27 de janeiro	de 1971	a	14 de fevereiro	de 1972	*Javali do Metal*
13 de fevereiro	de 1983	a	1º de fevereiro	de 1984	*Javali da Água*
31 de janeiro	de 1995	a	18 de fevereiro	de 1996	*Javali da Madeira*
18 de fevereiro	de 2007	a	6 de fevereiro	de 2008	*Javali do Fogo*

A PERSONALIDADE DO JAVALI

O fazer,
o mudar,
o desempenhar um papel,
isso é o que faz da vida o que ela é.
E o que pode vir a ser.

O Javali nasce sob o signo da honestidade. Ele tem uma natureza amável e compreensiva e é reconhecido por suas qualidades de pacificador. Detesta discórdia e desavenças e fará o que for possível para resolver divergências de opiniões ou buscar a conciliação entre facções adversárias.

Ele gosta muito de conversar e é sincero e franco no que diz. Detesta falsidade e hipocrisia e é grande defensor da justiça e da manutenção da lei e da ordem. Apesar dessas características, o Javali é muito tolerante e costuma perdoar os erros alheios. Dificilmente guarda rancor, e não é vingativo.

O Javali, normalmente, é muito benquisto. Adora estar na companhia de outras pessoas e se envolver em atividades de grupo. Ele será um membro leal de qualquer clube ou comunidade e pode ser solicitado a colaborar na organização de eventos sociais. É também excelente levantador de fundos para obras de caridade e costuma apoiar intensamente as causas humanitárias.

Ele é um trabalhador dedicado e atencioso, sendo muito respeitado por sua confiabilidade e integridade moral. Na juventude, costuma se dedicar a várias atividades, mas se sente mais realizado e feliz quando presta algum serviço à comunidade. É altruísta e dedicará boa parte de seu tempo ao bem comum. O Javali é muito respeitado pelos colegas de trabalho e pelos superiores.

O Javali tem ótimo senso de humor e costuma ter sempre um sorriso, uma brincadeira ou algum comentário engraçado na ponta da língua. Ele adora entreter e agradar os outros. Muitos Javalis se dedicam ao *show business* e outros tantos gostam de acompanhar a carreira de estrelas famosas e celebridades.

Infelizmente, há quem se aproveite da natureza bondosa do Javali e abuse de sua generosidade. O Javali tem muita dificuldade para dizer "Não". E embora não goste de ser severo é aconselhável que, de vez em quando, diga "Basta!". O Javali também pode ser um tanto ingênuo. Se em algum momento ele se sentir seriamente desiludido, irá se certificar de que isso nunca mais acontecerá e procurará ser mais autoconfiante. Muitos Javalis tornaram-se empresários de projeção ou alcançaram muito sucesso em sua carreira à custa dos próprios esforços, após alguma desilusão na juventude. E embora o Javali tenda a gastar generosamente seu dinheiro, é bastante astuto em questões financeiras, e muitos Javalis ficaram ricos.

Outra característica do Javali diz respeito à capacidade de se recuperar rapidamente das contrariedades. Sua fé e força de caráter fazem com que persista. Quando se julga capaz de executar uma tarefa — ou deseja alcançar alguma meta —, dedica-se a ela com muita determinação. Também pode ser muito teimoso e, independentemente do número de pessoas que façam oposição a ele, uma vez que esteja decidido, dificilmente modificará seus pontos de vista.

Embora o Javali possa trabalhar de forma exaustiva, também sabe se divertir. Ele adora gozar as coisas boas da vida e gastar o que ganhou com muita dificuldade em férias ou feriados extravagantes com um magnífico almoço ou jantar — pois o Javali é um apreciador da boa culinária e de um bom vinho —, ou em uma grande variedade de atividades de entretenimento. Ele também adora participar de pequenas reuniões sociais, e se estiver em companhia de pessoas de quem gosta, pode facilmente se tornar a atração da festa. No entanto, ele tende a adotar uma atitude reservada em grandes eventos sociais ou quando se encontra na companhia de pessoas desconhecidas.

O Javali também gosta muito de conforto, e sua casa costuma ser repleta dos mais modernos utensílios. Na medida do possível, ele irá preferir viver no campo a morar na cidade, e terá um grande jardim ou uma horta, pois o Javali é normalmente excelente jardineiro ou horticultor.

Ele é muito benquisto e admirado pelo sexo oposto e costuma ter vários relacionamentos afetivos antes de se casar. Mas quando está casado é fiel e dedicado ao cônjuge. O Javali irá perceber que se relaciona especialmente bem com os nascidos sob os signos da Cabra, do Coelho, do Cão e do Tigre, e também com outro Javali. Devido à natureza amável e complacente, também pode se relacionar bem com todos os outros signos do zodíaco chinês, com exceção da Serpente, pois ela tende a ser ardilosa, dissimulada e muito introspectiva, e isso pode irritar profundamente o honesto e sincero Javali.

A mulher Javali canalizará todas as energias para atender às necessidades de seus filhos e de seu companheiro. Ela irá procurar garantir que nada lhes falte, e sua alegria consiste em vê-los satisfeitos. Sua casa estará ou muito limpa e arrumada ou totalmente bagunçada. Por incrível que pareça, o Javali não costuma ter meio-termo — ou adora cuidar da casa ou simplesmente detesta! A mulher Javali tem, entretanto, excelentes qualidades de organizadora que, combinadas à sua natureza gentil e sincera, permitem que ela alcance muitos de seus objetivos. Ela também pode ser uma mãe zelosa e atenciosa, e se veste com muito bom gosto.

O Javali tem, em geral, muita sorte na vida e dificilmente lhe falta o necessário. Se ele não permitir que os outros se aproveitem de sua natureza bondosa e não tiver medo de fazer valer seus direitos, fará muitos amigos, ajudará os outros e conquistará a admiração de muitos.

OS CINCO TIPOS DE JAVALI

Além dos 12 signos do zodíaco chinês existem cinco elementos que influenciam cada signo, acentuando ou atenuando suas características. Os efeitos dos cinco elementos sobre o Javali estão descritos a seguir, juntamente com os anos em que os elementos exercem sua influência. Dessa forma, todos os Javalis nascidos em 1911 e 1971 são Javalis do Metal, todos os nascidos em 1923 e 1983 são Javalis da Água e assim por diante.

JAVALI DO METAL: 1911, 1971

O Javali do Metal é mais ambicioso e determinado que alguns dos outros tipos de Javali. Ele é forte e vigoroso e gosta de se envolver em várias atividades. É muito franco e direto em seus pontos de vista, embora possa, às vezes, ser um tanto ingênuo e ter a tendência de se deixar iludir pelas aparências. Tem ótimo senso de humor e adora participar de festas e outros eventos sociais. É generoso e expansivo, costumando ter um grande círculo de amizades.

JAVALI DA ÁGUA: 1923, 1983

O Javali da Água tem um coração enorme, é generoso e leal e procura se dar bem com todo mundo. Ele fará o possível para ajudar os outros. Mas, infelizmente, há pessoas que se aproveitam de sua bondade. Por isso, o Javali da Água deverá ser um pouco mais perspicaz e estar disposto a se manter firmemente contrário a tudo que o desagradar. Embora prefira levar uma vida tranquila, tem vários interesses pessoais. Adora praticar atividades ao ar livre e participar de festas e outros eventos sociais. É um trabalhador dedicado e atencioso e invariavelmente consegue êxito na profissão escolhida. O Javali da Água também tem o dom da comunicação.

JAVALI DA MADEIRA: 1935, 1995

Este Javali é gentil e persuasivo e consegue facilmente conquistar a confiança das pessoas. Ele gosta de se envolver em tudo o que se passa à sua volta e pode, algumas vezes, assumir mais responsabilidades do que é capaz de controlar. É fiel aos seus familiares e amigos e também encontra grande satisfação em ajudar os menos afortunados. O Javali da Madeira costuma ser otimista e levar uma vida muito movimentada e alegre. Também tem ótimo senso de humor.

JAVALI DO FOGO: 1947, 2007

O Javali do Fogo é vigoroso e aventureiro e conduz suas atividades com segurança e determinação. Ele é muito franco em seus pontos de vista e não se importa em correr riscos para alcançar seus objetivos. No entanto, pode se deixar levar pela empolgação do momento, e precisa tomar muito cuidado com alguns dos empreendimentos em que se envolver. O Javali do Fogo costuma ter muita sorte em questões financeiras e é reconhecido pela generosidade. É também muito zeloso com os membros de sua família.

JAVALI DA TERRA: 1959

Este Javali é amável, sensato e realista. Ele irá se esforçar muito para agradar os superiores, alcançar seus objetivos e concretizar suas ambições. É extremamente organizado e costuma ser muito astuto nos negócios e em questões financeiras. Tem ótimo senso de humor e um grande círculo de amizades. O Javali da Terra também gosta de levar uma vida social ativa, embora tenha, às vezes, tendência para comer e beber demais.

PREVISÕES PARA O JAVALI EM 2016

O Javali atribui grande importância às relações com os outros e, no ano da Cabra (de 19 de fevereiro de 2015 a 7 de fevereiro de 2016), muitos Javalis experimentarão felicidade e solidariedade. Tanto a casa do Javali quanto sua vida social serão bastante agitadas e, com a chegada do fim do ano, o Javali terá muito o que fazer, organizar e desfrutar. Setembro e o final do ano poderão ser períodos especialmente agitados, marcados por festas e surpresas. Muitos Javalis poderão também dar conselhos oportunos a um amigo íntimo nos últimos meses do ano da Cabra.

Os anos da Cabra são excelentes para o desenvolvimento pessoal e profissional, e o Javali deverá aproveitar todas as oportunidades para aprimorar suas habilidades e aumentar seus conhecimentos no que resta do ano. Com frequência, o que ele fizer agora poderá ajudar tanto a situação atual quanto as perspectivas futuras.

No trabalho, ao aproveitar todas as possibilidades de expandir responsabilidades e de se testar em situações de pressão, o Javali poderá avançar. O comprometimento no presente possivelmente trará recompensas no futuro.

Com os últimos meses do ano tão agitados, as despesas do Javali serão elevadas e, embora, muitas vezes, ele seja generoso e goste de tanta atividade, um controle rígido dos gastos seria sensato. Muitas compras por impulso poderão acabar se acumulando.

O Javali verá muita coisa acontecer no ano da Cabra e, embora seu progresso possa ter sido modesto em comparação com outros anos, suas conquistas poderão ser aumentadas em 2016.

O ano do Macaco, que começa em 8 de fevereiro, será razoável para o Javali, mas, embora ele possa fazer bom progresso no trabalho e as perspectivas pessoais sejam novamente promissoras, isso exigirá grande esforço de sua parte. Atrasos, pequenas imperfeições e, por vezes, situações fora de seu controle terão impacto sobre algumas das coisas que ele desejará fazer e, durante o ano inteiro, ele precisará manter-se alerta e se adaptar às circunstâncias. Felizmente, o Javali é abençoado com uma natureza determinada e, muitas vezes, poderá contornar os aspectos mais complicados do ano, mas este não deixará de ser um momento de cautela e vigilância.

No trabalho, o ano do Macaco poderá trazer bastante atividade, com iniciativas e práticas de trabalho novas e muitos lançamentos de produtos. Como resultado, haverá oportunidades para muitos Javalis avançarem. Aqueles que estejam tentando melhorar sua situação deverão manter-se atentos a possíveis vagas quando o ano do Macaco começar e se manter informados sobre as novidades no local de trabalho. Uma vez que comecem a explorar suas possibilidades, as oportunidades poderão surgir com grande rapidez. As habilidades e a experiência do Javali frequentemente serão ferramentas valiosas, e o ano do Macaco incentivará o progresso.

Para os Javalis que estão considerando uma mudança mais substancial ou à procura de emprego, orientadores vocacionais ou contatos poderão oferecer conselhos úteis e, caso se mantenham atentos às possibilidades, estes Javalis poderão encontrar um cargo que seja certo para eles. Março, maio, julho e novembro poderão trazer novidades encorajadoras.

Os anos do Macaco também serão tempos de inovação, com muitas abordagens novas sendo favorecidas. Os Javalis cujo trabalho envolve pensamento criativo deverão aproveitar ao máximo seus talentos, apresentando suas ideias e promovendo seus pontos fortes. As habilidades de muitos deles serão incentivadas este ano, e alguns sucessos bem merecidos poderão ser apreciados. No entanto, novamente, este é um ano que demandará esforço. Javalis, tomem nota disso e façam seus pontos fortes valerem.

Como sempre, o Javali buscará estabelecer boas relações com os colegas e, em geral, as relações no trabalho serão positivas. No entanto, embora desfrute de bastante apoio, deverá tomar cuidado ao fazer suposições. Algumas pessoas não são tão confiáveis ou tão motivadas quanto ele, e poderá haver casos neste ano em que outra pessoa se mostrará preguiçosa ou o decepcionará. O Javali deverá manter controle do que está acontecendo e do que os outros estão fazendo. Os anos do Macaco poderão trazer momentos de desafio, mas, ao superá-los, as qualidades do Javali poderão ser colocadas em destaque, e sua reputação, reforçada.

O Javali também precisará ficar vigilante nas questões financeiras. Durante o ano, muitos poderão ter custos com consertos e com a compra de equipamentos novos, bem como compromissos a cumprir e outros planos e compras em mente. Um planejamento criterioso será necessário. Além disso, o Javali deverá tomar cuidado com os riscos. Agir (ou comprar) precipitadamente poderá levá-lo ao arrependimento. Neste ano do Macaco, é melhor conferir, ter certeza e reservar tempo para a tomada de decisões, em vez de se precipitar. Javalis, fiquem atentos.

Quanto aos interesses pessoais, este poderá ser um momento inspirador, com ideias surgindo, projetos se iniciando, e alguns Javalis inspirados por uma nova atividade popular. Os Javalis criativos deverão pensar em aproveitar melhor seus talentos e explorar ideias e abordagens novas. A inovação e a participação poderão recompensá-lo bem este ano.

Para os Javalis solteiros e os que tenham se apaixonado recentemente, os assuntos do coração também poderão tornar especial este ano do Macaco. Relacionamentos poderão se desenvolver e alguns Javalis encontrarão um novo amor, algumas vezes de maneira fortuita. E, quando apaixonado, a vida do Javali — e o ano — poderá ser bastante diferente.

O Javali também aproveitará as oportunidades sociais que surgirão ao longo de 2016. Algumas pessoas que encontrar em eventos ligados a seus interesses poderão tornar-se contatos úteis e amigos potencialmente importantes. Muitos apreciarão a natureza simpática do Javali este ano. Abril, junho, agosto e setembro poderão trazer uma atividade social mais intensa.

No entanto, durante todo o ano, o Javali estará bastante ocupado e precisará se certificar de que isso não tenha impacto negativo sobre a vida familiar. Ficar preocupado ou envolvido demais com outros compromissos poderá levar a momentos difíceis. Sua situação poderá ser prejudicada por pressões adicionais que surgirão, incluindo equipamentos quebrados ou problemas de manutenção no lar que causam transtornos. Haverá momentos em que o Javali ficará frustrado, mas, com ajuda, os problemas poderão ser superados e as soluções (incluindo novos equipamentos), muitas vezes, acabarão sendo favoráveis.

É importante também que, no decorrer do ano, o Javali e outros em sua casa se comuniquem bem, e que o tempo de qualidade não seja ignorado por causa de tanta atividade. Javalis, tomem nota disto: a vida familiar é muito especial para você e, como todo o resto, requer cuidado, atenção e sua contribuição singular. Ao prestar atenção e tomar cuidado, no entanto, o Javali poderá superar os aspectos mais problemáticos do ano do Macaco. A segunda metade do ano será, em geral, mais fácil do que a primeira, com agosto e setembro trazendo ocasiões especiais para os lares de muitos Javalis.

O Javali gosta de ser ativo, e 2016 lhe oferecerá a oportunidade de se envolver em uma variedade de atividades. No trabalho, haverá oportunidades para usar suas habilidades de forma mais satisfatória, os interesses pessoais estarão sob um aspecto favorável e as ideias e atividades novas, com frequência, serão inspiradoras. Os anos do Macaco também trarão perspectivas de romance emocionantes. No lar, é importante que o Javali passe algum tempo com os outros e, quando surgirem problemas e pressões (como acontece em qualquer ano), que mostre paciência e determinação. Os anos do Macaco poderão trazer desafios, mas, ao permanecer alerta e se empenhar, o Javali poderá progredir nesse período específico.

O JAVALI DO METAL

O Javali do Metal é muito determinado e, quando começa a fazer alguma coisa, invariavelmente obtém resultados. Ele tem força de vontade e personalidade e, no início do ano do Macaco, poderá muito bem estar olhando para o futuro com metas específicas em mente.

No trabalho, ele poderá esperar mudanças importantes. Muitos Javalis do Metal que se estabeleceram no emprego atual poderão esperar um papel mais importante este ano. Frequentemente, colegas mais velhos incentivarão estes Javalis do Metal a aproveitarem mais seus pontos fortes e, seja através de uma oferta de promoção e/ou de maiores responsabilidades, eles o ajudarão a progredir na carreira. Os anos do Macaco também favorecerão o empreendedorismo e poderá aparecer oportunidade para o Javali do Metal contribuir com ideias e se envolver mais nas novidades que afetarão seu trabalho. Este não será um ano para se retrair. Para os ambiciosos, este poderá ser um tempo emocionante e gratificante.

Para os Javalis do Metal que sentem falta de oportunidades no lugar em que se encontram e que gostariam de enfrentar novos desafios, bem como para aqueles que estejam à procura de emprego, o ano do Macaco também poderá trazer possibilidades interessantes. Ao se manterem atentos às vagas e procurarem se informar, muitos descobrirão que sua iniciativa e habilidades surtirão resultados. Será preciso esforço, e o que for oferecido poderá ser surpreendente e exigir certo reajuste de expectativas, mas o Javali do Metal, muitas vezes, terá excelentes oportunidades de explorar novas habilidades e deixar os talentos ocultos florescerem. No trabalho, este é um período encorajador. Março, maio, julho e novembro poderão trazer novidades especialmente interessantes.

O progresso no trabalho ajudará a posição financeira de muitos Javalis do Metal, mas o ano do Macaco poderá tornar-se caro por causa de quebras e consertos, além dos equipamentos que diversos Javalis do Metal estarão dispostos a comprar. Tendo em vista os aspectos predominantes, ele precisará manter rígido controle sobre as despesas e conferir termos e obrigações antes de fazer compras maiores. Além disso, caso autorize quaisquer consertos em sua casa, ele deverá comparar orçamentos e verificar que suas necessidades estejam sendo atendidas. Para evitar problemas, ele precisará ser meticuloso. Javalis do Metal, tenham atenção.

No lar, o Javali do Metal precisará novamente estar atento e comprometido. Às vezes, as pressões e outros compromissos poderão ocupar seu tempo e, sempre que possível, ele precisará compensar isso. Interesses compartilhados e prazeres ocasionais poderão fazer uma diferença importante. Neste ano movimentado, o Javali do Metal precisará lutar por um bom equilíbrio familiar/profissional em seu estilo de vida. Além disso, às vezes, durante o ano, ele (e/ou os familiares) poderá enfrentar uma carga de trabalho pesada ou estará preocupado com mudanças iminentes, e será importante que os temores sejam discutidos abertamente para que outras pessoas possam ajudá-lo e entendê-lo melhor. Às vezes, também haverá problemas adicionais a serem resolvidos, incluindo questões relacionadas à manutenção da casa. Aqui todos precisarão estar envolvidos e decidir em conjunto as melhores soluções.

Se possível, o Javali do Metal deverá tentar tirar férias com seus entes queridos durante o ano. Um descanso e uma mudança de cenário poderá fazer bem a todos.

Ele também deverá certificar-se de que a vida social não sofra devido a seus diversos compromissos. Ele apreciará as oportunidades para conversar com os amigos, trocar opiniões e procurar aconselhamento. No entanto, deverá ter cuidado para não fazer pressuposições. Poderá surgir um problema que o deixará incomodado ou alguma questão sobre a qual um amigo terá reservas. Ele precisará estar atento.

Abril, junho e meados de julho a setembro poderão ser meses animados, com atividade familiar e social intensa.

Para os Javalis do Metal solteiros, o ano do Macaco poderá trazer possibilidades de romance estimulantes, enquanto aqueles que já estão envolvidos em um romance poderão perceber o fortalecimento da relação. Muitos decidirão estabelecer um relacionamento duradouro durante o ano.

O Javali do Metal também deverá reservar tempo para seus interesses. Isso poderá, novamente, fazer-lhe muito bem, inclusive dando-lhe a oportunidade de relaxar. As atividades criativas poderão ser especialmente gratificantes. Alguns Javalis do Metal poderão decidir levar um interesse para uma nova direção ou definir um objetivo pessoal (às vezes envolvendo condicionamento físico) e, de novo, seu entusiasmo poderá gerar alguns resultados prazerosos.

Em geral, o ano do Macaco será agitado para o Javali do Metal. No trabalho, haverá oportunidades para aproveitar melhor suas qualidades, e os interesses pessoais também poderão evoluir bem. No entanto, embora este seja um ano encorajador, ele precisará manter um bom equilíbrio no estilo de vida, inclusive passando mais tempo com as pessoas. Este poderá ser um ano interessante e gratificante, mas o Javali do Metal precisará gerenciar bem o tempo.

DICA PARA O ANO

Valorize as relações com aqueles à sua volta. Consulte, ouça e compartilhe. Seus esforços farão uma diferença importante. Além disso, aproveite as oportunidades para progredir e fazer maior uso de suas habilidades.

O JAVALI DA ÁGUA

Os anos do Macaco são orientados para a ação, e o Javali da Água responderá bem à natureza variada dele. Ele também estará determinado a progredir, embora isso exija um esforço considerável de sua parte.

No trabalho, vários Javalis da Água terão feito progresso nos últimos anos, muitas vezes se estabelecendo em uma área específica e adquirindo habilidades importantes. No ano do Macaco, eles terão a chance de levar ainda mais adiante essas realizações, sobretudo, porque algumas oportunidades de promoção surgirão ou novas iniciativas abrirão a possibilidade de novas responsabilidades e papéis. Com frequência, o Javali da Água estará em uma posição ideal para se beneficiar, e seu conhecimento dos assuntos internos será uma vantagem para ele. Para os Javalis da Água que estejam trilhando uma carreira específica, também poderá haver possibilidade de um treinamento adicional ou de uma mudança de funções que lhes dará um entendimento mais amplo de seu ramo de atividade. O que acontecer este ano poderá ser uma etapa importante em seu desenvolvimento. Eles são de natureza mais reservada, e este será um momento propício para que acreditem em si mesmos e mostrem iniciativa.

Para os Javalis da Água que procuram um novo desafio ou que sentem que poderiam melhorar suas perspectivas e remuneração mudando de empregador, o ano do Macaco também poderá trazer evolução significativa. Assim que começarem a fazer perguntas, algumas ideias e possibilidades poderão surgir. Esses Javalis da Água não deverão ser muito rígidos quanto ao tipo de posições que considerarem. Suas qualidades poderão ser desenvolvidas de diversas maneiras, e algumas habilidades poderão ser adquiridas agora e aperfeiçoadas mais tarde.

Uma característica do ano do Macaco é que possibilitará novas abordagens e pensamento criativo. Para os Javalis da Água cujo trabalho ou interesses pessoais sejam de alguma forma criativos, este será um excelente momento para desenvolver e promover seus talentos. Frequentemente inspirados e cheios de ideias, eles poderão aproveitar esta época emocionante.

Para os Javalis da Água que estão à procura de emprego, novamente o ano do Macaco poderá trazer algumas oportunidades excelentes. Por se manterem informados sobre as novidades em sua área, muitos garantirão uma posição valiosa e a chance de demonstrar seu valor.

O final de fevereiro e os meses de março, maio, julho e novembro poderão trazer algumas oportunidades interessantes, mas vagas e ofertas poderão surgir a qualquer momento, e o Javali da Água precisará responder rapidamente a elas.

Os avanços feitos no trabalho também poderão melhorar seus rendimentos, mas este poderá ser um ano caro. Muitos Javalis da Água possivelmente enfrentarão custos de consertos e trocas de aparelhos, bem como despesas extras em casa, em viagens e no transporte para o trabalho. Como resultado, ele precisará ser disciplinado e manter controle dos gastos. Também deverá ser cauteloso com os riscos ou com a precipitação, e conferir os termos de qualquer novo contrato que firmar. Este será um ano para ser vigilante e tomar cuidado.

Com seu jeito amigável, o Javali da Água se dá bem com muitas pessoas e goza de uma vida social ativa. O ano do Macaco poderá abrigar uma boa mistura de ocasiões sociais, e novas amizades poderão ser feitas enquanto ele desenvolve seus interesses ou muda de trabalho. Muitos apreciarão sua companhia e simpatizarão com sua personalidade, mas o Javali da Água poderá estar preocupado com a atitude de outra pessoa. Se estiver preocupado, deverá ser cauteloso e, embora geralmente confie bastante nos outros, saber escolher. Javalis da Água, tomem nota disso, pois os anos do Macaco poderão causar problemas aos incautos. Abril, junho, agosto e setembro poderão trazer atividade social intensa.

Para os solteiros, o ano poderá ser rico em possibilidades de romance, e, para os apaixonados, este poderá ser um ano emocionante, com possibilidade de decisões pessoais importantes a serem tomadas.

Em casa, o Javali da Água também testemunhará bastante atividade, embora os estilos de vida agitados, com frequência, precisem ser conciliados. Boa comunicação e tempo de qualidade serão de valor inestimável. As sugestões do Javali da Água para atividades que todos possam compartilhar poderão ser especialmente apreciadas. Além disso, quanto mais tarefas abordadas em conjunto, melhor, principalmente no que se refere à manutenção da casa ou a problemas com equipamentos que exigirão atenção, por vezes imediata.

Férias curtas ou fins de semana prolongados também acrescentarão interesse a este ano. Algumas oportunidades de viagem poderão surgir inesperadamente.

Em geral, o ano do Macaco será agitado para o Javali da Água. No trabalho, muitas vezes, haverá chances para promover seu papel e/ou assumir algo novo e, assim, desenvolver suas habilidades. Os interesses pessoais, sobretudo se criativos, também poderão desenvolver-se de forma encorajadora. As perspectivas de romance serão promissoras, e haverá muitos bons momentos para o Javali da Água desfrutar em sua casa e na vida social, embora deva levar em consideração as opiniões e os sentimentos dos outros. Neste ano ativo, ele precisará manter um estilo de vida equilibrado.

DICA PARA O ANO

Dê tempo para aqueles que são importantes para você. Não só isso beneficiará os relacionamentos, como também poderá levar à realização de mais de seus planos.

O JAVALI DA MADEIRA

Existe um provérbio chinês que nos lembra: "O saber não ocupa lugar", e estas palavras serão muito verdadeiras para o Javali da Madeira este ano. Os anos do Macaco favorecerão o desenvolvimento pessoal, e o conhecimento que ele poderá obter neste ano será significativo, tanto no presente quanto no longo prazo. Além disso, o ano do Macaco tem vitalidade e, frequentemente, poderá ampliar a perspectiva do Javali da Madeira.

Para os muitos Javalis da Madeira envolvidos com a educação, haverá muito a ser estudado, e a natureza de alguns desses estudos será complexa. No entanto, caso se concentrem no que precisará ser feito, não só muitos farão um progresso notável, como também adquirirão as habilidades e qualificações necessárias para certas vocações. O esforço que o Javali da Madeira faz agora é um investimento em si mesmo e em seu futuro.

O Javali da Madeira jovem também poderá ter a chance de decidir sobre certas especializações, escolher projetos relacionados ao que quer fazer ou ganhar experiência de trabalho. Ao aproveitar ao máximo as oportunidades, ele poderá entender melhor a carreira que pretende seguir, bem como colocar em destaque certas aptidões. Os anos do Macaco poderão ser esclarecedores e instrutivos.

Estes Javalis da Madeira também valorizarão o companheirismo com outros estudantes. Não apenas haverá um bom nível de apoio mútuo, sobretudo em épocas de pressão, como também muita diversão.

Para os Javalis da Madeira que estiverem trabalhando ou em busca de emprego, o ano do Macaco poderá, novamente, trazer mudanças importantes. Aqueles que estiverem empregados frequentemente serão motivados a aprender mais sobre diferentes aspectos de seu ramo de atividade. Além disso, uma vez que mostrem seu valor em uma capacidade, outras possibilidades começarão a se abrir. As habilidades que o Javali da Madeira adquirir agora poderão formar uma parte importante de seu desenvolvimento.

Para os infelizes no atual emprego e para aqueles que estão à procura de uma oportunidade de trabalho, o ano do Macaco poderá trazer chances interessantes. Ao se registrarem em agências de emprego e obterem mais informações sobre os tipos de cargos que lhes interessam, muitos poderão vir a descobrir possibilidades que não haviam considerado antes. Aquilo que muitos conseguirão este ano poderá constituir o ponto de partida imprescindível de que precisam. Levará tempo, mas a tenacidade prevalecerá. Março, maio, julho e o período de meados de outubro até o final de novembro poderão trazer novidades encorajadoras.

Com uma vida pessoal e social intensa e interesses possivelmente caros, o Javali da Madeira precisará administrar seu dinheiro com cuidado e, idealmente, definir um orçamento para determinadas atividades. Mostrar-se perdulário ou sucumbir a muitas tentações são atitudes que poderão forçar cortes em alguns planos mais adiante. Além disso, se assumir novos compromissos ou for atraído para uma aventura financeira, deverá verificar os detalhes e as implicações.

No entanto, o Javali da Madeira terá prazer nos interesses pessoais e, com frequência, apreciará a forma como poderá usar seus talentos. Ao gastar tempo com atividades de que gosta, ele poderá não apenas se sentir entusiasmado, mas também descobrir que essa energia está fluindo para outras áreas de sua vida.

Em grande parte deste ano, ele será encorajado por aqueles à sua volta e ajudado pelos bons relacionamentos que manterá com tantos outros. Ao longo do ano, muitos Javalis da Madeira estarão em demanda, com muita socialização à espera. Abril, junho, agosto e setembro poderão ser meses movimentados e, muitas vezes, especiais.

Os apaixonados poderão descobrir que o relacionamento se fortalecerá ao longo do ano, enquanto, para aqueles que estiverem solteiros, o ano do Macaco poderá ser rico em possibilidades de romance. Tempos excitantes aguardam muitos deles. No entanto, o Javali da Madeira precisará prestar atenção e tomar muito cuidado com os sentimentos alheios. Má interpretação de situações poderão causar dificuldades. Os anos do Macaco poderão trazer momentos difíceis para os incautos. Javalis da Madeira, tomem nota disso.

Com o Javali da Madeira precisando tomar decisões importantes este ano, ele também deverá contar com a boa vontade dos parentes mais velhos. Se for franco, ele poderá ser ajudado de maneiras inesperadas. Ele, muitas vezes, terá a oportunidade de retribuir, inclusive no que diz respeito a decisões que alguns membros da família precisarão tomar e problemas (por vezes de caráter técnico) que precisarão resolver.

Em geral, o ano do Macaco será atribulado para o Javali da Madeira e, se estiver estudando ou trabalhando, precisará mostrar envolvimento e disposição para aprender. Em meio a tudo isso, contudo, poderá não apenas adquirir as habilidades necessárias para seu progresso futuro, como também descobrir mais sobre seus pontos fortes. O Javali da Madeira ambicioso terá muitas esperanças para o futuro e o que fizer agora poderá ajudá-lo mais adiante. Durante o ano, ele apreciará o apoio daqueles que estão à sua volta, e sua vida social e seus interesses pessoais poderão trazer muito prazer e variedade para esta época ativa. As perspectivas de romance também são promissoras. Ele terá a chance de se dar bem e desfrutar este ano, mas é importante que se empenhe para isso. Não há limite para o aprendizado... ou para o que o aprendizado poderá trazer.

DICA PARA O ANO

Com tanta coisa acontecendo, inclusive diversão, você precisará manter suas várias atividades em equilíbrio e, quando for necessário trabalhar ou estudar, manter o foco. Há muita coisa boa a ser explorada este ano, e isso poderá ser vantajoso a longo prazo. Boa sorte.

O JAVALI DO FOGO

"A variedade é o tempero da vida", e o ano do Macaco poderá oferecer ao Javali do Fogo uma variedade de atividades e oportunidades. Ele, muitas vezes, terá uma mistura interessante de coisas para fazer. No entanto, a fim de dar ao ano certa direção, em seu início o Javali do Fogo deverá avaliar cuidadosamente suas metas para os 12 meses seguintes. Ele também poderá considerar útil discutir suas expectativas com pessoas próximas. Às vezes, ao discutir ideias, elas também poderão inspirar, e alguns planos poderão rapidamente ser formados como consequência.

Algumas das atenções do Javali do Fogo estarão voltadas para o lar. Em certos casos, haverá problemas que precisarão ser resolvidos, incluindo equipamentos quebrados ou pouco confiáveis, e algumas áreas que o Javali do Fogo achará que precisarão de reforma. Ao planejar a melhor forma de proceder, ele poderá descobrir que suas ações farão uma diferença surpreendente. O primeiro trimestre do ano, sobretudo, poderá trazer muita atividade prática.

O Javali do Fogo valorizará o apoio dos entes queridos, sobretudo porque alguns poderão ter conhecimentos especializados ou certa habilidade com planos. Ele também estará disposto a retribuir e, ao longo do ano, dedicará bastante tempo aos membros da família. Isso poderá incluir passar algum tempo com netos ou bisnetos, bem como aconselhar um parente próximo a respeito de uma decisão complicada. Aqui seus conselhos sábios poderão ser especialmente apreciados.

Ele também apreciará as diversas ocasiões sociais e familiares que surgirão e, quanto mais puder ser compartilhado, melhor. Poderá haver convites para visitar amigos e participar de reuniões sociais, bem como para alguns eventos que estejam ocorrendo nas redondezas. Também poderão surgir oportunidades interessantes de viagens, algumas, inclusive, completamente inesperadas. Abril, junho e o período de meados de julho a setembro poderão ser tempos especialmente ativos, tanto para socializar quanto para viajar.

Os Javalis do Fogo que estejam se sentindo solitários ou desanimados descobrirão que, se saírem mais e, talvez, afiliarem-se a um grupo de interesse comum nas proximidades, poderão fazer algumas amizades novas e importantes. Os anos do Macaco favorecerão as relações pessoais. No entanto, uma palavra de advertência: quando estiver acompanhado, o Javali do Fogo precisará prestar atenção aos outros. Um comentário descuidado ou uma diferença de opinião poderão trazer constrangimentos. Javalis do Fogo, tomem nota disso e evitem gafes!

Os interesses pessoais poderão trazer grande prazer, ao implementar alguns projetos, o Javali do Fogo terá prazer em desenvolver suas ideias e usar suas habilidades. Os que gostam de pesquisar poderão tornar-se absortos no que descobrirem. Os projetos criativos também poderão ser muito gratificantes. Alguns Javalis do Fogo poderão interessar-se por cursos organizados nas redondezas, beneficiando-se, de muitas maneiras (inclusive, sociais), dessas oportunidades.

Tendo em vista os equipamentos que muitos comprarão, os eventuais custos de conserto e manutenção, bem como as atividades familiares, o Javali do Fogo precisará manter rígido controle sobre sua situação financeira. Ao firmar qualquer contrato novo, deverá conferir os termos com cautela. Os documentos também deverão ser tratados com cuidado e mantidos em segurança. Este será um ano para dedicar especial atenção aos assuntos importantes.

Em geral, o ano do Macaco poderá ser gratificante para o Javali do Fogo. Possibilidades interessantes surgirão e, seja se envolvendo em atividades existentes ou experimentando algo novo, ao aproveitar seu tempo ao máximo, o Javali do Fogo ficará satisfeito com o que será capaz de fazer. A família e os amigos irão encorajá-lo, e ele, por sua vez, oferecerá tempo, conselhos e ajuda. O Javali do Fogo gosta de estar ocupado e envolvido, e o ano do Macaco será, para muitos, um ano especialmente gratificante, com muito a fazer e apreciar.

DICA PARA O ANO

Aja. Para fazer as coisas acontecerem e obter resultados, você precisará ser a força motriz. Coloque seus planos em prática e conte com o apoio daqueles que o cercam. Este poderá ser um ano interessante e satisfatório para você.

O JAVALI DA TERRA

Existe um provérbio chinês que é apropriado para muitos Javalis da Terra este ano: "O empenho é um tesouro inestimável e contém um talismã para a sobrevivência." O Javali da Terra reconhece a necessidade de se empenhar, mas também é cauteloso, preferindo pensar nas coisas e dar um passo de cada vez. Essa abordagem continuará a lhe ser muito útil neste ano ativo, interessante e, muitas vezes, cheio de sorte.

Uma característica encorajadora do ano do Macaco é que ele dará ao Javali da Terra maior chance de aproveitar suas qualidades. Seja no trabalho, nos interesses pessoais ou em outra esfera, poderá haver boas oportunidades para ele, e seu empenho será novamente recompensado.

Em muitos ambientes de trabalho, haverá mudanças; possivelmente novas rotinas, lançamentos de produtos ou mudanças de responsabilidade. O Javali da Terra, com frequência, desempenhará papel crescente e terá oportunidades para usar sua experiência. Alguns poderão envolver-se na implementação de mudanças, treinando subalternos ou assumindo novas responsabilidades, e muitos terão a oportunidade de usar suas forças de maneiras novas e marcantes. Como muitos empregadores reconhecem, o Javali da Terra tem uma importante contribuição a dar.

Ele também tem um talento para as ideias e, quando sugestões ou soluções são necessárias, seu pensamento criativo pode ser apreciado. Este ano, sua contribuição poderá ser considerável.

A maioria dos Javalis da Terra preferirá as oportunidades que terão com o atual empregador, mas, para aqueles que consideram que suas perspectivas poderiam ser melhoradas por uma mudança para outro lugar ou que estão à procura de emprego, o ano do Macaco poderá trazer mudanças interessantes. Para se beneficiar, esses Javalis da Terra deverão conversar com amigos, contatos e outras pessoas relacionadas com seu ramo de atividade. As recomendações face a face poderão desempenhar papel importante no preenchimento das vagas que surgirão este ano. O Javali da Terra também deverá dar sequência a todas as ideias que puder. Seu instinto poderá orientá-lo bem e, se sentir uma possibilidade ou vir um cargo que lhe agrada, deverá agir. Março, maio, julho e novembro poderão ser meses importantes para as oportunidades emergentes.

Os aspectos positivos também se estendem aos interesses pessoais do Javali da Terra. Muitos estarão inspirados, tanto por atividades existentes quanto por novas, e seu interesse, muitas vezes, será despertado por um amigo ou por algo que leram. Mais uma vez, muitos terão orgulho do que realizarem.

Alguns também acharão que seus interesses poderão levá-los a oportunidades para viajar, e se houver um evento ou atração ao qual o Javali da Terra gostaria de ir, ele deverá informar-se e ver o que será possível fazer. Da mesma forma, se conseguir tirar férias este ano, um planejamento adiantado poderá levar a algumas experiências gratificantes.

O Javali da Terra precisará, porém, administrar bem as finanças. Com custos de alojamento, viagens, despesas com a família e itens que estará ansioso por adquirir, incluindo equipamento para uso doméstico e pessoal, ele deverá vigiar seus gastos e prever antecipadamente suas despesas. Este é um ano de diligência e de boa gestão financeira. Além disso, o Javali da Terra não deverá ser negligente quando lidar com documentos, pois eventuais atrasos ou omissões poderão representar uma desvantagem para ele. Javalis da Terra, fiquem atentos.

Com diversos interesses e atividades, o Javali da Terra conhece muitas pessoas e, ao longo do ano, novamente valorizará seus bons amigos e contatos. Como de praxe, quanto mais pessoas se conhecem, mais oportunidades tendem a aparecer, e, no caso do Javali da Terra, isso poderá ser verdadeiro este ano. Alguns amigos poderão revelar-se especialmente úteis, alertando-o sobre oportunidades, sugerindo possibilidades ou oferecendo conselhos. Neste ano movimentado, será importante que o Javali da Terra aproveite a ajuda que estará disponível e se abra para os outros, em vez de manter seus pensamentos para si mesmo.

O ano do Macaco também poderá ser marcado por alguns eventos sociais prazerosos, e ele estará disposto a participar. Abril, junho, agosto e setembro poderão ser meses especialmente ativos.

Para os solteiros, os assuntos do coração estarão sob aspecto favorável, e muitos Javalis da Terra apreciarão um novo romance. Para aqueles que tiveram uma dificuldade pessoal no passado recente, pessoas, atividades e oportunidades novas poderão ajudar a amenizar a situação em que se encontram. Este será um ano para ser ativo e empenhado, embora, quando estiver acompanhado, o Javali da Terra precisará ficar atento aos outros e ter consciência da existência de pontos de vista divergentes. Uma pressuposição equivocada ou uma discordância menor poderão causar alguns momentos de dificuldade. Javalis da Terra, tomem nota disso.

Sua vida doméstica será movimentada, mas, embora ocorram sucessos na família a serem comemorados e planos a serem implementados, o ano poderá não ser livre de problemas. Problemas de manutenção e falhas mecânicas poderão incomodá-lo, e alguns projetos que ele estará ansioso para colocar em prática poderão ser mais complexos do que o previsto. As habilidades e a paciência de alguns Javalis da Terra serão testadas, mas poderão resultar em benefícios, com novos equipamentos oferecendo vantagens e ideias que serão executadas melhorando as áreas de convivência.

Sempre que possível, todos na casa do Javali da Terra deveriam envolver-se em compromissos práticos. Com boa cooperação e apoio, muito mais será possível.

Além disso, o Javali da Terra deverá assegurar-se de que os compromissos e, muitas vezes, o estilo de vida ocupado não atrapalhem demais a vida doméstica. Felizmente, a maioria dos Javalis da Terra tem consciência disso, mas o tempo de qualidade juntos é um ingrediente importante da vida familiar e precisará ser preservado. A vida familiar do Javali da Terra poderá ser gratificante e especial este ano, porém é aconselhável mais cautela.

Em geral, o ano do Macaco será um passo encorajador para o Javali da Terra e trará oportunidades para aproveitar suas ideias e habilidades. No entanto, ele precisará se apresentar. Este não será um ano para se conter ou deixar as chances passarem. Em boa parte do que fará, ele será auxiliado por outras pessoas, e sua reputação e contatos poderão auxiliar seu progresso. O ano do Macaco também poderá trazer muitos prazeres e algumas oportunidades sociais interessantes. As atividades familiares também poderão levar a resultados benéficos. Neste ano movimentado, o Javali da Terra precisará manter um estilo de vida equilibrado, mas conseguirá mostrar suas qualidades e avançar.

DICA PARA O ANO

Junte-se aos outros. Com esforços conjuntos, seu progresso poderá ser muito mais fácil. Boas oportunidades surgirão este ano. Seja proativo e faça sua presença ser sentida. Lembre-se de que seu empenho é um tesouro inestimável e poderá servir-lhe muito bem este ano.

JAVALIS FAMOSOS

Bryan Adams, Woody Allen, Julie Andrews, Maria Antonieta, Fred Astaire, Pam Ayres, Emily Blunt, Humphrey Bogart, James Cagney, Maria Callas, Samantha Cameron, Hillary Rodham Clinton, Glenn Close, Sacha Baron Cohen, Cheryl Cole, Alice Cooper, a duquesa da Cornualha (Camila Parker Bowles), Noël Coward, Simon Cowell, Oliver Cromwell, Billy Cristal, o Dalai Lama, Ted Danson, Dido, Richard Dreyfuss, Ben Elton, Ralph Waldo Emerson, Mo Farah, Henry Ford, Jonathan Franzen, Stephen Harper, Emmylou Harris, Ernest Hemingway, Chris Hemsworth, Henrique VIII, Conrad Hilton, Alfred Hitchcock, Roy Hodgson, sir Elton John, Tommy Lee Jones, Carl Gustav Jung, Stephen King, Kevin Kline, Miranda Lambert, Hugh Laurie, David Letterman, Jerry Lee Lewis, Meat Loaf, Ewan McGregor, Ricky Martin, Johnny Mathis, rainha máxima dos Países Baixos, Pippa Middleton, Dannii Minogue, Morrissey, Wolfgang Amadeus Mozart, George Osborne, sir Michael Parkinson, James Patterson, Maurice Ravel, Ronald Reagan, Ginger Rogers, Winona Ryder, Françoise Sagan, Carlos Santana, Arnold Schwarzenegger, Steven Spielberg, lord Sugar, David Tennant, Emma Thompson, Herman Van Rompuy, Júlio Verne, David Walliams, Michael Winner, a duquesa de York (Sarah Ferguson).

APÊNDICES

O relacionamento entre os 12 signos representados por animais — tanto no nível pessoal como profissional — é um aspecto importante dos horóscopos chineses. Nas duas tabelas seguintes você encontrará a compatibilidade existente entre os signos.

Também estão listados os signos que governam as horas do dia, o que possibilitará que você identifique seu ascendente e descubra outro aspecto da sua personalidade.

Finalmente, como complemento às seções anteriores sobre personalidade e horóscopo, incluí um guia para melhor aproveitamento das características de seu signo e do ano de 2016.

RELACIONAMENTOS ENTRE OS SIGNOS

RELACIONAMENTOS PESSOAIS

Significado

1 Excelente. Muita harmonia.
2 Um relacionamento tranquilo. Muitos interesses em comum.
3 Compreensão e respeito mútuos. Um bom relacionamento.
4 Satisfatório. É preciso ter dedicação e boa vontade para haver conciliação e o relacionamento ter êxito.
5 Difícil. Possível dificuldade de comunicação e poucos interesses em comum.
6 Um conflito de personalidades. Muito difícil.

	Rato	Búfalo	Tigre	Coelho	Dragão	Serpente	Cavalo	Cabra	Macaco	Galo	Cão	Javali
Rato	1											
Búfalo	1	3										
Tigre	4	6	5									
Coelho	5	2	3	2								
Dragão	1	5	4	3	2							
Serpente	3	1	6	2	1	5						
Cavalo	6	5	1	5	3	4	2					
Cabra	5	5	3	1	4	3	2	2				
Macaco	1	3	6	3	1	3	5	3	1			
Galo	5	1	5	6	2	1	2	5	5	5		
Cão	3	4	1	2	6	3	1	5	3	5	2	
Javali	2	3	2	2	2	6	3	2	2	3	1	2

RELACIONAMENTOS PROFISSIONAIS

Significado

1 Excelente. Muita compreensão e harmonia.
2 Muito bom. Eles se complementam.
3 Possibilidade de um bom relacionamento e entendimento profissional.
4 Satisfatório, mas é preciso haver conciliação e um objetivo comum para que o relacionamento tenha êxito.
5 Difícil. É pouco provável que o relacionamento tenha êxito, seja por falta de confiança ou compreensão, ou pela competitividade dos signos.
6 Desconfiança. Relacionamento difícil. Deve ser evitado.

	Rato	Búfalo	Tigre	Coelho	Dragão	Serpente	Cavalo	Cabra	Macaco	Galo	Cão
Rato	2										
Búfalo	1	3									
Tigre	3	6	5								
Coelho	4	3	3	3							
Dragão	1	4	3	3	3						
Serpente	3	2	6	4	1	5					
Cavalo	6	5	1	5	3	4	4				
Cabra	5	5	3	1	4	3	3	2			
Macaco	2	3	4	5	1	5	4	4	3		
Galo	5	1	5	5	2	1	2	5	5	6	
Cão	4	5	2	3	6	4	2	5	3	5	4
Javali	3	3	3	2	3	5	4	2	3	4	3	1

O SEU ASCENDENTE

O ascendente tem forte influência sobre sua personalidade e o ajudará a adquirir um conhecimento ainda maior sobre sua verdadeira personalidade de acordo com o horóscopo chinês.

As horas do dia recebem o nome dos 12 animais dos signos, e o signo que governa a hora em que você nasceu é seu ascendente. Para descobrir seu ascendente, veja a hora de seu nascimento na tabela abaixo, levando em conta as diferenças de horário no local onde você nasceu.

Período de...	Horas do(a)...
23 à 1h	Rato
1 às 3h	Búfalo
3 às 5h	Tigre
5 às 7h	Coelho
7 às 9h	Dragão
9 às 11h	Serpente
11 às 13h	Cavalo
13 às 15h	Cabra
15 às 17h	Macaco
17 às 19h	Galo
19 às 21h	Cão
21 às 23h	Javali

Rato. A influência do Rato como ascendente é tornar o signo mais expansivo, sociável e também mais cauteloso em questões financeiras. Ele exerce influência especialmente benéfica sobre os nascidos sob os signos do Coelho, do Cavalo, do Macaco e do Javali.

Búfalo. O Búfalo como ascendente exerce influência de controle, cautela e calma, o que pode beneficiar muitos signos. Este ascendente aumenta a autoconfiança e a força de vontade, e é especialmente favorável aos nascidos sob os signos do Tigre, do Coelho e da Cabra.

Tigre. Este ascendente exerce influência dinâmica e estimulante, o que torna o signo mais expansivo, ativo e impulsivo. É um ascendente especialmente favorável para o Búfalo, o Tigre, a Serpente e o Cavalo.

Coelho. Como ascendente, o Coelho exerce influência moderadora, tornando o signo mais reflexivo, sereno e discreto. Essa influência é especialmente benéfica para o Rato, o Dragão, o Macaco e o Galo.

Dragão. O Dragão atribui, como ascendente, maior força, determinação e ambição ao signo. Ele exerce influência favorável sobre os nascidos sob os signos do Coelho, da Cabra, do Macaco e do Cão.

Serpente. Como ascendente, a Serpente pode tornar o signo mais reflexivo, intuitivo e autoconfiante. Ela exerce ótima influência sobre o Tigre, a Cabra e o Javali.

Cavalo. A influência do Cavalo tornará o signo mais corajoso, ousado e, em algumas situações, mais inconstante. De modo geral, ele exerce influência benéfica sobre o Coelho, a Serpente, o Cão e o Javali.

Cabra. Este ascendente tornará o signo mais tolerante, complacente e receptivo. A Cabra também pode conferir ao signo algumas qualidades criativas e artísticas. Ela é uma influência especialmente benéfica para o Búfalo, o Dragão, a Serpente e o Galo.

Macaco. O Macaco irá, provavelmente, conferir, como ascendente, um ótimo senso de humor e espirituosidade ao signo. Ele irá torná-lo mais empreendedor e expansivo — uma influência especialmente benéfica para o Rato, o Búfalo, a Serpente e a Cabra.

Galo. Como ascendente, o Galo ajuda a atribuir ao signo uma natureza ativa, expansiva e muito metódica. Sua influência aumentará a eficiência e será bastante benéfica para o Búfalo, o Tigre, o Coelho e o Cavalo.

Cão. Este ascendente torna o signo mais sensato e imparcial e confere a ele um senso bem maior de lealdade. O Cão é ótimo ascendente para o Tigre, o Dragão e a Cabra.

Javali. A influência do Javali pode levar o signo a ser mais sociável e disposto a apreciar mais as coisas boas da vida. Este ascendente também pode fazer com que o signo seja mais atencioso e prestativo. Ele é bom para o Dragão e para o Macaco.

COMO APROVEITAR O ANO AO MÁXIMO

Cada signo chinês tem os próprios pontos fortes, e se você identificá-los poderá fazer um bom uso deles. Da mesma maneira, se prestar atenção aos eventuais pontos fracos, terá todas as condições para corrigi-los. É neste sentido que espero que esta próxima seção seja útil. Ela também inclui alguns conselhos sobre como aproveitar ao máximo o ano da Cabra.

O RATO

O Rato é abençoado com vários talentos, porém, indubitavelmente, sua linha de força está em sua habilidade para lidar com os outros. Ele é sociável, encantador e bom juiz quanto ao caráter. Tem também uma mente arguta e é bom para detectar as oportunidades.

Entretanto, para tirar o melhor proveito de si mesmo e de suas habilidades, o Rato precisa se impor alguma disciplina. Deve resistir às tentações (que algumas vezes são bem grandes!) de se envolver em muitas atividades ao mesmo tempo e decidir suas prioridades e objetivos. Ao concentrar as energias em assuntos específicos, ele conseguirá resultados bem melhores. Pela maneira peculiar de agir, deveria buscar uma posição em que pudesse usar suas habilidades de relacionamento. Como carreira, a área ligada a vendas e marketing seria o ideal.

O Rato é também astuto para lidar com as finanças; embora aja em geral com economia, poderá se permitir momentos de indulgência. Apesar de apreciar os momentos em que pode gastar o dinheiro que ganhou tão cuidadosamente, por vezes será interessante exercer maior parcimônia ao se sentir tentado a satisfazer vontades mais extravagantes.

A família e os amigos do Rato também são importantes, e embora possa ser leal e protetor com relação a eles, tem certa tendência para guardar para si suas preocupações e cuidados. Seria melhor se discutisse suas ansiedades. Os mais chegados estão preparados para ajudá-lo bastante, mas para isso ele teria de ser menos fechado e distante.

Com sua mente arguta, imaginação viva e habilidade social, o Rato tem muito a seu favor. Mas, em primeiro lugar, deve decidir aquilo que deseja atingir e se concentrar nos objetivos escolhidos. Se assumir um compromisso, o Rato será irrepreensível e, com seu charme, será também irresistível. Se canalizar produtivamente suas energias, poderá tirar muito proveito de sua vida.

CONSELHOS PARA O RATO EM 2016

PREVISÕES GERAIS

Os anos do Macaco favorecem a atividade, e o Rato astuto detectará grandes oportunidades. A velocidade será essencial — eventuais atrasos ou hesitações poderão significar ver as chances se esvaírem. Ratos, tomem nota disso e aproveitem o momento.

PREVISÕES PROFISSIONAIS

O Rato deverá aproveitar ao máximo seus pontos fortes e sua experiência, pois poderá haver boas chances para alavancar a carreira. Também haverá perspectivas auxiliadas por treinamentos e novos cargos assumidos durante o ano.

FINANÇAS

O Rato levará a cabo alguns planos caros, por isso, embora a renda possa aumentar, os gastos precisarão ser vigiados, e as grandes despesas, antecipadamente planejadas.

RELACIONAMENTOS COM OS OUTROS

O Rato gosta de companhia e apreciará as programações e a diversão que este ano do Macaco trará. As atividades compartilhadas se encontrarão sob aspecto favorável e um romance poderá ser especial. Com tanta coisa acontecendo, o Rato precisará consultar os outros regularmente. Pessoas queridas e contatos ajudarão com certos planos e esperanças. Será um ano agradável e cheio de atividades.

O BÚFALO

Enérgico, determinado e resoluto, o Búfalo certamente segue os próprios pensamentos. É também persistente e busca seus objetivos com uma determinação fiel. Além disso, é confiável e tenaz, e muitas vezes fonte de inspiração para os outros. O Búfalo é um doador e empreendedor, e em geral consegue muito na vida. Mas para realmente se superar deverá tentar corrigir suas fraquezas.

Por ser tão resoluto e com um sentido de propósito muito forte, o Búfalo pode se tornar inflexível e ter uma mente estreita. Resiste às mudanças e prefere estabelecer as atividades à sua maneira a ser dependente dos outros. Deve tentar ser mais flexível e aberto. Sua aversão a mudanças algumas vezes o prejudica, e se estiver preparado para ser mais adaptável, o progresso será mais fácil e mais suave.

O Búfalo também será ajudado se ampliar as áreas de seu interesse e ficar mais relaxado em sua busca. Ocasionalmente, fica tão envolvido com as próprias atividades que não se preocupa tanto com os outros quanto deveria, e seu comportamento fica muito sério e fechado. Nessas ocasiões, ele se beneficiaria de uma abordagem mais leve.

Contudo, o Búfalo é verdadeiro em sua palavra e lealdade à família e aos amigos. É admirado e respeitado pelos outros e sua enorme força de vontade assegura sua vida.

CONSELHOS PARA O BÚFALO EM 2016

PREVISÕES GERAIS

Os anos do Macaco apresentam energia e vitalidade e, embora o Búfalo possa sentir-se desconfortável com o ritmo dos acontecimentos neste ano, novas e importantes oportunidades poderão se abrir. Este será um período para desenvolver conhecimentos e habilidades. Com frequência, o que se ganhar agora poderá ter implicações importantes (e positivas) a longo prazo.

PREVISÕES PROFISSIONAIS

Os Búfalos deverão aproveitar treinamentos e quaisquer outras oportunidades para agregar à sua experiência. O que eles puderem fazer agora poderá prepará-los para eventuais vagas no futuro. Com frequência, novas posições assumidas atualmente poderão ser usadas como trampolim para o sucesso mais adiante. Será um ano potencialmente significativo.

FINANÇAS

O progresso no trabalho, muitas vezes, levará a aumento da renda. Se mantiver bom controle sobre seu orçamento, o Búfalo poderá se sair bem.

RELACIONAMENTOS COM OS OUTROS

Os Búfalos tendem a ser reservados e introvertidos, mas, neste ano, deverão juntar-se mais facilmente a outras pessoas. A vida familiar e social do Búfalo poderá ser fonte de grande prazer, e ele poderá contar com o apoio daqueles que o conhecem bem. Novos romances e amizades estarão em aspecto favorável, mas, para se beneficiar plenamente, o Búfalo deverá envolver-se mais e desfrutar daquilo que este ano animado tornará possível.

O TIGRE

Animado, inovador e empreendedor, o Tigre gosta de um estilo de vida ativo. Tem ampla variedade de interesses, mente alerta e realmente aprecia as pessoas. Gosta de viver em sua totalidade. Mas, apesar de sua maneira entusiasmada e determinada, ele nem sempre faz o melhor uso de seu imenso potencial.

Por ser tão versátil, o Tigre tem uma tendência de pular de uma atividade para outra ou de dissipar suas energias ao tentar fazer muita coisa ao mesmo tempo. Para obter o melhor de si próprio deveria exercitar certa autodisciplina. O ideal seria decidir como melhor utilizar suas habilidades, estabelecer alguns objetivos e se agarrar a eles. Se conseguir superar suas tendências irrequietas e persistir naquilo que faz, verá que conseguirá realizar muito mais.

Apesar de sua maneira social, o Tigre gosta de manter certa independência em suas ações, e embora algumas pessoas o invejem por isso, algumas vezes a vida seria mais fácil se ele estivesse preparado para trabalhar em conjunto com os outros. A confiança no próprio julgamento significa que ele ocasionalmente exclui os pontos de vista e conselhos dos que estão à sua volta, e isso não é positivo. O Tigre pode possuir um espírito independente, mas não deve deixar sua independência ir longe demais!

Mas o Tigre tem muitos pontos a seu favor. É audacioso, original e se compromete rapidamente. Se conseguir manter a natureza irrequieta sob controle, terá muito sucesso. Além disso, a personalidade atraente o torna admirado e muito querido.

CONSELHOS PARA O TIGRE EM 2016

PREVISÕES GERAIS

Será um ano ativo, mas o Tigre precisará manter seu bom senso. Este é um momento em que é preciso acompanhar cuidadosamente as mudanças e fazer as adaptações necessárias. Ser independente ou sincero demais poderá causar problemas. É o caso de aproveitar ao máximo as situações como elas são.

PREVISÕES PROFISSIONAIS

Um ano excelente para desenvolver seus pontos fortes e aumentar a experiência. O que for realizado agora poderá preparar o Tigre para outras oportunidades no futuro.

FINANÇAS

O bom senso do Tigre estará em boa forma; algumas compras agradáveis serão feitas e planos importantes serão colocados em prática. Porém, para fazer tudo que deseja, ele precisará ser disciplinado e controlar os gastos.

RELACIONAMENTOS COM OS OUTROS

Neste ano movimentado, o Tigre precisará prestar muita atenção; caso contrário, poderão surgir discordâncias, prejudicando algumas amizades. No trabalho, é especialmente importante que o Tigre mantenha contato estreito com os outros e conquiste apoio. O tempo gasto com os entes queridos poderá ser valorizado, mas, durante todo o ano, o Tigre precisará ficar ciente de subcorrentes complicadas.

O COELHO

O coelho, certamente, aprecia as boas coisas da vida. Com bom gosto, jeito amigável e uma gama ampla de interesses, ele sabe como viver bem — e aproveita isso.

Mas, apesar do estilo sofisticado, o Coelho tem características que deveria observar. Sua inclinação por um estilo de vida refinado o afasta da precaução. Não aprecia mudanças e, em consequência, deixa passar algumas oportunidades. Existem Coelhos que preferem dar uma volta grande para evitar situações difíceis ou ameaçadoras, e embora existam pessoas que apreciem, há momentos na vida em que é necessário assumir os riscos ou permanecer firme em seu lugar e prosseguir. Certamente, haverá oportunidades em que seria interessante o Coelho ser mais audacioso e firme ao perseguir seus objetivos.

O Coelho dá grande importância ao relacionamento com os outros, e apesar de, geralmente, ter jeito para lidar com eles, é muito sensível às censuras. Ele deveria reconhecer que algumas críticas, assim como alguns problemas que ocorrem na vida (e que ele luta tanto para evitar), podem ser construtivos e trazer oportunidades valiosas de aprendizagem.

O Coelho, no entanto, com sua maneira cordata, intelecto arguto e julgamento direto, tem muito a seu favor, e invariavelmente extrai o melhor da vida — e, em geral, a aproveita bem.

CONSELHOS PARA O COELHO EM 2016

PREVISÕES GERAIS

Um ano razoável, mas o Coelho precisará manter-se alerta e responder às mudanças, embora, às vezes, elas possam ser inesperadas. Ele deverá dedicar algum tempo para si, ampliar seus interesses e cuidar da saúde. Com cuidado e bom uso de seu tempo, ele poderá fazer deste um ano gratificante e construtivo.

PREVISÕES PROFISSIONAIS

O Coelho poderá ficar preocupado com as mudanças em curso e o aumento das pressões, porém, por mais inconvenientes que esses fatores possam ser, eles lhe darão a chance de ampliar sua experiência e de se preparar para as oportunidades que virão. Será um ano de testes, mas que resultará em ganhos potencialmente importantes.

FINANÇAS

Embora os rendimentos possam aumentar, os gastos precisarão ser vigiados e a papelada financeira gerida com cuidado. Não é um ano para se correr risco ou fazer pouco-caso.

RELACIONAMENTOS COM OS OUTROS

O Coelho será socialmente requisitado, mas precisará estar alerta e atencioso. Uma possível disputa ou decepção poderá perturbá-lo. Durante todo o ano, franqueza e boa comunicação serão vitais. Além disso, se algum assunto o estiver preocupando, ele deverá procurar conselhos adicionais.

O DRAGÃO

Entusiasmado, empreendedor e honrado, o Dragão tem várias qualidades admiráveis, e sua vida é, em geral, ocupada e variada. Ele é um dos que dão o melhor de si, e embora nem todos os seus empreendimentos alcancem sucesso, ele permanece resistente e inflexível. Como pessoa, é muito admirado e respeitado.

Mas, com todas essas qualidades, o Dragão pode ser cego e direto, com sua força transparente de caráter, algumas vezes dominador. Será certamente de seu interesse ouvir mais os outros e ser menos autoconfiante. O entusiasmo, muitas vezes, fala mais alto, e ele pode ser impulsivo. Para tirar o melhor proveito de suas habilidades deverá estabelecer prioridades e dividir suas atividades de maneira disciplinada e sistemática. O tato e a diplomacia nunca serão descartáveis.

Com sua maneira vivaz e aberta, o Dragão é popular e querido. Com a boa sorte a seu favor (e o Dragão geralmente tem sorte), sua vida é quase sempre bem-realizada e agitada. Possui vários talentos, e se utilizá-los com sabedoria alcançará muito sucesso.

CONSELHOS PARA O DRAGÃO EM 2016

PREVISÕES GERAIS

Um ano repleto de oportunidades interessantes. No entanto, para aproveitá-lo ao máximo, o Dragão deverá manter contato estreito com os outros. Este é um ano para ficar envolvido, trabalhar com os outros e procurar progredir.

PREVISÕES PROFISSIONAIS

O Dragão poderá fazer uso efetivo de suas habilidades este ano, bem como aumentá-las. Muitos Dragões poderão alavancar substancialmente a carreira, assim como fortalecer sua reputação e perspectivas. Os bons relacionamentos mantidos com seus colegas serão fatores positivos.

FINANÇAS

Um ano para ser criterioso e evitar precipitações ou alto risco. Grandes operações precisarão ser avaliadas com cuidado e, quando possível, provisões antecipadas deverão ser feitas para gastos maiores. A papelada financeira também requererá muita atenção.

RELACIONAMENTOS COM OS OUTROS

Um ano para se comunicar com os outros, conquistar apoio e ser parte do que estará acontecendo. As tendências individualistas do Dragão precisarão ser vigiadas! Com alguns eventos bem animados em curso, ele poderá apreciar o ano. Mas é tempo de compartilhar e se juntar aos outros. Novas amizades, contatos e, para alguns, um casamento ou um relacionamento duradouro poderão tornar este ano ativo ainda mais especial.

A SERPENTE

A Serpente é abençoada com um intelecto excelente. Possui várias áreas de interesse, uma mente inquiridora e um bom julgamento. Tende a ser tranquila e pensativa, e planeja suas atividades com muito cuidado. Suas habilidades refinadas, em geral, conduzem-na bem na vida, mas possui características que podem impedir seu progresso.

A Serpente, com frequência, demora a agir, e algumas vezes perde para aqueles mais determinados e rápidos. Pode também ser solitária e assumir certa independência em seus atos, o que também pode prejudicar seu progresso. Seria interessante ser mais direta e envolver os outros mais rapidamente em seus planos. A Serpente tem vários talentos e uma personalidade amorosa e rica, mas existe o perigo de isso tudo permanecer contido atrás de sua maneira calada e reservada. Seria realmente interessante tentar ser mais comunicativa e mostrar aos outros seu verdadeiro valor.

Entretanto, a Serpente costuma ser o próprio mestre. Ela, invariavelmente, sabe o que quer da vida, e muitas vezes se prepara para empreender uma longa e dura viagem para atingir seus objetivos. Mas cabe a ela tornar essa viagem mais fácil. Livre-se um pouco mais de sua reticência, seja mais aberta, mais direta e não tema o risco ocasional!

CONSELHOS PARA A SERPENTE EM 2016

PREVISÕES GERAIS

Um ano de possibilidades interessantes. Embora a Serpente possa sair-se bem, precisará evitar a pressa e ficar alerta a quaisquer novidades. Com cuidado e apoio, ela poderá prosperar, mas precisará ter consciência dos aspectos mais complicados deste ano.

PREVISÕES PROFISSIONAIS

As oportunidades poderão surgir repentinamente este ano, e a Serpente precisará saber reagir a isso. Este é um momento propício para avançar, aprimorar habilidades e consumar o potencial. Esforço e comprometimento poderão ser recompensados — muito bem recompensados!

FINANÇAS

Um ano agradável em que uma boa gestão permitirá que muitas Serpentes melhorem sua posição e realizem alguns projetos importantes, sobretudo no que diz respeito à moradia.

RELACIONAMENTOS COM OS OUTROS

Um problema com um amigo poderá ser preocupante, e a Serpente precisará ter cuidado em situações delicadas e inquietantes. Bastante diálogo e muita conscientização são recomendados. Em diversas de suas atividades, contudo, a Serpente estará bem apoiada e poderá desfrutar de muitas ocasiões agradáveis.

O CAVALO

Versátil, trabalhador e sociável, o Cavalo deixa sua marca pelos locais por onde passa. É eloquente e encantador, fazendo amigos com facilidade. É esperto, possui uma mente alerta e certamente não é avesso a assumir riscos ou experimentar novas ideias.

O Cavalo tem uma personalidade forte e agradável, mas também tem suas fraquezas. Seus interesses são amplos, e ele nem sempre termina o que começa, e seria melhor se conseguisse perseverar mais. Deseja conseguir um sucesso considerável, mas ao fazer planos deverá se apegar a eles. Para usar o melhor de seus talentos ele precisará superar sua tendência à agitação.

O Cavalo aprecia ter companhia e valoriza tanto a família quanto os amigos. Porém, não foram poucas as vezes em que falou de forma precipitada e arrependeu-se das palavras, ou em que perdeu o controle. Durante toda a vida o Cavalo precisa controlar o temperamento e aprender a ser diplomático nas situações tensas. Caso contrário, colocará em risco o respeito e os bons relacionamentos que tanto valoriza por uma observação ou ação impensada.

Contudo, o Cavalo possui inúmeros talentos e uma personalidade vivaz e alegre. Se conseguir superar sua natureza inquieta e inconstante, terá uma vida rica e altamente compensadora.

CONSELHOS PARA O CAVALO EM 2016

PREVISÕES GERAIS

O Cavalo aprecia a vitalidade do ano do Macaco e estará disposto a colocar em prática seus planos. No entanto, precisará concentrar-se e tomar cuidado para não dispersar sua atenção. Será um bom ano, mas as energias precisarão ser canalizadas.

PREVISÕES PROFISSIONAIS

As perspectivas profissionais são excelentes e, se aproveitar ao máximo as oportunidades e der continuidade às suas ideias, o Cavalo poderá fazer grandes progressos. Este não será um ano para ficar parado, mas para colher os benefícios das habilidades, da experiência e da boa vontade que ele possui. Um período para participar, construir e seguir em frente.

FINANÇAS

Questões relacionadas à moradia estarão em destaque, com alguns Cavalos mudando de residência. Com prováveis despesas altas e um estilo de vida muitas vezes movimentado, o Cavalo precisará administrar bem suas despesas.

RELACIONAMENTOS COM OS OUTROS

Atividades e iniciativas conjuntas estarão em aspecto favorável, e o Cavalo deverá buscar apoio para realizar alguns de seus planos ambiciosos. Ele gostará de tomar parte de muitas das atividades que o ano trará, e novos contatos e amizades poderão tornar-se importantes.

A CABRA

A Cabra tem uma natureza amorosa, amigável e compreensiva, e costuma se dar bem em quase todas as áreas. É fácil de se lidar com ela, porque aprecia bastante o lado refinado da vida e possui uma imaginação rica. É, muitas vezes, artista, e gosta das artes criativas e das atividades ao ar livre.

Entretanto, apesar dessas maneiras agradáveis, por baixo de sua pele espreita uma natureza algumas vezes tensa e pessimista. A Cabra pode ser uma guerreira, e sem o apoio e o encorajamento dos outros poderá se sentir insegura e hesitante.

Para dar o melhor de si e de suas habilidades a Cabra deveria procurar ser mais positiva e decidida, e também mais condescendente consigo mesma. Tem muito a seu favor, porém realmente precisa se promover mais e tentar ser mais corajosa em suas ações. Ajudará muito se escolher suas prioridades e estabelecer suas atividades de maneira organizada e disciplinada. Existem algumas Cabras que tendem a agir a esmo, sem objetivo, e isso poderá dificultar seu progresso.

Embora a Cabra valorize sempre o apoio dos outros, seria também interessante tornar-se mais independente em suas ações e não ser tão reticente em seus objetivos. Afinal, ela possui vários talentos e uma personalidade agradável, e se der o melhor de si poderá ter uma vida rica, compensadora e feliz.

CONSELHOS PARA A CABRA EM 2016

PREVISÕES GERAIS

Um ano ativo com boas chances para a Cabra aproveitar melhor suas qualidades e avançar. No entanto, *ela* precisará ser a força motriz. Este será um ano de comprometimento e iniciativa. Cabras, façam as coisas acontecerem!

PREVISÕES PROFISSIONAIS

Um ano de mudanças rápidas. A Cabra terá a oportunidade de fazer avanços importantes; aprender novas habilidades; e mostrar seu valor. Quando se esforça, ela consegue ver os resultados. Sua criatividade e habilidades pessoais serão apreciadas

FINANÇAS

A Cabra precisará manter rígido controle sobre os gastos e lidar com cuidado com a papelada financeira. Se for considerar compras grandes, será prudente para ela obter conselhos, bem como considerar todas as opções e variações disponíveis.

RELACIONAMENTOS COM OS OUTROS

A Cabra será muito solicitada socialmente este ano. No entanto, em todas as suas atividades, precisará comunicar-se bem. Mal-entendidos ou pressuposições poderão gerar problemas. Cabras, tomem nota disso, e sejam francas e sociáveis.

O MACACO

Corajoso, empreendedor e inovador, o Macaco, certamente, sabe como impressionar. Tem interesses amplos, um bom senso de diversão e relaciona-se bem com os outros. Tem também uma mente perspicaz e com frequência muda situações e eventos para torná-los favoráveis a si próprio.

Entretanto, apesar de sua versatilidade e talentos consideráveis, o Macaco possui também suas fraquezas. Muitas vezes lhe falta a persistência, ele se distrai com facilidade e se apoia em demasia no próprio julgamento. Embora sua confiança em si mesmo seja recomendável, seria certamente mais interessante o Macaco considerar mais os conselhos e pontos de vista dos outros. E embora aprecie controlar tudo o que ocorre à sua volta, ele é evasivo e fechado no que diz respeito aos seus sentimentos e atividades, e mais uma vez uma atitude mais aberta seria realmente vantajosa.

O Macaco tem natureza empreendedora, embora em seu desejo de ser bem-sucedido ele possa, algumas vezes, se sentir tentado a levar vantagem ou ser muito ladino. Deveria reconhecer que esse modo de agir pode repercutir mal para ele.

Contudo, o Macaco é desembaraçado e sua transparente força de caráter o conduzirá a uma vida interessante e variada. Se canalizar bem as energias e superar as tendências ocasionalmente irrequietas, sua vida será coroada de sucesso e realizações. Além disso, com sua personalidade agradável, ele terá muitos amigos.

CONSELHOS PARA O MACACO EM 2016

PREVISÕES GERAIS

O Macaco terá grandes expectativas em seu próprio ano e estará disposto a aproveitá-lo ao máximo. E ele poderá realizar isso, mas precisará contar com apoio, em vez de confiar apenas nos próprios esforços. Este será um ano para entrar em contato com os outros. Se o Macaco fizer isso e agir com determinação, poderá desfrutar grandes sucessos.

PREVISÕES PROFISSIONAIS

Será um ano de muitas oportunidades, com várias qualidades do Macaco sendo reconhecidas e incentivadas. Esta não será a hora de ficar parado: em seu próprio ano, o Macaco precisará empenhar-se e aproveitar ao máximo seus talentos muitas vezes especiais. A natureza empreendedora de muitos Macacos poderá ser recompensada e suas ideias, com frequência, serão bem-desenvolvidas.

FINANÇAS

Um ano de sorte em muitas ocasiões, mas com numerosos planos a serem implementados, em que o Macaco precisará gerir bem os recursos. Será útil fazer provisões antecipadas para certas necessidades.

RELACIONAMENTOS COM OS OUTROS

O Macaco gosta de companhia, e este poderá ser um ano maravilhoso para ele. Para os solteiros, há boas perspectivas de romance. Com tanta coisa acontecendo, o Macaco, no entanto, precisará administrar bem o tempo. Ele também precisará envolver outras pessoas em seus planos, mesmo que isso signifique comprometer sua natureza um tanto reservada.

O GALO

Com sua maneira corajosa, incisiva e resoluta, o Galo é uma figura que impressiona. Tem uma mente viva, mantém-se bem-informado e sabe se expressar de modo claro e convincente. É meticuloso e eficiente em seus empreendimentos e se faz respeitar. É também sincero em seu interesse e carinho pelos outros.

O Galo tem muitos pontos a seu favor, mas existem alguns aspectos em seu caráter que lhe são contrários. Pode ser puro em seus pontos de vista e algumas vezes excessivamente zeloso em suas ações, mas, sem uma atenção constante, poderá dizer ou fazer coisas das quais se arrependerá mais tarde. Seu padrão elevado o torna muito exigente — e até pedante —, e ele se volta para assuntos relativamente sem importância quando, na verdade, poderia ocupar o tempo de maneira mais lucrativa. Todos os Galos deveriam cuidar desse ponto. Embora saiba planejar bem, algumas vezes ele não é realista em suas expectativas. Ao fazer planos, e também na maioria das atividades, o Galo deveria consultar os outros, em vez de se manter afastado. Conseguirá muitos benefícios com os conselhos que receber.

O Galo tem talentos consideráveis e também um bom impulso e sentido de comprometimento, mas para dar o melhor de si ele precisa canalizar suas energias com mais sabedoria e observar sua natureza cândida e às vezes volátil. Com cuidado, poderá progredir na vida, e com seus interesses abrangentes e personalidade extrovertida terá a amizade e o respeito de muitas pessoas.

CONSELHOS PARA O GALO EM 2016

PREVISÕES GERAIS

O Galo aplicado, às vezes, se desesperará com o transcorrer do ano do Macaco. No entanto, poderá surgir boas oportunidades em meio a mudanças, desafios e planos problemáticos. Além disso, o próximo ano será o ano do próprio Galo, e as lições e mudanças de 2016 serão potencialmente significativas.

PREVISÕES PROFISSIONAIS

Será um período exigente, porém instrutivo. Ao enfrentar seus desafios, ser adaptável e usar bem suas habilidades, o Galo poderá progredir e melhorar consideravelmente sua reputação. O que se conseguir deste ano poderá ser uma plataforma para o sucesso futuro.

FINANÇAS

O Galo ficará ocupado este ano, mas não deverá desviar a atenção dos assuntos financeiros. Ele precisará vigiar o orçamento e os gastos, bem como tratar de sua papelada com cuidado. Lapsos pouco característicos poderão causar prejuízos.

RELACIONAMENTOS COM OS OUTROS

O Galo precisará certificar-se de que sua maneira de ser agitada não afetará sua casa e a vida social. Administrar bem o tempo e reservar horários para os interesses individuais e comuns poderá fazer uma diferença importante em seu ano. É um momento propício à compreensão, à atenção e a um estilo de vida bem equilibrado.

O CÃO

Leal, dependente e com boa compreensão da natureza humana, o Cão desperta o respeito e a admiração de várias pessoas. Ele é do tipo que usa o bom senso e detesta qualquer traço de hipocrisia e falsidade. Com o Cão sabemos o terreno em que pisamos e, pela sua maneira direta, a posição em que se encontra. Possui também forte natureza humanitária, sendo com frequência o campeão das causas boas e justas.

O Cão tem bons atributos, embora haja certos traços que podem impedi-lo de tirar o melhor proveito da vida ou de desfrutá-la. Aborrece-se em demasia e pode ficar ansioso por quase tudo. Embora nem sempre seja fácil, o Cão deveria tentar acabar com o "hábito da preocupação". Ao se sentir tenso ou preocupado, deveria se permitir conversar com os outros, em vez de carregar sozinho tudo sobre os próprios ombros. Em alguns casos, essas preocupações são até infundadas. O Cão tem também a tendência de olhar com pessimismo para as coisas, e, certamente, seria ajudado se encarasse os empreendimentos de maneira mais otimista. Ele realmente possui várias habilidades, o que justifica sua autoconfiança. Outra fraqueza é a tendência a ser teimoso em certos assuntos. Se não tomar cuidado, essa teimosia poderá, às vezes, enfraquecer sua posição.

Se o Cão conseguir minimizar sua natureza preocupada e pessimista, verá que poderá aproveitar mais a vida, e com resultados mais abrangentes. Possui um caráter verdadeiramente admirável, e com sua lealdade, confiabilidade e sinceridade é apreciado por todos. Em sua vida ele faz o bem e é amigo, portanto, deveria apreciar mais a si mesmo. Talvez ajude a lembrança das palavras de Winston Churchill, um Cão: "Quando olho para trás, para todos os aborrecimentos, lembro-me da história do homem que em seu leito de morte disse que teve muitas preocupações em sua vida, mas a maioria delas não chegara realmente a acontecer."

CONSELHOS PARA O CÃO EM 2016

PREVISÕES GERAIS

Um ano movimentado e rico em possibilidades. Mas o Cão precisará assumir o controle, buscar oportunidades e tentar progredir. Com determinação, ele poderá desfrutar de sucesso merecido. Um estilo de vida bem equilibrado tambem poderá ser favorável.

PREVISÕES PROFISSIONAIS

Haverá excelentes oportunidades para o Cão aproveitar melhor seus pontos fortes e, com comprometimento e envolvimento, ele poderá fazer progressos importantes. Será útil procurar aumentar sua visibilidade.

FINANÇAS

Com muitos planos ambiciosos e alguns empreendimentos provavelmente dispendiosos, o Cão precisará controlar os gastos. As viagens estão sob aspecto favorável e deverão fazer parte de seu planejamento financeiro.

RELACIONAMENTOS COM OS OUTROS

O Cão atribui grande importância a seus relacionamentos com os outros e será encorajado pelo apoio que receberá. Familiares, amigos e contatos poderão ajudar, cada qual de sua maneira especial. Este não será um ano para o Cão ficar isolado (como alguns fazem), mas para se envolver com o mundo — e desfrutá-lo.

O JAVALI

Genial, sincero e confiável, o Javali se sai bem em quase todas as áreas. Tem uma natureza gentil e cuidadosa, detesta a discórdia e muitas vezes é dono de bom senso e de humor. Além disso, aprecia muitíssimo uma boa vida social.

O Javali tem também uma mente arguta, sendo particularmente adepto dos assuntos financeiros e de negócios, e sua natureza é resistente e forte. Embora nem todos os seus planos de vida possam se concretizar como ele gostaria, é persistente e muitas vezes supera e consegue sucesso após passar por reveses e dificuldades. Em sua vida, em geral ativa e variada, consegue muitas realizações, embora existam determinados aspectos do seu caráter que podem agir contra ele. Se puder modificar essas áreas ou mantê-las sob controle, a vida certamente será mais fácil, e talvez mais bem-sucedida.

Em suas atividades, o Javali, algumas vezes, se compromete em excesso, e como não gosta de desapontar, certamente seria ajudado se estabelecesse suas atividades de maneira organizada e sistemática, determinando as prioridades nos momentos mais ocupados. Não deve permitir que os outros se aproveitem da sua natureza. Para isso, seria interessante ser mais perspicaz. Há momentos em que ele é crédulo e inocente; felizmente, o Javali aprende rápido com seus erros. Possui também um traço de teimosia, e se as situações novas não se ajustarem à sua linha de pensamento, pode se mostrar inflexível. Essa atitude nem sempre será vantajosa.

O Javali busca o prazer, e embora devesse apreciar os frutos de seus esforços, é algumas vezes indulgente e extravagante. Este é outro ponto que ele deveria cuidar.

Mas, embora o Javali tenha algumas faltas, os que estão em contato com ele, em geral, ficam impressionados com sua integridade, maneira amigável e inteligência. Se usar seus talentos com sabedoria, a vida poderá ser coroada com boas aquisições, e o Javali de bom coração será amado e respeitado.

CONSELHOS PARA O JAVALI EM 2016

PREVISÕES GERAIS

Um ano encorajador, mas o Javali precisará aproveitar ao máximo suas ideias e perseguir o que quer. Este será um período para se esforçar. Benefícios importantes poderão ser obtidos.

PREVISÕES PROFISSIONAIS

Boas oportunidades poderão surgir, mas muito será solicitado do Javali. No entanto, ele frequentemente estará em sua melhor forma quando desafiado, e sua iniciativa e desenvoltura o levarão adiante. Será um ano de comprometimento e propício a aprimorar suas qualidades.

FINANÇAS

Provavelmente será um ano caro, sobretudo por causa de possíveis custos de manutenção e trocas e pelo estilo de vida agitado. As despesas precisarão ser vigiadas. Este será um momento de gestão cuidadosa das finanças.

RELACIONAMENTOS COM OS OUTROS

O Javali valoriza suas boas relações com os outros e, muitas vezes, se deleitará com as muitas atividades do ano do Macaco. No entanto, quando acompanhado, ele precisará ficar atento e consciente dos pontos de vista dos outros. Também é importante que mantenha o estilo de vida em equilíbrio e dedique algum tempo para si mesmo, seus interesses e, sobretudo, para os outros.

UM TOQUE FINAL

Espero que a leitura de *Seu horóscopo chinês para 2016* tenha sido interessante e valiosa.

O ano do Macaco será um período de grande potencial para aproveitarmos mais nossos talentos individuais e as oportunidades que este ano interessante trará. Será um momento em que nossas ações poderão fazer diferença, tanto agora como na construção do futuro.

Dentro de você estão as riquezas de seu amanhã.

Desejo-lhe tudo de bom e toda a sorte.

Neil Somerville

O AUTOR

Neil Somerville é um dos principais autores no Ocidente de horóscopos chineses. É um estudioso dos meios orientais de divinação há vários anos e acredita que muito pode ser aprendido com a antiga sabedoria do Oriente. Seu livro anual de horóscopo chinês tem despertado seguidores internacionais, sendo também autor de *Os signos chineses do amor* (Ediouro, 1996), *Chinese Success Signs* (Thorsons, 2001) e *The Ultimate Book of Answers* (Element, 2004).

Neil Somerville nasceu em um ano da Serpente da Água. Sua mulher nasceu sob o signo do Macaco, seu filho é Búfalo e a filha, Cavalo.

Este livro foi composto na tipologia Minion Pro
Regular, em corpo 10/12,5, e impresso em papel
off-set 56g/m² no Sistema Cameron da Divisão
Gráfica da Distribuidora Record.